当代儒学

当代儒学

第16辑

主办 四川思想家研究中心

主编 杨永明 执行主编 郭萍

四川人民出版社

图书在版编目（CIP）数据

当代儒学. 第16辑/杨永明主编. —成都：四川人民出版社，2019. 11

ISBN 978-7-220-11560-8

Ⅰ.①当… Ⅱ.①杨… Ⅲ.①儒学-研究-中国 Ⅳ. ①B222. 05

中国版本图书馆CIP数据核字（2019）第244570号

DANGDAI RUXUE

当代儒学（第16辑）

杨永明　主编

郭　萍　执行主编

责任编辑	梁　明
封面设计	张迪茗
版式设计	戴雨虹
责任校对	何佳佳
责任印制	王　俊
出版发行	四川人民出版社（成都槐树街2号）
网　　址	http：//www. scpph. com
E-mail	scrmcbs@ sina. com
新浪微博	@四川人民出版社
微信公众号	四川人民出版社
发行部业务电话	（028）86259624　86259453
防盗版举报电话	（028）86259624
照　　排	四川胜翔数码印务设计有限公司
印　　刷	四川华龙印务有限公司
成品尺寸	170mm×240mm
印　　张	18. 5
字　　数	305千
版　　次	2019年11月第1版
印　　次	2019年11月第1次印刷
书　　号	ISBN 978-7-220-11560-8
定　　价	75. 00元

目　录

第二届“生活儒学”全国学术研讨会

当代儒家思想探索

当代儒家理论建构

当代儒学观察家

第二届「生活儒学」全国学术研讨会

DIERJIE SHENGHUO RUXUE QUANGUO XUESHU YANTAOHUI

代序：
“生活儒学”全国学术研讨会在苏州大学举行①

胡骄键

2019年4月20日，苏州大学政治与公共管理学院主办、该院哲学系承办的“‘生活儒学’全国学术研讨会”在苏州大学独墅湖校区举行，来自苏州大学、浙江大学、山东大学、厦门大学、同济大学、西南大学、华侨大学、云南师范大学等11所高校及中国社会科学院、江苏社会科学院、山东社会科学院、甘肃社会科学院等科研机构的近40位学者与会。

“生活儒学”是山东大学儒学高等研究院教授黄玉顺先生创立的一个宏大精致的儒家哲学思想体系，它继承和发展了冯友兰先生“新理学”和蒙培元先生“情感儒学”所开创的现代中国哲学“情理学派”的思想进路，让现代性说出中国式话语、儒家式话语，因而成为“现代性诉求的民族性表达”的一种哲学范式。

这次会议是继2016年8月20日至21日在济南举行首届“黄玉顺生活儒学全国学术研讨会”之后的第二届“生活儒学”全国学术研讨会。

会议开幕式由苏州大学政治与公共管理学院周可真教授主持。苏州大学政治与公共管理学院院长陈进华教授致欢迎辞，山东大学谢文郁教授代表与会学者致辞；中国社会科学院李存山研究员因事未能与会，特意发来贺信。

本次大会共分四场研讨会。上午，第一场研讨会由苏州大学哲学系主任吴忠伟教授主持，林安梧教授、李广良教授、何善蒙教授、李若晖教授、高秀昌教授、郭美华教授发言；第二场研讨会由山东大学谢文郁教授主持，胡发贵研

---

① 首发2019年4月22日《当代儒学》微信公众号。

究员、谢晓东教授、翟奎凤教授、杨少涵教授、吴忠伟教授发言；下午，第三场研讨会由西南大学高秀昌教授主持，陈畅副教授、王正副编审、朱光磊副教授、郭萍副研究员、康亚钟编审、孙钦香副研究员发言；第四场研讨会由云南师范大学李广良教授主持，周建刚教授、尚文华副研究员、胡骄键副教授、林柏宏博士后、刘琳娜博士后发言。

会议闭幕式由苏州大学哲学系副主任朱光磊副教授主持。黄玉顺教授对与会学者关于“生活儒学”的发言进行了简要的回应，并就建构“生活儒学”思想体系的宗旨与理路等问题进行了扼要的说明。大会最后由山东社会科学院涂可国研究员作了总结性发言。

贺　信

黄玉顺教授和各位师友：

值此生活儒学研讨会在美丽的苏州大学即将召开之际，我谨向会议表示衷心的祝贺！

我因有他务缠身，不能恭逢盛会，在此表示遗憾和歉意！

黄玉顺教授的生活儒学，直面现实社会生活，会通中西哲学义理，着意儒学的现代转型和理论创新，思想深刻，体系严整。

我相信这次研讨会定会取得圆满的成功和丰硕的成果！

李存山

2019 年 4 月 19 日

从生活儒学看儒学的生长

林安梧

（山东大学特聘教授）

非常高兴到苏州来！第一次到苏州，是上世纪 90 年代。而苏州大学，我还是第一次来。这次来了，感觉苏州大学的气氛特别好！

今天谈“生活儒学”，谈老朋友黄玉顺先生的哲学建构及成就，我非常欢喜！我跟玉顺兄认识很多年了。在 2005 年左右，我就读到了黄玉顺教授的相关文章，最初是他做的《中国哲学史诗》。我还记得，当时我在台湾师范大学教《中国哲学史》，我就要求我的学生好好地去读读他的诗，写得非常好！我的意思是说，玉顺兄的古文古诗都很棒，而在哲学界里面，能够通过古诗来表达哲学思想，很少人能做到。之后看了他写的哲学文章，分析力也很强。能把这两方面融合起来的，本来就不多。后来我又读了他的一些书，再后来我们认识了。还有一次，我们连续进行了两三天的交谈，后来整理成了《泉城之会——林安梧与黄玉顺对谈录》，好像快要出版了。

谈生活儒学，“生活”两个字是特别有意思的，简单地说，就是直面存在，回到存在本身。存在就是生活，而生活有一个律动，这个律动就是在对话和交谈中不断地切入，不断地提升，不断地生成；在理论方面，就是不断地奠基，而生长成一门学问。所以，生活儒学照顾到的是从前现代进到现代以及现代之后的这样一个成长的历程，因此这里面有现代性，同时，他对现代性是隐含着批判的。这一点，我觉得相当有意思。

我的学问的生成过程，跟黄玉顺教授学问的生成过程不太一样。我来自台湾，台湾的哲学系基本上是中西哲学都要念的。在念硕士、博士的时候，有一些基本的课程，都要去读，包括中西印哲学，所以，做中国哲学的，一般也对世界哲学有一定的理解。而在大陆，我觉得分科分得比较厉害。但是，黄玉顺教授虽然是做中国哲学的，却对西方哲学有相当深入的了解，他的知识面是很广阔、很全面的。但我和他的学问生产历程有所不同，因为我是牟宗三先生的学生，在牟先生之后，当代新儒学的生长是我所关注的，所以我在这次会议提交了一篇文章：《生活世界与意义诠释》，可以说是对当代新儒学进一步的诠释。

我以为哲学的终极问题必须直面存在，直面生活。那么，什么是生活？什么是存在？“天地之大德曰生”，“源泉混混”，“沛然莫之能御”，这就是“生”“活”。这是我的一点理解，我觉得这跟黄玉顺先生所理解的生活是可以连接在一块的。他对生活的理解，不是一个平面的东西，而是在生活场域之中的。他是要上溯其源，回溯到一个形而上者之前的层面，而那是超越于话语之前的一个状态，他用的是“无”这个概念，指的是存在者的根源。存在者的根源是一个尚未开显状态的开启，或者说是在开显状态中的尚待论定。

我觉得儒学就是这样的一个生长的过程。其实，在宋明理学时期已经生长过一次，从朱熹强调客观的法则性，到阳明强调内在的主体性，到刘宗周强调纯粹的意向性，到黄宗羲注重存在的历史性。我觉得这些其实也是跟生活儒学的“生活”概念连接在一起的，只是清朝又回到朱熹的学问，而且把它教条化，整个地封锁了儒学的生机。近代现代当代以来好像又有所恢复，一直到清末民初，心学似乎又重新受到重视。心学、理学、道学是一直在生长的。黄玉顺教授讲的生活儒学，基本上是要跨过心学，进入一个新的时代。

值得注意的是，生活儒学也有一点像西方现代和当代的存在主义和现象学运动，它在方法论上是走向现象学，强调要整个地面对存在，回到存在本身、事物本身的这样一个生长过程。黄先生的现象学方法基本是通过与从胡塞尔到海德格尔的对话，来整个地面对“存在”这个概念，是这样往前推进的。我觉得，黄玉顺教授的方法，虽然不是在西方的脉络里，但是从生活儒学可以看到世界哲学正在朝向一个非主体化、非核心化的方向，它是诸多场域、诸多存在的一种交谈、交融的对话。我觉得中国哲学本来就应该登上世界哲学的舞台，展开更多的交谈和对话。这才是回到儒学本身，去面对儒学的生长，这是一件非常难能可贵的事情。

儒学最重视的是整个生活世界，由这个生活世界发显出来为共同体。比如我们最常听到的“天地君亲师”，其中“天地”是自然共同体，“君”是政治社会共同体，“亲”是血缘人伦共同体，“师”是文化教养共同体。这些“共同体”的概念，不是西方近现代意义的那个“共同体”的概念，而是一个与我们紧连着的生命、生活、生存这样一种共同体的概念。所以我想，这样的共同体的概念，它也不是牵扯到一个人的法权概念来说的共同体的概念，它是牵涉到人的生命本身。这一点，我觉得很有意思。人跟天地之间是连在一块的，这样的生长，不会只是形而上，还有形而下，《易经》里面讲“形而上者谓之道，形而下者谓之器”，“形而上”就是行着而上溯其源谓之“道”，“形而下”就是行着而下委其形谓之“器”，道器不二，道器本为一体。这个思想应该是贯穿整个中国的。所以，这样的一个生长，就很有意思，就会讲“天人合德”，说人能“参赞天地之化育”，说人是“得天地阴阳五行之气最为灵秀者”而构成的。人不是遵守上帝所给的诫命、戒律，而是“参赞天地之化育”，“参赞”说的是参与、助成，在这里生长。

这就跟刚才谢文郁教授所提的不一样，谢教授是从基督教的观点往下讲。但儒家、道家都没有这么讲，而基本上是讲的一个相与构成的整体；而相与构成一个整体的时候，又牵扯到我刚才讲的几个共同体，这就是整个生活世界。所以儒学是通生死幽明的，通古往今来的，儒学不是只有这个世界。黄玉顺教授的生活儒学，对这一点是有体会的。我从自己的观点出发，也体会到这一点。我认为应该矫治那种认为儒学只有一个世界论，说儒学是以人为本的人文主义、只是一个此生此世的现实主义之类的观点，而实际上儒学不是这样的。我觉得这一点是很重要的：儒学是通古往今来、通生死幽明的。儒学讲“敬畏”，叫“君子有三畏：畏天命，畏大人，畏圣人之言”。这个“敬”，我们叫“敬事而信”，这个“信”是放在一个接地气的位置上的，它跟基督教信仰绝对的、唯一的“他者”是有很大不同的，我们是“参赞天地之化育”，所以“诚者，天之道；诚之者，人之道”。这里有很多可以继续讨论的地方。这是刚才听了老朋友谢文郁教授的发言，引发了我的一些想法。我们两人去年做过两次对谈，这次他又跟我说什么时候要继续讨论。

还有，黄玉顺教授的“中国正义论”也是非常有意义的。中国正义论一方面能够照顾到“正义”的概念，作为一个理念，它是普遍的价值；但是另一方面，它在不同的文明、不同的传统、不同的场域、不同生活世界里面，会以怎么样的方式呈现出来？我觉得，这要看它是在哪一层谈普遍价值，又是在哪一层必须介入具体性、生活性。生活儒学的这个部分，我觉得也是非常有意思的。

因为时间的关系，我到这里先告一个段落。谢谢大家！

生活儒学与后现代文化哲学

周可真
（苏州大学教授）

这个会议开得非常成功！我想借这个机会表达一下我对生活儒学的看法。

首先，我为什么组织、举办这个会议？除了朋友关系以外，最重要的是因为，我们是从事中国哲学研究的，本应进行哲学研究，或者说，研究哲学才是我们的本分、本业，但是现在，我们中国哲学界的情况是，研究来研究去，哲学都快变成国学、变成经学了，最后可能就回到清代的考据学上去了，我们的本分、本业都快丢光了；而老黄的生活儒学，不管他的体系怎么样，最起码他自成一家，创造了一个哲学体系！我觉得，这才是属于哲学研究的成果。我们从事中国哲学研究的，就应该像老黄这样去研究、去创造，最后形成自己的一套理论，建造出自己的哲学体系，至于这个体系建造得怎么样，我觉得只要"持之有故""言之成理"就成，没必要也不该去追求完美无缺——没有任何一个哲学体系可以达到无懈可击的完美程度。所以，我非常佩服老黄。读博士的时候我就了解到，老黄早期曾从事易学并有相关的研究成果，故素知他有很深厚的考据功底，但是他却不满足于做"形而下"之事，而是从"形而下"做起，逐渐向"形而上"发展，最后建立了自己的哲学体系，我觉得我们搞中国哲学的就应该像老黄这样做。举办这个会议，是表示我很赞成老黄的做法，也是表示我希望中国哲学界形成哲学研究的风气，愿意并乐意为营造这种研究风气，使中国哲学研究者回归自己的本分、本业，开展真正的哲学研究，而略尽绵薄之力。

对老黄的生活儒学本身，我是有自己的看法的。他刚才已经讲了，生活儒学是为他的"中国正义论"提供一个哲学基础。而我的努力方向与他有所不同。1996年，我曾发表过一篇文章，题目叫“生活论——哲学的未来形态”[①]，这是我对西方哲学所做的一个反思，认为西方哲学的历史形态是从“存在论”进展到“认识论”，又由“认识论”再进展到“实践论”，其未来则将由“实践论”向“生活论”转变。2015年，我又发表了两篇有密切思想关联的文章[②]，是从自然哲学和文化哲学两个方面来考察包括“中”“西”“马”在内的哲学的历史演变，主要观点认为，中西哲学有同归于文化哲学的发展趋势。把以上三篇文章连在一起，我的总的观点是：哲学的未来形态应该是后现代文化哲学。它是生活论形态的文化哲学。而对文化，我是从这样两个层面来理解的：一个是从人与自然的关系角度，把文化理解为人类在自然界的特殊生存方式；另外一个是从人类世界的民族关系角度，把文化理解为每个民族的特殊生存方式。前者是哲学角度，后者是文化人类学角度。从这两个角度去理解文化，并以全球化的视角来审视文化，我认为，在前全球化时代，实际上并不存在人类统一的生存方式，只有各个民族的生存方式。而全球化正是要使民族生存方式逐渐向人类生存方式过渡。这意味着全球化最终将导致区域性民族社会向全球性人类社会的转变。在文化问题上，我和老黄的关注点可能不一样，即可能彼此关注的文化主体不同，他关注的其实还是民族共同体，而我关注的则是“地球村”，或者说“人类命运共同体”。从我的角度来看，现在最重要的问题是世界各民族之间怎么进行有效的文化对话。我认为，平和地开展各民族之间的文化对话是非常重要的，通过这种对话来消解和消除不同民族文化之间的隔阂，这样可以避免因民族文化隔阂所导致的文明冲突向对抗性方向发展，或者说，各民族之间平和的文化对话，至少可以使世界性的文明冲突保持在非对抗的限度之内，从而减轻由此造成的世界动荡的烈度。而我们中国实际上提供了一个很好的文化对话模式，那就是儒、释、道之间的会通。在中国学术和文化发展史上，儒、释、道之间从来没有形成对抗关系，相反是在非对抗关系中逐渐走向互相融合，这在很大程度上是得益于儒、释、道三家学者以会通方式来对待和处理三者的学术关系和文化关系，正是通过这种充分体现了中国文

① 周可真：《生活论——哲学的未来形态》，《江苏社会科学》1996年第3期。

② 周可真：《简论西方自然哲学的历史演变——兼论马克思和恩格斯的自然哲学贡献》，《江苏行政学院学报》2015年第2期；《始于阳明心学的中国传统文化哲学的历史演变——兼论中西哲学同归于文化哲学的发展趋势》，《武汉大学学报》2015年第3期。

化“和为贵”的和谐价值观与和谐思维方式的儒、释、道之会通，才使儒、释、道三学或三种文化得以走上了平和的对话之路与互融之道。我觉得，反映中国文化特殊价值观和独特思维方式的学术与文化会通传统，对于妥善地处理当今世界的民族文化关系，构建人类命运共同体，具有十分重要的现实价值。所以我认为，我们在进行文化对话、文化研究的时候，最好是采用会通方式，不要老是找差异，要从差异当中找到相似、相近、相通的地方，由此来建立真正的普世价值——建构和维系人类命运共同体所必需的价值观基础，而不是西方所宣传的那种基于“西方文明中心论”和反映“西方文明优越论”并为维护西方特殊文化和特殊利益服务的“普世价值”。这是我最基本的观点、思考。

当然，我现在的思考，是围绕着管理哲学来进行的。因为“管理哲学”就是“对管理的哲学研究”，所以研究管理哲学不能不首先思考“什么是哲学研究”和考虑“怎样进行哲学研究”。当我通过自己的哲学反思，认识到哲学的未来形态将会是后现代文化哲学时，我就把管理也当作一种文化来对它进行后现代文化哲学的思考和研究了。我的初步研究结论，可以借助于心理学的术语来表达。现代认知心理学把人的心理当作一个认知过程来理解，认为这个过程可分“知”“情”“意”三个阶段，与之相应的判断形式，在“知”的阶段是事实判断，“情”的阶段是价值判断，“意”的阶段是行为判断。如果把这些判断当作互相统一的知识获得过程来看待的话，那么，知识就可分事实之知、价值之知和行为之知三个阶段或三种形式。依我看，这三种知识的区别在于：事实之知是知真假，价值之知是知善恶，行为之知是知好歹。如果再进一步把管理也当作一个知识获得过程来看待的话，那么，管理之知就可分为知真假的事实管理之知、知善恶的价值管理之知和知好坏的行为管理之知。与之相应，运用这三种管理知识来进行的管理就可分为依据一定的真假标准对人的认知活动所进行的事实管理（或曰认知管理）、依据一定的善恶标准对人的情感活动所进行的价值管理（或曰情感管理）和依据一定的好歹标准对人的意志活动所进行的行为管理（或曰意志管理）。这三种形式或三个阶段的管理应该是同一管理过程的三个方面或三个环节，它们之间应该是互相依赖、相互渗透和相互转化的辩证统一关系。但是现代管理学对于这种关系至今还没有达到自觉的意识和清醒的认识。在被管理学界所通常区划的现代管理理论发展三阶段上，所谓“古典管理理论”实为事实管理理论或认知管理理论，所谓“行为科学理论”实为价值管理理论或情感管理理论，而所谓“现代管理理论”作为“管理学丛林”的庞杂理论集合，则是表明了管理理论实已陷入迷茫，是到了需要管理哲学来为管理理论发展指明方向的时候了。我以为，如果可以把“古典管理理论”和“行为科学理论”分别归于事实管理理论和价值管理理论的话，那么，管理理论进一步的发展将是构建行为管理理论（或曰意志管理理论），从而也意味着管理实践的发展将相应地进入行为管理阶段（或曰意志管理阶段）。这是我的一个基本想法。我其实也在努力构建自己的“后现代管理文化哲学”——关于管理的后现代文化哲学，这和老黄构建“生活儒学”也算是有一点交集吧——毕竟都是着眼于“哲学”和“哲学研究”。

我对儒学当然有一种情感（我曾长期研究明清之际三大儒之一顾炎武的哲学思想），但是我始终认为，哲学就是哲学，儒学就是儒学；要搞哲学，就得跳出儒学的框架，这样才能走向世界，否则是难以走向世界的，因为儒学的框架还是太小。这就是我的看法。我想，我可能要跟老黄在私下进行交流，也许会有争论，因为我们长期以来研究的方向、研究的领域不太一样，彼此思路肯定有差异。

最后，作为这次会议的组织者，我要利用这个机会表达谢意：首先要感谢老黄，感谢他为我们提供了一个哲学文本，让我们解读，不管是批评也好、赞扬也好，我认为能够提供这样一个具有当代哲学价值的文本，便是最大贡献；其次要感谢来自各地的专家，这当中不但有老友，还有刚结识的新朋，老友重逢，新朋得交，都让我快乐无比！最后，要感谢我们单位参加这次会议的领导和老师，还要感谢几位研究生从头至尾的认真工作和辛勤付出。

非常感谢各位！

生活儒学与生存分析

谢文郁
（山东大学犹太教与跨宗教研究中心教授）

很高兴来参加黄玉顺教授的生活儒学研讨会！谢谢玉顺教授的邀请！也谢谢苏州大学的热情款待！

我不是中哲专业的，我是做西学的。面对各位中国哲学研究学者，我就代表西学研究者来向本次会议致辞了！

我2005年加盟山大。不久，我就遇到了黄玉顺教授。这个事件对我的思想发展有很大影响。我当时听说，他是一位儒学学者，提出了生活儒学这种说法。这引发了我的兴趣。大约在世纪之初，我开始从研究西方哲学和基督教宗教哲学转为比较研究，因而同时重视儒学，写了一些从基督教的角度批评儒学的文章。认识黄玉顺教授之后，我们常有机会一起谈论儒学。他关于儒学的一些说法让我能够对儒学思想有更多的理解。同时，他也不断地邀请我参加一些中国哲学学界的研讨会，让我有机会与越来越多的中国哲学研究者结识。

有一种感觉挺有意思的，我们之间的讨论常常是开始于争论，而结束于共鸣。就问题意识而言，我们都重视人的生活，认为思想是源于生活又融于生活的。因此，我们有共同的问题意识。不过，对于生活一词，我们的理解并不完全一致。我的学术训练，在知识领域上是西方哲学，主要是围绕着希腊哲学和基督教思想；在思维方法上则属于分析哲学。从我的分析哲学思路出发，我对生活一词的使用更多的是分析的。我认为，生活实质是就是生存，可以作如此界定："生存即从这个时刻进到下一个时刻。"这里的"进到"是一个时间过程。人是在某种思想观念结构中进行判断选择，进而在意志的推动下从这个时刻过渡到下一时刻的。当然，不同的思想结构中的判断选择，引导不同的生存方向，建构不同的生活方式。只要是面向生存的思想，我想，都会进入这样的问题意识之中。我所从事的希腊哲学、基督教思想以及比较哲学研究，都是这样的问题导向。正是由于这种问题意识的共鸣，玉顺教授对我的比较研究给予了相当高的评价，认为我的研究对儒学发展和中国的思想界有重要贡献。

我们进一步来分析这个问题意识。人作为一个主体，在生存的每个时刻都面临下一时刻，这个主体不是被动地面临下一个时刻，他是主动者。也就是说，下一个时刻至少有两个方向，他必须主动地选择其中一个方向。他是如何选择的呢？就可能性而言，他是自由地（作为主体）选择其中一个。就现实性而言，他的选择出于他的判断。比如说，人家拿着手枪顶着你的脑袋，说要抢劫，要你把钱包拿出来。你可能会说，没办法，只好交出钱包。其实，你这时候仍有两个选择，除了交钱包之外，你也可以不交钱包，跟劫匪拼命，大不了丧命。在这个极端的例子中，不同的选择导致不同的生存方向。但是，你是在判断中做出选择的。如果你是一个把金钱看得比性命还重要的人，你就会选择不交出。因此，我们在分析生活一词时，发现人的生存离不开思想。判断是一种思想活动，人是在某种思想结构中进行判断的，生存的这种结构是普遍的。我们再来分析一个例子，在座诸位，你们现在坐着，在这个生存环节中，你每时每刻都有两个选项：继续坐在这里，或离开座位而出去走走。当然，你不是没有理由地进行选择的。如果你对这个会议感到无聊，或者你有其他事情要去完成，或者你的身体不宜长久坐着，等等，这些背后的思想活动引导你做了一个选择。无论你选择继续坐着还是离开，你都是在做选择，并且是在判断中选择。西方哲学用“自由”这个词来指称生存的这个环节，认为人在生存中的选择是意志的自由选择，或直接称为自由意志。

人在生存中的选择是自由的，但不是没有根据的。他在选择之前必须对他所面临的选项进行判断。判断作为一种思想活动，是一个十分复杂的过程。一方面，人拥有各种观念，它们是在某种结构中联系起来的体系，因而可以对事物进行因果判断；人还拥有各种情感，它们也是在某种秩序中共存的，因而对事物有价值取向。这些观念和情感便是判断活动的依据。人在生存中面临的不同选项，首先是运用自己的观念和情感对这些选项进行判断。如果一个选择在观念和情感判断中优于其他选项，那么，这个选择便是首选，并在意志的参与下进入选择活动。因此，要理解人的生存，我们必须讨论人的观念体系和情感秩序。在这个问题上，我跟黄玉顺教授的分歧可能会大些，甚至可能出现根本性的对立。比如，对儒家观念有较多理解，并在情感上对儒家有更多的倾向和执着，他就会追求用儒家思想来建构自己的观念体系和秩序感。又比如很多自由主义者，他们拥有一定的西学知识，加上对西方的崇拜，他们就主张用他们所了解的西方思想来建构观念体系和情感秩序。玉顺教授虽然不反对基督教，但内心仍然会拒绝用基督教来建构我们中国人的观念体系和情感秩序。这个问题涉及观念体系和情感秩序建构问题，同时，我们还得考虑观念体系和情感秩序的更新问题。这需要更多的分析。

不难看到，黄玉顺教授的生活儒学最后还是把我们引向观念性的争论。当然，这些观念性争论与生存戚戚相关，而不是简单的概念之争。生存就是人在任何时刻都要进入下一个时刻；人作为主体面临两个以上的选项，并主动地选择其一而进入下一时刻。然而，人同时是在判断中选择的。判断是思想活动，人是在现有的观念体系和情感秩序中进行判断的。因此，理解人的生存，我们还必须分析人的观念体系和情感秩序的建构和形成。那么，我们是如何建构我们的观念体系和情感秩序的呢？而且，一旦形成，我们的观念体系和情感秩序需要更新吗？更新又是如何发生的？我认为，这些问题是生存的深层次问题。这里，我想简略地展示一下我对这些问题的处理思路。

我这些年来一直在谈论生存分析。作为一种分析方法，生存分析的对象便是生存。前面关于生存的分析，就其基本原则而言属于现象学分析。我们已经注意到，作为一种现象的生存是在经验中呈现的生存。在这个分析中，我们发现，生存是指向下一刻时间，指向未来。未来是充满可能性的。在两个选项中选择其一，下一刻的生存方向就被确定并实现了。这个生存方向也许是死胡同。一旦进入死胡同，人如何能够找到出路？因此，我认为，生存分析还必须涉及未来。未来就是尚未被经验到的，因而不是一种现象。因此，生存分析不能停留在现象学分析这里。

人的选择是由判断引导的；判断作为一种思想活动是在一定的观念体系和情感秩序中进行的。人的生存进入死胡同时，不同的观念体系和情感秩序在寻求出路的方式上也是不同的。因此，对于生存的分析必须进入这些观念体系和情感秩序的分析。这种生存分析虽然是历史上的哲学家们一直在做的事，比如，柏拉图的哲学分析就运用了生存分析方法。近代以来，丹麦哲学家齐克果和德国哲学家海德格尔的哲学分析都属于生存分析。国内学界过去20余年来对海德格尔情有独钟，因而对生存分析这个思路也还算熟悉。

然而，国内学界的生存分析大多是针对经验性的观念（在经验中指称或赋义的观念），或推论性的命题分析（强调概念和命题的逻辑关系），而对于那些指称情感的概念则缺乏分析。齐克果和海德格尔的生存分析十分重视对情感的分析。比如，他们都对“着急”（anxiety，dread）做过深入分析。作为一种情感，海德格尔注意到，人在这种情感中直接面对的是“无”，或所有的可能性，认为这才是生存的原始起点。显然，这个“无”是无法在推论中理解的，也无法在经验中予以指称。着急是人的一种情感状态。人在着急时面对下一个时刻而无法选择。当然，他期望着某种好东西的给予，也期望着坏的事物远离他。如果我们对“着急”以及诸如此类的情感缺乏分析，我们就无法理解人的生存。人是在某种情感中进行选择，判断作为一种理性活动引导选择活动，但情感也引导人的选择。通过深入分析人在生存中的情感，我们可以在更深的层次上理解人的生存。我称此为情感分析。

在中国哲学研究界，人们也注意到中国古代思想中对情感的重视。比如，蒙培元和李泽厚都在强调情感在儒学中的地位。我们上次在北京召开蒙培元先生80寿辰研讨会时，我也发表了一通关于情感分析的讲话。中国人在谈论性情时，认为人的情感都是来自人的本性。人的本性未发未动之时，那是处于原始状态。一旦发动，便有了人的情感。“情者，性之动也。”说的便是这个意思。情感乃是人的生存倾向。中国儒家思维对情感在生存中的作用是有深刻体会的。在修身养性这种说法中，儒家追求在人的生存中建立一种情感秩序。在中国哲学研究中，我希望能够有意识地采用情感分析方法。当然，我自己也希望对情感分析方法给出更为详细的说明，让研究者可以有道而循。我为此而努力。不过，这里不打算展开对儒家所设计的情感秩序进行分析。我想，黄玉顺教授的生活儒学和我谈论的生存分析及情感分析是相通的。

归根结底，论及思想，如果和人的生存无关，它就是没有生命力的。

谢谢大家！祝这次会议圆满成功！

关于生活儒学“大本大源”观念的若干思考

李广良
（云南师范大学教授）

尊敬的各位专家、黄玉顺教授、周可真教授，大家上午好！

很感谢主办方邀请我来参加这个会议。我从边疆来，尽管我是陕西人，但我30年来一直在云南工作，当然除了在北京读博士的3年。我觉得，在边疆看中原的思想和学术，另有一种风味。因为在云南，人们喜欢讲的是边疆性、民族性的东西，喜欢讲民族文化、民族艺术，人们不喜欢讲儒学，不喜欢讲中原的东西。所以，云南最容易申请到的社科基金项目就是研究民族性的课题。但我是一个另类，我虽然在边疆，但最关注的反而是我们中华文化最主流的、最核心的东西。所以，我一直非常关心儒学的进展，尽管我很少写这方面的文章。

这次参加这个会议，我就谈一谈我对生活儒学的一些看法吧。我本打算专门写一篇文章，但这次会议只提交了一个提纲。我主要谈一个问题，就是生活儒学所讲的“大本大源”。我注意到，黄玉顺教授特别喜欢的一个词就是“大本大源”，与此相关的词就是“本源”。我想，他为什么喜欢大本大源？生活儒学为什么要讲大本大源？

我想，一个真正的思想家、哲学家，一定要从本源处契入，从大本大源处悟入。从轴心时代以来，那些伟大的思想家都是从大本大源处契入的。我们这个时代，如果要在思想史上留下一些东西，如果要给后人以智慧的启迪，也一定要从这个地方入手。而生活儒学之所以能在我们这个时代有创造性、激动人心，也是因为它是从这个地方悟入的。如果没有大本大源的觉悟，就算能够一时在学界搅动风云，就算有一堆的头衔，最后还是没有用的。真正的思想家就是要从大本大源处悟入。在我看来，生活儒学毫无疑问就是从大本大源处悟入的。所以我要讲这样一个观念，也就是本源意识、源头意识。

我们讲儒学，儒学之所以不朽，儒学之所以有永不枯竭的生命力，它的最根本之处，也正在于它对大本大源的领悟和坚守。所以，自古至今的真正的儒学，都是大本大源的开显和发用。只有从这个地方悟入的，才能叫真儒、大儒、纯儒。所谓“先立乎其大者”，那就是这样一个大本大源。我们讲“新儒家”，新儒家当然是要别开生面的，但是，他必须是一个大本大源的坚守者，从大本大源处悟入，是对大本大源的展开，这才是真儒。

几年前，我看到这样一种说法：生活儒学是当代大陆新儒学中的一派，黄玉顺教授是当代大陆新儒家的十大代表人物之一。这种说法，在我看来，当然有它的意思，但是这背后所隐藏的东西是什么？为什么要强调“大陆”？那是要跟“港台”分庭抗礼的。所谓“十大代表人物”，当然有一种江湖身份，就是我们所谓学界的江湖门派观。但是，我在边疆，不在江湖之中，那么，我来看这个江湖，按照我的想法，生活儒学并不是“一派”儒学，不是大陆新儒学的“一派”，因为它从本源处悟入，是本源的呈现，当然不是作为派别而出现的。作为一种新的思想，一种有生命力的思想，一种从本源处悟入的思想，至少它自身不能把自己仅仅当作一派。我想，真正的儒学，它不是要作为“某某学”的一派出现。如果我要讲我的思想，那也不是要作为谁家的一派。

我想，生活儒学就是这样的。黄玉顺教授讲的是儒学的“不易”的底蕴。儒学当然有其“不易”的底蕴，而且是“简易”的。这个底蕴是什么？那就是生活儒学所讲的“生活”。所谓“儒学”就是生活儒学，所谓“生活儒学”就是儒学。关键就是：这里为什么要刻意地标明“生活”二字？那是因为儒学长久地遗忘了生活本身，所以，我们当下要回归生活。所以，黄玉顺教授说，儒学复兴的一个最紧要、最迫切的任务，就是要详尽地阐明生活本身这样一个大本大源，儒学的一切的一切都要从生活本源说起。这就是他讲的“大本大源”，即从生活本身这样一个大本大源处来契入，来建构他的儒学体系。

我当年读《爱与思》，就看了他讲的整个理论；后来，这里边又增添了一些新的东西，比如说“中国正义论”。中国正义论，那是一个伦理学和政治学的建构，属于他所说的“形而下学”“形下之思”，它是基于我们这个时代的主题的。一个真正的思想家，如果不关心政治的建构，那肯定不是负责任的态度。中国正义论在这样一个形势下建构出来，有着巨大的思想史意义。但是，它只是整个生活儒学的一部分。这里最重要的是什么？就是“作为存在本身的生活”这个大本大源。

在这个本源上构建出形上学、形下学，那么，这个形而上学也罢，形而下学也罢，其实都是在真正中国的意义上来说的。尽管我们现在一讲到“形而上学”，可能都想到亚里士多德，想到西学的传统的哲学体系、哲学论证，但是我现在有一个想法，即可能形而上学其实才真正是中国的东西，也就是说，我们把西学的“metaphysics”翻译为“形而上学”，可能是不对的，或者说就应该照它的字面来理解，它就是“后物理学”而已。黄玉顺教授跟张志伟教授有一个辩论，说中国也有形而上学。其实不是“也有”，而是形而上学本身就是中国的东西，反而西方的“形而上学”就是“后物理学”。当然，这个问题还需要非常严密的学术论证。

我现在要说的是，黄玉顺教授讲生活儒学，将生活本身作为大本大源，但他又把它理解为存在本身。这个“存在本身”如何理解？我们是用西方的存在论的那样一个路径去理解，还是需要一种新的理解？实际上，我觉得是这样的：生活儒学的问题意识，是在当代的现代性的生活中激发出来的，所以，尽管他用的是一个西方存在论的术语，但是他讲的“存在”其实不是西方哲学的那样一个“存在”概念，因为那个意义上的“存在”可能会产生许多非常严峻的理论问题、学术问题。比如说，我们知道，有人把“ontology”翻译成“是论”，一“是”到底，这跟我们的理论也罢、直觉也罢都不符合，就会产生许多的冲突。所以我不太喜欢“是论”这样的东西。

在这个问题上，我觉得生活儒学有一个重大的创新，就是回到汉语的思想境遇中来考察“是”、考察“有”、考察“在”，真正有一种现象学的分析，把生活本身的、本原的结构分析出来。这是《爱与思》里边最有现象学意味的一种分析，我觉得是非常美妙的，讲的是一种中国式的存在。通过这种存在本身，来揭示出生活的真意，然后回到儒家最本源的那种“爱”上边来，也就是所谓“爱，所以在”。在这个本源存在的基础上，一切才有意义，也才有一切形而上、形而下的理论建构。

因为时间关系，我就说这么多，希望大家提出批评。谢谢大家！

关于生活儒学研究的若干问题

涂可国
（山东社会科学院研究员）

周可真老师叫我来做会议总结，其实我做不了总结。我觉得几位主持人其实都替我做了总结，特别是李广良老师主持得非常到位。但是，既然周老师相信我，我还是讲一下吧。

今天会议的基本情况，大概是40多人参会，22位学者做了精彩发言。我们来自全国各地，包括不远万里来自云南的。今天在座的专家，围绕黄玉顺老师的生活儒学，从不同的专业领域、就自己感兴趣的话题做了很好的发言、阐释，都非常好、非常到位。会后会有相关报道，我的总结到此为止，我和黄老师是“结义兄弟”，下面我冒昧地谈谈四个大的问题。

第一个是概念问题。

我喜欢搞一些新概念，特别是所谓的“标示性概念”。我想区分三个概念：第一个是“黄玉顺思想”，或者叫“黄玉顺学说”；第二个是“黄玉顺儒学思想”，或者“黄玉顺儒学”；第三个是“黄玉顺生活儒学”。我觉得首先得把概念搞清楚，因为“生活儒学”虽然是“黄玉顺思想”的核心，但是并不等于“黄玉顺儒学思想”，更不等于“黄玉顺思想”。我知道，在座的可能也知道，他早期在川大写过一本《易经古歌考释》，还主编了一套“周易人生智慧丛书”。众所周知，《周易》或《易经》作为群经之首、大道之源，虽然我们更多的是从儒学的角度阐释，但也可以从道家的角度阐释。我觉得，黄玉顺的易学思想里面，有一些是“儒易”，但还有一些“道易”的东西，我觉得这两方面还是应该有所区别的。任何真正的、具有原创性的思想家，任何学者，其思想学说不可能是单一的而往往是博大精深的，中国古代许多儒学家既有儒学思想，也有非儒学思想——文艺思想、教育思想、科技思想、天文思想等，不少大儒往往儒释道汇通，譬如宋明理学家。所以我认为，黄老师的思想不一定全部都划归到儒学当中。这是我的一个基本看法。这也涉及一个问题，我有比较深层的考虑：我的同事郭萍提出“自由儒学”，认为张君劢是“自由儒学的先声”，但是我觉得：张君劢的思想，是不是所有的都是儒学思想？张君劢的自由思想就一定是儒学思想吗？我认为不一定。就我自己来说，前期我研究过社会哲学，2001 年出版过一本《社会哲学》，后来才专门从事儒学以及文化学研究，分别建构儒学人学、社会儒学、道德儒学、文化儒学和儒家责任伦理学。所以，我在这里提出三个概念——“黄玉顺思想”“黄玉顺儒学思想”以及“黄玉顺生活儒学思想”，这便于把握黄玉顺老师思想的总体。我不知道黄老师认可不认可。与之相关的是：我认为生活儒学应该分为两种形态。一种是广义的生活儒学。黄老师的生活儒学就是广义的生活儒学，包括生活本源的问题、形而上学的问题、形而下学的问题。后者特别是黄老师指出中国文化传统从来就有过自己的正义论，他构建的“中国正义论”当然也可以说是“儒家正义论”，包括两个方面的内容：一个是正义论的兴起或形成，再一个是中国正义论的理论建构。这个广义的生活儒学，是一个庞大的体系。但是，我觉得还有一种狭义的生活儒学，不知道黄老师认可不认可。

第二个问题是黄老师的学术贡献。

黄老师特别关注当代儒学的建构。他建构当代儒学的宗旨是什么？为学的宗旨是什么？就是寻求“现代性诉求的民族性表达”。这是他经常挂在嘴上的。他特别关注的是儒学当代建构这样一些问题，不仅不遗余力地支持出版《当代儒学》这个辑刊，还创建了“生活儒学”学派。最近郭萍在《中华读书报》发了一篇文章，就是关于“山大学派”的。另外，黄老师还关注“世界儒学”的建构问题，还关注“重写儒学史”和“儒教”的问题，创造性地阐释了“变易本体论”。尤其是借助于现象学的进路，黄老师大胆突破传统儒学的“形上—形下”二元本体论建构，提出了“仁爱（情）—性体（性）—情欲（情）”或“无（存在）—有（存在者）—万物（现象）”或“生活（存在）本源—形而上学—形而下学”的观念层级三元本体论架构。他在山东大学开了一个会，批评安乐哲的儒家角色伦理学。对此我不以为然，尽管安乐哲搞的角色伦理学是出于反对西方原教旨个人主义，强调关系本位，不太适合当代中国本土现实，但他的角色伦理学对于发展出中国学人自己的儒家角色伦理学还是具有一定的启发、推动作用。其实，我有一点私心，就是安乐哲的儒家角色伦理学是针对所谓的儒家德性伦理学来的，在某种意义上与西方责任伦理学有一定的关联性。而我这几年着力思考儒家责任伦理学的建构，如果否定了儒家角色伦理学，那不就要打压我搞的这一套吗？这样我能高兴吗？言归正传，黄老师的一个学术贡献还有我前面提到的中国正义论，他充分阐释了与儒家有关的制度伦理学，而且据我所知，他的中国正义论方面的专著已经翻译成外文，传播到国外去了，很好地传播了中国学者的声音、中国思想、中国精神、中国智慧，为建构“哲学社会科学的中国”添光加彩。

但是我认为，黄老师的儒学建构里面，可能更多地引用了一些外部的资源，比如现象学的创始人胡塞尔的意向性概念、“现象学还原”方法、“本质直观”理论，海德格尔关于“存在”的思想等，那么，这样建构起来的还是不是真正的原汁原味的儒学？这是一个值得考虑的问题。

另外，我觉得，今天很多老师也谈到黄老师的生活儒学给人们提供了一个新的儒学形态，包括一种新的研究范式，这一点特别值得我们关注。2016 年，我专门为黄老师开了一个会，而且比周老师还大胆，我不是叫“‘生活儒学’研讨会”，而是叫“黄玉顺‘生活儒学’研讨会”。我之所以一定要挂上“黄玉顺”三个字，开“黄玉顺‘生活儒学’研讨会”，一个重要原因就是我对黄老师的人格魅力，对他的学问功夫，都怀有一种很敬仰的心情，会后我们还出版了《黄玉顺生活儒学研究》论文集（涂可国主编，齐鲁书社 2017 年版）。再一个原因，我特别主张当代中国儒学已经进入了学派建构的阶段，我认为应当鼓励建构一些个性化、独创性的儒学形态和儒学学派。儒学已经两千多年了，我觉得，从不同的学术资源的角度来建构新的儒学形态，已经水到渠成。这几年，我也受了黄老师的启发，提出“社会儒学”“文化儒学”和“道德儒学”。“社会儒学”开了两次会，谢晓东教授刚才提到了；“文化儒学”也开了两次会，周老师去年也参加了。今年我们可能还要开一个“生命儒学”的会议，放在青岛开，不在济南开了，欢迎大家参加我们的会议。

第三个大的问题是关于黄老师生活儒学存在的一些问题。

是关于“观念”的问题。大家今天都谈到了一个问题，就是在黄老师的学理贡献当中，一个很重要的方面就是建构了一个观念的体系。他特别爱讲

"观念"。但是，我在这里给黄老师提一下：有一些地方用"观念"好像不太准确，用"思想"好像比较好一些。我就不展开讲了，咱们私下里再沟通。

二是关于批评的问题。黄老师对海德格尔是有批评的，但是我觉得，他对儒学缺乏一种批判的分析态度。他经常说：孔子是不能批判的。这是我不大赞同的。我对儒学实际上也持一种辩证的批评态度。我前年在《现代哲学》发了一篇关于孟子的文章，就对孟子提出了批评。我感觉黄老师好像批评得少了点儿，他的同事沈顺福教授就批评得比较多。

三是关于形而上学的问题。这也是黄老师的一个重大的理论贡献，因为大家都知道，在西方后现代社会当中，后现代主义要解构形而上学。在这样的背景下，黄老师重构了形而上学，我觉得这一点也是非常好的。但是，根据我掌握的一些情况，"形而上学"提法已经有很多了，在座的老师都知道，上海的杨国荣教授还提出了"具体的形而上学"，还专门开了一个会。此外，还有一个提法是"形而中学"，最近有这方面的文章。有一次开会，黄老师也讲到的，"形而中学"是徐复观讲过的。所以我认为，黄老师的生活儒学当中的形而上学重建，也只是一个方面。

四是关于问题意识的问题。我觉得，黄老师的问题意识虽然比较强，但还不够强。我讲的"问题意识"是什么意思？不仅是学理问题，还有现实问题。黄老师虽然也关注当代中国的个体的建构问题、群体秩序的建构问题、制度正义问题，但是我觉得那是完全依据生活儒学的学理来讨论的。20 世纪 80 年代的时候，海德格尔、萨特的影响就非常大了，但是，"生存"也好、"存在"也好，怎样结合我们当代的现实的困境包括生存困境？我们当代人面临的生存困境什么？这是一个现实的问题，而不是纯粹的学理问题。我觉得，生活儒学在这个问题上还可以拓展自己的空间。

五是关于生活儒学体系的问题。在座的很多老师都表示特别佩服黄老师的文字训诂功夫。比如我提"社会儒学"，就涉及"社会"这个概念在中国历史文献上到底怎么来界定、怎么来理解的问题，我当时请教了搞社会学的，还是搞不清楚；后来我们开了关于"社会儒学"和"文化儒学"的会议，黄老师提交了两篇文章，就"社会"和"文化"概念做了非常好、很到位的训诂式梳理，我觉得非常好、非常受益。但是，我在这里要讲的是一个什么问题呢？黄老师的生活儒学，有本源论，有生活儒学的形而上学、形而下学，但是，我觉得生活儒学的体系还是不够完善的。这可能是我做学问的一个基本套路，比如说，什么是生活儒学？生活儒学的发展路径是什么？这可能涉及很多方面的问题。我觉得，怎么使生活儒学的庞大体系从不同的方面进一步完善，这是一个问题。

六是生活儒学的谱系问题，也是回到我刚才讲到的生活儒学的学派定位问题。黄老师曾经对我说："我的学生就是你的学生。"但是他的学生一般不承认，不把我当老师，哈哈！关于生活儒学的学派，郭萍讲了"山大学派"，刚才胡骄键谈了"情理学派"；在黄老师的影响下，他的很多弟子也提出了自己的儒学，像郭萍建立了"自由儒学"，李海超提出了"心灵儒学"，等等。虽然他们的儒学形态建构本质上根源于黄老师的"生活儒学"，但不是"生活儒学"的本真、本体，而是"生活儒学"的延伸形态。我建议黄老师以后招弟子的时候，首先确定一个原则，除了看他能不能衍生"生活儒学"，还要看能不能围绕生活本源来开拓，进一步拓展核心"生活儒学"的学术空间，回答和诠释我上面提到的那些问题，妥善处理狭义的"生活儒学"和广义的"生活儒学"的关系问题。至于"生活儒学"与情感儒学、政治儒学、文化儒学、人类儒学、道德儒学等儒学形态之间的逻辑关系，也需要加强梳理。

第四个大的问题是黄老师生活儒学的未来如何进一步发展。

第一，黄老师虽然已经对"生存""存在""生活"这样一些概念做了很好的梳理，对经典文献中的"生""在""存"三个字的原初之义做了词源学解读和仔细辨析，但是我觉得还应该和当代中国哲学，包括和马克思主义哲学的一些概念进行一种比较性的梳理，比如"生活"和"活动"这个概念的比较，还有和"行为"概念、"实践"概念的比较。我的意思是要进一步把"生活"和这些相近概念的关系系统化地梳理一下。

第二，对"生活"这个概念本身，也要进行深度的结构分析，比如生活的目的、动机、效果等。另外，对黄老师自己讲的"生活儒学"与其他人讲的"生活儒学"以及日常生活哲学讲的"生活"进行区分与融通。尤其是要打通形而上的、作为大本大源的"生活"与经验主义的"生活"，避免"生活儒学"不生活的困顿。

第三，生活儒学要进一步和儒学的其他形态进行对话和沟通。比如我搞"社会儒学"，建构的是一个庞大的系统化的体制，是包括了生活儒学在内的，黄老师很不高兴，说我要包打天下，后来我做了检讨，我觉得两者是相互渗透的关系。

第四，要避免把生活儒学原教旨化。黄老师认为“生活本身就是一切的一切的本源”，而“儒学的一切的一切，都从‘生活本源’说起”。那么这是否意味着其他一切思想、学说以致现实都要从“生活”说起、以生活为前提呢？恐怕不能这么讲。完全可以依据生活来建构一种自洽的生活儒学体系，也可以利用生活以及本源的、原初的仁爱情感概念去说明一些现象，但难以用它涵盖一切。

第五，进一步深化生活儒学元问题研究。这些问题包括生活儒学的本质、起源、形态、地位、作用以及可能性、必要性、发展路径等。黄老师经常说到“知人论世”，这意味着生活儒学的未来发展必须关注生活儒学与古今社会生活的关联性。

最后用八个字来跟大家共勉：收拾精神，自作主宰。第一是收拾精神。“收拾精神”是陆九渊的话。第二要自作主宰。“自作主宰”也是陆九渊的话。最后一句话是：回归本源，快乐生活！

生活儒学与儒家道统：感想与疑惑

胡发贵
（江苏社会科学院研究员）

谢谢主持人谢文郁老师！谢谢黄玉顺老师！也感谢在座的各位学者和各位同学！我是江苏社科院哲学与文化研究所的胡发贵。但我觉得我没什么“哲学”，也没“文化”。我就谈我自己的一些粗浅的想法。

先谈我的两点感想。

第一点感想：在中国的历史文化传统中，一直有一种很深的“道统”概念，张载所谓“为往圣继绝学”的观念。我不知道在座的各位老师对张载的“继绝学”有什么理解。我最近一直在读陆九渊的书，而在看到黄老师的生活儒学之后，把两者比照起来一起看，就觉得这两位作者时间跨度虽然很大，但是在某种本质上我觉得特别像，就是有一种气象，总是从血脉上打动人。我觉得，在“道统”的意义上，或者在“继绝学”的意义上，天地之间真是有一种冥冥中的感应。陆九渊跟朱熹辩论“太极”和“无极”，两个人书信往返，后来还生气了，伤了感情。本来朱熹跟陆九渊的哥哥关系就已经比较紧张，他说，你再这样弄下去，我们两个连朋友都做不来了，不应该这样。他们为什么讨论“太极”和“无极”？就是怎么来解决准确地理解儒家经典的问题。他们都认为，孔孟的思想就应该按照他们自己的理解才是对的。后来到明代（当年我是做罗钦顺的研究），罗钦顺跟王阳明也争论得非常激烈，谈“格物”的“物”与“格”，他们两个吵得一塌糊涂，比朱陆之争还复杂。为什么？都是要把他们心目中的“道统”“绝学”，其实就是我理解的“天地之大义”继承起来，也就是怎么让孔孟儒学在他们那个时代再现出来，传承下来。在这个意义上，我觉得黄老师跟前面那些历史上的先贤一样，也是在以他自己独特的立场、独特的理解，把我们的“道统”“绝学”“孔孟大义”“天地正义”，在当今时代再做一个阐释，再做一个呈现。这是我的第一点感想，我特别敬佩。

第二点感想：当年我读过一个著名的对话，其实是一个著名的概念，就是“儒如五谷”。那是陶宗仪记录的元代一位儒臣和皇帝的对话。皇帝问怎么看待儒、释、道三家？这位儒臣说：“释如黄金，道如白璧，儒如五谷。”① 意为相较于释道，儒学是非常非常普通的，它就像五谷一样，但却是一日不可或缺。我看到这段对话是很多年以前了，可能是30年以前，但它一直在我心里挥之不去。他对儒家的认知，怎么会这么形象生动，而且这么入木三分！多少年以来，我一直在想这个问题。黄老师这本书，促使我更多地思考这个问题：什么叫“儒如五谷”？它跟生活儒学的关系、勾连，我觉得非常深。对人来说，五谷首先肯定是不可或缺的，第二肯定是普适的，第三肯定是无害的，第四肯定是永恒的。在这个意义上来理解五谷跟生命的关系，我觉得这句话表达得特别生动。看到黄老师的大作以后，我也在继续思考，回答“儒家为什么如五谷”的问题：它是一个基础性、根本性的价值。所以我就在想，生活儒学讲儒学和生活的关系，像五谷和生活的关系一样，它可能给我们提供了一个生活的支持，也给我们提供对生命本身的理解，还给我们提供一个永恒的意义，在这三个意义上，儒学真的是如五谷一样的东西。这是我读黄老师的这本书以后对“儒如五谷”判断的一点新的体会。

此外，我想向黄老师请教两个问题：

第一个问题是黄老师说的“生活就是存在”。我不同意郭美华老师对生活儒学考据内容的理解，黄老师对“存”“在”这两个字的考据，我觉得特别精彩。他解释的“存”和“在”非常美。我一直以为黄老师是思辨性很强的学者，没想到他的考据功夫也这么好、这么强，我真的是由衷地感佩！各位老师可以再去翻读一下黄老师解释的“存”“在”二字，是汉字字源学意义的理解，真有点像《诗经》的“方苞方体，维叶泥泥”的生生意象，就是刚刚生长的小苗、小叶，露水打到珍珠上，一个个晶莹透亮的，那是一种生命刚刚展现的状态，无比的美好。黄老师对“存”“在”这两个字的解读，我觉得真正体会、把握、触动了中国哲学中非常初始的、也是非常有情义的东西，非常能

---

① 陶宗仪：《辍耕录·三教》。

打动人的心弦。我觉得考据的概念是非常枯燥的，是比较老古董的那种东西，但是黄老师的演绎特别好，特别能感动人，让人很难忘。

但是，黄老师说的“生活”就是“存在”，这种存在可能是生活的一个投射，或者生活的一个影像。这种“存在”概念跟我们理解的一般哲学意义上“存在”概念，是不是有很大的区别？把“生活”理解成“存在”，这种“存在”是不是一种建构性的东西？因为它是主体的一种自我反思，我们说“仰观天、俯察地”，对客观世界的认知是不是有所差异？这是我一直在想的一个问题。

当然，黄老师这个存在判断，我觉得是非常精彩的。就像我刚才说的，黄老师做生活儒学，是接续“道统”意义上的，是在传承我们孔孟儒学，我是这样理解的。因为历代的大思想家，所谓“成一家之言”，总有几个非常重要的概念，就像陆九渊跟朱熹辩论的时候，他就说“吾心即是宇宙”，就这一点跟朱熹辩来辩去，给我们提供了一个重要的判断，为我们理解儒学和理解生活提供了一个非常重要的媒介，或者说给了我们一双慧眼。“生活就是存在”，我觉得是黄老师的一个非常重要的发现。这是我自己的一个观点。这个“存在”，我理解它是有建构性的，它肯定跟我们一般意义上所说的“存在”是有差异的。那么，这种差异怎么来分，这是我向黄老师请教的第一个疑惑。

第二个问题，黄老师还有一个判断，我觉得很有意思，其实也是个常识，就是说“儒学是常新的”。这也是一个很大众的判断。我就在想：儒学为什么是常新的？儒学为谁而常新？其实，儒学自身是不可能自我改变形态的。刚才说到，历代无数的先贤在不断地按照对前人，特别是对原典的理解，加以解释，使原典的意义不断丰富，不断地向前发展和推进。我就想，黄老师的“儒学是常新的”这个判断肯定有微言大义，所以我想请教：儒学为什么是常新的，为谁而常新的？儒学常新的意义到底在哪里？我在想这些问题，没有弄明白，向黄老师、也向大家请教。

谢谢各位！

关于生活儒学哲学创新的若干问题

高秀昌
（西南大学教授）

各位老师、各位同道：大家上午好！

十分感谢玉顺教授、可真教授的盛情邀请，让我有机会来苏州大学和大家一起研讨玉顺教授的“生活儒学”。

从接到邀请函至今，我几乎每周都要读玉顺教授的书和文章，也兼顾读其他学者和玉顺教授商榷、讨论、质疑的文章。在阅读的同时，做笔记，写札记，对玉顺教授的“生活儒学”有了一些零散而不系统的思考，现提出来，和大家一起讨论。

我赞同何善蒙教授的观点：“生活儒学”是一种创新，一种哲学创新。我们知道，20 世纪三四十年代，熊十力、冯友兰等哲学家创建了自己的新心学、新理学等哲学体系。而从 50 年代至今，我们则常常感叹很久没有出现真正的哲学家，自然也就没有真正哲学意义上的哲学体系。所以，当我们看到玉顺教授经过十多年的艰苦探索，著书立说，创立了“生活儒学”的新哲学体系时，我和学界的师友们自然会感到由衷的高兴。

这里我想强调的是，玉顺教授创立“生活儒学”之新说，以其仁、智、勇的精神，孜孜以求，笔耕不辍，提出并不断完善了“生活儒学”的哲学思想体系，在大陆新儒家中可谓是独树一帜。从新体系上看，“生活儒学”突破了传统儒学“形上学—形下学”二级架构，构筑了“生活本源—形上学—形下学”的三级架构，并且有总论、方法论、本源论以及形上学（变易本体论）、形下学（知识论、理论学：中国正义论），还有诠释观、时间观、历史观、宗教观，并因此成就了一个独具特色的思想系统。

这里的“仁”指的是玉顺教授的爱，对学术的爱，对哲学的爱，对儒家的爱，对创建融贯古今中西之新说的爱。若无这种大情、大爱，要想建构一种新哲学，那是不可能的。

这里的“智”指的是玉顺教授的大知与大智，对哲学、科学、宗教、艺术、政治、社会、历史等系统而有机的会通，以及转识成智之智慧的融贯与点化。若无此大知、大智，要想创立新说，那也是不可能的。

这里的“勇”指的是玉顺教授的勇敢精神，“勇”于“标新立异”，“敢”于“树立新说”。若无这种大无畏的追求真理的精神，要想突破旧说、创立新说，那也是不可能的。

玉顺教授以其仁、智、勇的精神创立了“生活儒学”的哲学体系，这是难能可贵的，也是值得称道的，更是值得我们学习的。其实，从一定意义上可以讲，仁、智、勇这“三达德”、三种精神是成就哲学家的三种最基本的品质。中外哲学史上的哲学家应该说大都具备了这三种精神、品质和德行。在我们这个需要哲学创新的大转变时代，作为真正的哲人应当自觉地弘扬仁、智、勇之精神。

在此，我首先要强调一点：玉顺教授的“生活儒学”是自觉地接着冯友兰先生、蒙培元先生讲的。我们知道，在现代新儒学的系统中，熊十力先生、牟宗三先生的“新心学”，三四十年来可以说是蒸蒸日上，后继者人才辈出；而“新理学”好像是在走下坡路，或者说好像没人接着冯先生来讲“新理学”。这是我们大家的一个普遍的感受。从这个意义上来说，玉顺教授的“生活儒学”的创立是特别有意义的。我认为，从玉顺教授所提出的“生活儒学”的概念、命题，到整个“生活儒学”哲学体系的架构，确实形成了一个完整的哲学系统，而这个系统应该说是自觉地接着冯友兰先生的“新理学”来讲的，接着蒙培元先生的“情感儒学”来讲的。这使得玉顺教授在当今大陆新儒家当中成为独特的一家。在这一点上，我不同意刚才李广良教授所说的“不成家、不成派”的提法。恰恰相反，在当今时代，凡是真正有志于做哲学研究的，都要发奋自创“学说”，自立“学派”，唯其如此，才能够形成像先秦诸子一样的“百家争鸣”的局面，在不同学派的相互争鸣中，推进当代中国哲学的创新与发展。

进一步讲，玉顺教授的“生活儒学”，不仅是接着冯先生、蒙先生往下讲，而且是接着中国传统儒学，甚至先秦儒学往下讲，接着西方哲学特别是现象学、解释学往下讲。因此，从一定意义上可以说，“生活儒学”是融贯古今中西的创新，也就是对以往各大哲学传统所作的“综合创新”。

其次，看“生活儒学”的形上学沉思。我们看到，“生活儒学”追根溯源，追到了“生活”这个源头。在玉顺教授看来，“生活”既不是某种“形而上者”，也不是某种“形而下者”，而是前存在者的存在。这就是说，“生活”本身是不可以再追问、不可以再言说的，因为它是在形而上之前的大本大源。这里的“生活”是最为“根本”的，是不可以追问的；一旦被追问，就是在言说“生活”；而生活一旦被言说，那就不再是原本的大本大源的“生活”了，就已经是用语言所指称的一种对象化的东西了。这里是不是存在着一种“张力”，或者说是一个“悖论”？这是不是就陷入了像老子的“道可道，非常道”那样一个语言的困境当中？当然，玉顺教授有他自己的一些系统化的思考，比如说：生活之被言说，是符号化的言说，并不是本源的言说。但是，我想，这个问题还是可以提出来作进一步讨论的。我们到底是追到形而上的问题为止呢，还是可以再继续往前追问？事实上，针对这些问题，玉顺教授有他自己独到的回答，在“生活儒学”建构的过程中也在不断地做着解释与澄清的工作。不过，我仍觉得这是一个需要继续深入讨论的大问题。

再次，是关于“生活”和“情感”的关系问题。“生活儒学”追问“生活”，而“生活”显示为“情感”，显示为“仁爱”。这里存在着一种推导关系。尽管玉顺教授是接着蒙先生讲的，而蒙先生的“情感儒学”强调“情感”，不过玉顺教授又追问“情感”背后的“生活”。因为在“生活儒学”中，“生活”是更加本源的，而“情感”则只是生活的一种显示。用玉顺教授的话说就是：生活首先显示为生活情感，而生活情感又显示为儒家的仁爱，仁爱情感的背后又是其宗法社会的生活方式。而“生活”又是作为“有意义”的“规范生活”和“无意义”的“本源生活”的统一。这种浑然一体的解读，其实是建立在玉顺教授的“本源”的“生活”之预设信念之上的。这里需要追问的是：“生活”是否就是“终极性”的，“生活”的背后是否还有一个更为根本的“源头”之“本身”呢？“生活”与“情感”是“一”（“生活”即“情感”）还是“二”（“生活”是“生活”，“情感”是“情感”）呢？作为情感的仁爱（爱）是否真的可以代替上帝、代替宗教呢？

再其次，是关于“现代生活”和“现代性”的问题。今天早上我们都拿到了玉顺教授的新书《生活儒学》，其副标题是“面向现代生活的儒学”。我赞同玉顺教授的判断，即我们的时代是一个处于社会大转型的时代。上个世纪的老一辈学者，包括冯友兰先生，也是这样来看近代以来的中国社会的。冯先生把中国哲学史分为“子学时代”和“经学时代”，与中国历史上古、中古的分期是相契合的。这可以说是冯先生的一个创见。冯先生于20世纪三四十年代所创立的“新理学”，就是接着程朱理学讲的一种近代哲学或现代哲学。在当今我们这样一个大转变的时代，其实仍然需要我们对“现代生活”“现代性”作出系统而深入的思考，唯其如此，我们才能够把传统哲学创造性地转化成为体现时代精神的当代中国哲学。玉顺教授对“现代生活”“现代性”做出了系统的反思、沉思，这是他提出“生活儒学”的一个重要的思想前提，也是他谋求建构作为“现代性诉求的民族性表达”的“生活儒学”的大愿。我常常想，我们到底要不要跟着西方后现代主义者来看西方和中国？我们现在要在哲学思想上、理论上实现创新与发展，那么，我们如何来消化、理解现代、现代生活、现代性这样一些根本的问题？在当代中国哲学建构的过程中，我们是不是要跟着西方来解构现代性、主体性？如何理解和建构当代中国理性问题？在这些方面，我觉得，未来中国哲学的建构是可以借鉴玉顺教授所提出的诸多命题和思想的。

最后我再补充一点。昨天晚上已经跟玉顺教授讲到了我在来苏州的飞机上写的一段话。这段话是这样说的：“应当重视玉顺兄所开创的学术研究的对话模式。创立新说，不能停留在自说自话之中，而要积极主动地与其他学者对话交流。其他学者的质疑、批评乃至批判，是创立新说者借助于答疑、辩难、阐释从而不断完善己说的重要途径。不经历广泛而深入的对话与争鸣，新说是不太可能真正立起来的。近十年来，玉顺教授积极主动地邀约同行学者进行多层次、多元化的交流对话，与其‘生活儒学’的日趋完善，其内在的关联是显而易见的。”

我十分赞赏玉顺教授所开创的这种学术对话模式。我也观察到，学界的一种常见的现象是，大多数学者，往往费了九牛二虎之力出版了一本书，也只是相互赠阅一下，就没有下文了；至多是希望同行、同道能够写写书评，仅此而已。而玉顺教授则是以高度自觉的理性方式，寻求积极的学术的对话交流，这可以说是一种富有建设性的有利于促进学派、学说完善化、系统化的做法，是值得大力倡导和发扬的。

谢谢大家！

关于生活儒学的三个问题

谢晓东
（厦门大学教授）

谢谢周可真老师的邀请！谢谢黄玉顺老师创造了这样的思想体系供我们讨论！

我以前就读过黄老师的一本书，就是《爱与思》。但是从2018年9月到2019年8月底，我在韩国访学，这本书放在厦门了，没带去韩国；这次虽然你们发了电子版，但我这个人习惯翻书，在上面写写画画，所以只能凭着大脑里的一些记忆。我昨天晚上来了之后，立刻向服务同学提要求，说黄老师的书能不能现在就给我？我现在好好读一下，然后再回忆一下，把提纲想好。

我现在谈一下我对黄老师的生活儒学的一些理解，向黄老师请教。我讲三点。

第一点是生活儒学与儒学的多元化发展。我们知道，先不说海外，在现在的中国大陆，儒学出现了一种可喜的局面，各种各样的儒学形态纷纷出现。很明显，儒学在朝多元化的方向发展。我这里引用一下杨国荣老师在《文史哲》2018年第5期发表的一篇论文《何为儒学》，就是讲儒学的内核及其多向度发展，里面提到了中国大陆的五种儒学形态，他可能是按照时间先后排列的：政治儒学、心性儒学、制度儒学、生活儒学以及社会儒学。

关于社会儒学，目前中国大陆有几个学者在倡导这个理念，比如在座的涂可国老师、韩星老师以及我本人。我们三家在谈“社会儒学”这个概念，加以阐发。当然，目前可能都还处在一个比较初步的阶段。我本人对社会儒学的看法，其实是基于一个比较小的问题，就是想了解一下：儒学在现代社会还能不能发挥作用？如果能，它应当在什么样的领域发挥作用，发挥何种作用？在这个问题上，很明显，我的主要批评对象是政治儒学。我的基本理念是根据政治国家和市民社会的二元划分，认为政治国家层面应该是交给立宪民主制度，以解决儒学几千年都没有解决的治乱循环问题。也就是说，中国要跳出历史周期律，必须靠立宪民主制度。这是我的一种看法，可能在这一点上跟一些学者是有共识的，我觉得黄老师可能也认同这一点。那么，儒学在哪里发挥作用？它应该在社会层面，就是在一个广义的市民社会层面发挥作用，包括个人修身、家庭内部关系调整、公司组织等。我提出这个概念的时候，想法很简单，就是试图回答上述问题。将来随着思考的深入，可能我也会像黄老师一样进入形而上学领域。我本人还是有点想法的，想做哲学家。而想做哲学家，如果在形而上学层面没有一些独到的思考和阐发，那是很难的。我把目前一些现有的工作做完之后，就会进入形而上学领域。对此，目前我有一些思考，以后有机会再和大家分享。

黄老师的生活儒学就是当代儒学向多元化方向发展的一个比较成功的典范，更值得重视。

第二点，我谈一下黄老师的生活儒学的前提设定。

黄老师说了，生活儒学最重要的观念，其实跟原有的儒学是一样的，就是“仁”的观念。不过，他用了一个词：“仁爱”。这里，是“仁爱”还是“仁”，还是“爱”，在此我们不做区分（当然，在一定的学术脉络里，这些概念是有比较严格的区分的）。根据我的理解，自孔子阐发了“仁”这个概念以来，儒家最基本的概念就是“仁”。儒家为什么会从“仁”这个观念出发？以“仁”为根本出发点，道家就不赞成。老子《道德经》里面有这样的话：“天地不仁，以万物为刍狗。”他是一种自然主义的视野，而没有“仁”“爱”这样一种价值。他是强调“自然”，而儒家是强调“人文”，强调“仁”和“爱”。因此，儒家和道家在起源的时候就是不一样的，走上了不同的路。换句话说，他们对人性、对“仁”持有一种根本不同的看法。

黄老师讲过，他是试图在冯友兰先生和蒙培元先生的基础上推陈出新，做出新的发展。我们知道，冯友兰先生是“新理学”体系的阐发者，他是接着朱子讲的，他最关注的、最重要的概念是“理”。而蒙先生，根据我的一点粗浅的了解，他所重视的是“情感”，他的哲学是“情感儒学”。那么，我在想：这两者之间或许会有一致的地方，但是也可能有冲突的地方。待会儿还要向黄老师请教。

关于“仁”，孟子有比较明确的阐述。但生活他有两种表述：一种是“恻隐之心，仁也”，恻隐之心就是仁；另外一种是“恻隐之心，仁之端也”，“仁”和“仁之端”是不一样的。在我看来，朱子和陆象山的基本差别，就在于对这两个命题的不同的阐发。朱子更多地强调恻隐之心是“仁之端”，所以恻隐之心不是“仁”，恻隐之心是“情”，爱也是情；仁是“心之德”“爱之理”，就是说，爱的道理、爱的原理才是“仁”。所以，仁是性，爱是情。他区分得很清楚。我们知道，朱子学不仅是中国的学问，而且在古代的时候就已经成了东亚的学问。这几年越来越多的人开始关注从东亚视角研究儒学，或可称为“东亚儒学”。我本人也受到了一定的影响，这几年我就在研究东亚儒学中的一个问题：人心道心问题。以朱熹为代表的宋明理学家里有不少的关于人心道心的阐述。朝鲜李朝的性理学家，他们主要属于朱子后学。这些人展开了“四端七情之辨”“人心道心之辨”和“人性物性异同论之辨”。韩国儒学喜欢以辩论（debate）的形式展开学术思想，就此而言，和现代英美的分析哲学颇为相似。以人心道心问题为中心，我就进入了东亚儒学领域。退溪学派、栗谷学派是韩国性理学的主流，这两个人都是朱子之后非常重要的东亚的朱子学者。陈来老师曾经有一个判断，我是很赞成的。他说：朱熹之后的中国所有朱子学者，他们的学术水准都没有达到李退溪和李栗谷的高度。换句话说，从朱子学的水平来说，李退溪和李栗谷是朱子之后整个东亚大陆最高的。这两个人的基本差别，我觉得可以归结为一点，就是说：“理”是动的，还是不动的？在李退溪那里，他似乎有某种想法，承认理是动的，是活理，用牟宗三先生的话说，是“即存有即活动”的。而李栗谷可能比较忠实于朱子思想，说“理无为而性有为”，理是无为的，它是静的，它是不动的。我是想通过这样的一些问题讨论，说明在儒学里面，在东亚儒学里面，关于“仁”其实是有一些不同的看法的。有的人认为，“仁”可能更多的是一种情感性因素。有人就这样解读孟子，解读陆象山，解读王阳明，然后把他们引向苏格兰启蒙学派的情感主义，像哈奇森、休谟以及亚当·斯密。还有的人是这样阐释的，按照朱熹的理论，“仁”是“理”，从这个意义上来说，朱子的哲学就是一种理性主义。

这就回到了我刚才想问黄老师的一个问题：生活儒学继承了两种学术传统，当然这两种学术理论之间可能有一致之处，但是一方面是试图接着冯先生的“新理学”讲，它的核心概念是“理”，另一个方面是试图接着蒙先生的“情感儒学”讲，而情感儒学既然是凸显“情感”两个字，那么，它可能更多的是情感主义。那么，怎样把这两种不同的理论方向整合在生活儒学里面，使之能够成为一种一以贯之的儒学？当然，有人可能会说：这很简单，“仁”是情理合一的，两方面是和谐统一的。但是，我觉得还必须有合乎逻辑的严密的论证。我很想听听黄老师对这个问题的看法：是强调理论的调和呢还是理论的纯粹的逻辑彻底性呢？

第三个问题，我想知道儒家以及黄老师的生活儒学，如何承诺个体的团结？这是一个非常严重的问题。历史上不乏小群体欺压甚至消灭大群体的实例。我想问的是：人数占据绝对优势的一方为何能够被对方轻易消灭？在保持个体的团结，凝聚成一个团结的、有战斗力的社会这个问题上，儒学是不是有什么缺陷？如果有缺陷的话，生活儒学以及我本人想阐发的社会儒学，如何弥补这样的缺陷，让儒学在实现社会的团结方面能够做一些工作？从历史上来看，从东汉后期到中唐，中国出现了大家族的一种特殊的组织方式——部曲制——从而出现了一种地方自治的局面。这种组织形式强化了社会在家族（广义的）层面的团结，从而保护个体。但是却是以个体对某个次权力中心的依附为代价的，同时还和中央集权产生了对立。宋明理学兴盛的时代，家族制度获得了某种重建，比如，建祠堂、修族谱等。不过，这样的制度形式主要出现在南中国，比如广东、福建、浙江和江西等地。近代以来，西学传到了中国，自由结社的思想引起了国人的高度关注。或许，公民之间的自由结社，是强化社会团结和保护个体的一种有力的制度形式。那么，儒家和生活儒学是否可以对结社理论予以某种儒家式阐发，从而改造和适应中国的土壤呢？

我就说到这里，谢谢！

（原文有删改）

关于生活儒学的几个问题

郭美华
（上海财经大学人文学院教授）

各位同道，大家好！黄老师好！

我是来向黄老师和大家学习的，主要讲讲自己的一点学习体会。我想分三点来讲。

一是黄老师在他的《爱与思》中提到的一个很重要的问题，也是我很感兴趣的问题，就是如何“无中生有”的问题。黄老师的生活儒学以“当下的生活”为大本大源，而作为“大本大源”的“当下生活本身”是“无”，“本来是无”。生活本身一无所有，是情感（本源性情感），是爱与思的统一。这个本来一无所有的“本源”，如何产生出无所不有的万物？这在黄老师的生活儒学思考中，涉及很广博的思想。但是，我一直不太领会：外物和主体是怎么建起来的？

从根本上与总体上说，自我主体和外物的建立，根源于一无所有的生活本身之本源结构，即“在生活且去生活”，在此结构中，由于“思”人把自己形而上学地理解为人，就将自身设立为主体，并从而有了众多外物。简单地说，黄老师认为这是“人不可能不物化”的结果（以作为主体的人之生成作为外物生成的形而上学根据，这以对近代以来西方哲学历史的精准理解为前提）。

从具体而微的展开来说，黄老师认为，不得不物化的我之思建立“有”（主体与外物）的具体方式是：从想象、形象到表象，然后主体、客体都建起来了，然后再进行形上建构、形下建构——以自我主体作为有形万物的根据并展开具体的伦理学、道德学以及科学等。而它们都以生活本身为本源。

黄老师举了两个例子来生动地说明“无中生有”。第一个例子是关于

“爱”的例子。黄老师认为，在本源之爱里面，是不可能说“情人眼里出西施”的，因为这个说法在本源之爱之先，预设了爱的主体，仿佛在真正的爱之前，先有一个能爱或会爱的人，他或她用自己的主观情意去生成了爱。实情恰好相反，不是人生成了爱，而是爱情生成了恋爱中的男人或女人；不是一个女人去爱一个男人，或者一个男人去爱一个女人；不是人去爱，而是爱生成了会爱的男人、会爱的女人。生成爱人的爱，是本源之爱。黄老师认为对于本源之爱的强调，就是儒家的核心所在。在此意义上，所谓无中生有的问题，转化为了本源之爱生成现象性之爱的问题。也就是说，没有男人和女人的爱，如何生出爱着的男人和女人？黄老师说，在本源之爱之外，突然一阵风吹来，爱之中的男人问爱之中的女人：“你感冒啦?”此问，就生成了爱的男人和爱的女人。但是，问题就在这里：为什么突然之间一阵凉风吹来，女人打个喷嚏，男人问“你感冒啦”，女人就生成了？坦白说，我不知道这是怎么生成的。用诗学的表达方式，好像很好，可是在这里，一阵风吹来，打个喷嚏，就要问“你感冒啦”，这个时候就要开始对本身没有对象化的那个恋爱对象进行对象化——就要对本无彼此、主客之分的恋爱双方进行我—你之分。可是，风本身并不是恋爱中的事情，风吹引起男人“你感冒啦”之问，两者之间并没有内在的必然性联结。那就意味着：在恋爱中一个对象被生成，并没有必然性，而只有诗性的偶然性。

另外一个例子，黄老师举的是中华民族作为民族主体的生成。我生在这块土地上，长在这片土地上，我使用这个语言，我当然爱我的民族。因此，当日本军国主义来侵犯之际，我当然要英勇抗日。黄老师说，中华民族作为一个整体的主体生成，就是突然有外辱入侵。可是，这个外辱入侵，它是偶然性的东西，那么，这个民族的自我主体的生成，也没有必然性了。

我觉得肯定主要是我还学习得不够、不透，所以对这个“无中生有”的生成，不是特别能够清晰理解其中的逻辑必然性。

第二个问题，我想讲一下黄老师非常强调的本源问题。关于本源，黄老师有很多不同的说法，比如生活本身、存在本身、本源之爱等。在本源问题上，我有一些模糊不清之处，在此提出来请黄老师和各位同道批评指正。

黄老师在讲“生”、讲本源的时候，强调认为：在讨论人性问题的时候，没有人可以否定“生之谓性”，我认为这个判断完全正确。以往对于孟子的解释，大多都认为孟子是否定“生之谓性”。但是，黄老师认为，没有谁能否定“生之谓性”。这个大本大源，没什么好否定的。但是，在此，黄老师同时又把“生之谓性”的“性”理解为形而上的绝对的本质。读到这里，突然之间，我感到很奇怪，黄老师这里是怎么过渡过去的？我不是很清楚。本来，生之谓性如果简单地理解为经由生活本身或生命本身的展开而生成自身的本质，这可以接上存在主义（萨特）的“存在先于本质”之论，而且我认为更为符合黄老师的生活儒学的观念。黄老师认为生之谓性不容否定，并将生之谓性理解为形而上学的人之绝对本质，表面上，与朱熹、牟宗三等否定生之谓性而将之视为人的气质之性不同；但实际上，与朱熹和牟宗三一样，这是脱离了活生生的生命存在活动而预设人的本质。其实，这也就意味着，在生活儒学的框架之内，生与性之间的关系没有得到清晰的阐释。

这涉及整个生活儒学的三级架构：本源—形上—形下。虽然后来黄老师有所修正，但其间的致思路径大体上还是体现在这样一个追问中：在无主体、客体之分的浑然之中，我们如何去将之当成存在者来把握？或者说，存在本身为什么被作为存在者把握了？或者存在本身或生活本身何以被把握为存在者了？这其间的必然性，我现在还没领悟好，或者哪个地方迄今还不理解。这个问题与上面“无中生有”的问题实质上是联系在一起的。

本源本身到底是什么？黄老师有很多说法：当下、生活、爱等。尤其是“当下”的说法特别好，所谓当下或当下生活，就是不要用过去传统儒学的那些东西约束我们的现在、规范现在的我们，乃至囚禁当下的我们，生活儒学是要在当下进行重建。黄老师尤其突出地从当下生活出发，反对儒家原教旨主义。对于生活儒学来说，以生活为大本大源，展现为对现代儒学的突破或破解，而回归到儒学的源始阶段，经过“最近与最远”的辩证转换，由此在绽露大本大源的“地基”上，进而在当下开启形而上学的重建。在这里面，黄老师有很好的文字性考察，比较多地引用了《说文解字》的文字诠释。不过，许慎的《说文解字》不是仓颉（作为神话传说的文字创造者）造字，而是在汉朝生成的（作为历史在后的文字解释者）。按照马克思的说法，自然的历史是自然向人生成的历史。[①] 一定意义上，文字的历史也是其含义不断向人生成的历史。而且，自由的思考者，其本质恰好在于能自由地选择或自由地规定词语的意义。文字字义的溯源本身，对于生活儒学所要揭示的大本大源，反而是彼此外在的。黄老师喜欢用海德格尔来对比，并对海德格尔加以批导而阐释自己的旨意。但在“生之谓性”的理解上，我喜欢用萨特“存在先于本质”之说。就生活儒学的本旨而言，我觉得萨特这个说法很显然是可取的。

如何从存在走向对本质的把握，其中有很曲折的转承启合。当黄老师说“当下性”的时候，我们可以追问一下：“当下性”是什么？笛卡儿提出“我思故我在”，其本质的意义在于肯认思在其自身之内的自我确定，如此自我确定没有时间性，但当其敞露在时间性视域之中时，“我思故我在”或者说思自身自我确定自身，就具有直接的当下性。在《第一哲学沉思集》中，笛卡儿提到伽桑狄等人的反驳说“只有我吃了东西我才能活着”，笛卡儿反诘：难道当我们说在自己吃苹果的时候，苹果能确定苹果被吃吗？吃能确定吃吗？走能决定自己走吗？当然，苹果不但不能自身确定自身被吃，甚至根本不能自身确定自身为苹果，苹果只能被自身之外的力量确定为苹果，被自身之外的力量确定其被吃。吃、走，也不能自身确定自身是吃、走，而是被那个觉悟它的觉悟所确定。一切只能由自身之外的力量或物所谓确定的东西，都不具有当下性；只有能自身确定自身、自身返回自身的那个力量或物确定自身、返回自身之际，才是本质性的“当下”。简言之，能觉悟之力量自身觉悟自身，或自身确定自身之际，它才是当下的。“当下”是黄老师的一个非常重要的观念，但黄老师却返回“最远的古代”，以最远的古代为最近的，我不是很清楚，或者说有点儿疑虑，还没有理清楚——因为，我觉得作为原创性的哲学思考，实质上生活儒学没有将“当下”绽放为真正源初的起点。

另外，黄老师说，在中国思想里，是空间转化成时间，这个意思本身我也不是很明白。对我来说，与“当下”的真正开启相应，真正重要的还是时间转化为空间。佛学唯识学里面就是这样，笛卡儿的《沉思》里面也是这样。在佛学唯识学的理论中，所谓时间转化为空间，就是：当意识或思自我确定自

---

① 马克思：《1844 年经济学哲学手稿》，见《马克思恩格斯全集》第 42 卷，北京：人民出版社，2006 年，第 128 页。

身之际，这是直接的“当下”；但此“当下”倏忽即逝，随之而起的活泼意识或思在其自我确定之际，跃现为新的“当下”；从而，“当下”作为意识或思的绵延，即体现为时间性；而之所以有对象性的外物或外在对象，就是新鲜活泼的意识、新新跃起的意识在其自我确定自身的“当下”，同时有着对前意识或先行意识、暗淡无生机之意识的反省；如此，“新意识”或“现意识”或“当下意识”，就将前意识或先行意识或暗淡意识当作自身之外的对象来加以把握——换言之，即外在对象是当下活泼意识对于过去暗淡意识的回忆。一言以蔽之，空间中的对象化，实质上是实践中的意识自身的变现。

把本源理解成爱、思、思与爱的统一的时候，爱与思两者是什么关系，我没有领悟太透彻，可能是我看得稍微粗了一点。就我的理解来说，黄老师以爱与思的统一来说本源，一方面强调的是爱并不能自身显现自身，必须与思结合在一起；另一方面强调的是思并非单纯的自身显现，而总是对于爱的显现。借用康德的一句话来说，就是“没有爱的思是空的，没有思的爱是盲的”。如果用形式与内容的统一来理解作为本源的爱与思之统一，某种程度上就能消解我上面所说“思自身确定自身才是本质性的当下”的疑惑。

但这里又可能蕴含着新的困境。我潜意识里总觉得黄老师的生活儒学里面有着马克思哲学的一个简单而基本的观念，即人只有活着，才能进行哲学、文学、艺术等创作。这是恩格斯在马克思墓前的讲话中的一个基本判定。我觉得，黄老师的生活儒学牵连到马克思的思想了，但黄老师不一定同意我这个说法。不过，我提到马克思哲学，是为了对生活儒学所谓“当下本源”或真正的“当下性”进一步加以廓清。在黄老师的生活儒学中，生活本身作为大本大源，与马克思将人类生活实践及其历史展开理解为一切思想（哲学、文学、艺术、宗教等）的根源，具有相当的一致性。而人类的生活实践，其真正的展开，就是“今”，也就是“当下”。如果借用李大钊的话说，就是“今是生活，今是动力，今是行为，今是创作”①。在黄老师的整个“今”“当下”“本源”的说法里面，在我粗略的阅读中，本来觉得缺了一个环节，就是缺少直接对于“心”的讨论。但是，黄老师强调“事情本身”，而这涵着心或心思。黄老师讨论“事情本身”的时候，突出情感和情实的统一，并回到孟子那里

① 李大钊：《时》，见《李大钊选集》，北京：人民出版社，1959年。

说“实情”之情。在情感与情实的统一中，本质上蕴含着“心”或心思。而蕴含着心或心思的情感与情实之统一，其间有深意。很多人在讨论阳明和孟子、讨论心学的时候，很容易忽略一个最基本的东西，就是“必有事焉”。在《孟子》原文中，“必有事焉”与“勿正”是连起来说的，即“必有事焉而勿正”。按照焦循的解释，“正”就是“止”。“必有事焉而勿正”，就是“必有事焉而勿止”。什么叫“必有事焉而勿止”？就是说生活永远在绵延，不可能有悬滞的时候。在黄老师所强调的生活的本源结构——“在生活且去生活”中，就蕴含着生活永远绵延不息的意思。不过，如果将马克思哲学的生产实践与心学的必有事焉而勿止联系起来理解作为本源的生活，那就具有一种“具体历史性”，而与黄老师那个一无所有浑沦不分的本源生活或本源性的爱，不完全一致。

第三点，我想说一下“生活儒学”这个概念本身。其实，我们尚不清楚的是，“生活儒学”到底是儒学，还是生活，还是哲学？黄老师说他自己的问题意识是儒学的现代转化问题，儒学只有回到生活中来才能活得更具生命力。黄老师强调，儒学就是生活儒学，而生活儒学就是儒学。但是，儒学就是儒学，与生活有什么关系？或者，生活就是生活，与儒学有什么必然的关联？简言之，如果是生活，为什么必须是儒学呢？

在黄老师的“本源哲学”里，“生活儒学”的概念本身，将两个不同的概念融在一起，使得我们不清楚到底生活是真正的本源，还是儒学才是本源。为了将二者一致起来，黄老师与有些儒者一样，主张“每个人天生都是儒家”。在我的思路里，这点理解起来很麻烦。我当然自我确定为一个有生命者，但我拒斥儒家，尤其拒斥作为“文化主流”的儒家。我的拒斥的自由本身，就是对于“每个人天生都是儒家”的否定，还不用说相对于儒家的内外他者之广博。

生活儒学，初看起来，似乎是说，儒学作为凌驾于生活之上的东西，需要重新回到生活之中。一种已经遗忘生活很长历史阶段的观念，为什么非得要它重新侵入生活之中来呢？这似乎又是将生活本身（尤其作为本源的当下生活）强行扭曲进入儒学的囚笼。

究竟是儒学为了生活，还是生活为了儒学，这是生活儒学这一提法的一个基础性问题，而在其中又体现出某些纠结。

黄老师明确说他关于生活儒学的思考和写作是为了儒学，他自己说《爱与思》“致力于儒学的‘还原’与‘建构’，究中西之际，通古今之变，在儒学与现象学的比较视野中，阐明一种本土性、当代性的原创思想：面向生活本身的‘生活儒学’思想”。但在黄老师的“为了儒学”中，他突出的是“儒学为了生活”。但为了生活却又体现为拯救儒学，“在目前情况下，儒学复兴的最要紧、最紧迫的任务，首先就是详尽地阐明‘生活儒学’，亦即‘生活本身’这个大本大源、源头活水”。关注生活本身，是为了复兴儒学。或者可以这样理解，在学的层面，生活儒学注重生活；在生活的层面，生活注重儒学。简言之，生活儒学首先意味着以儒学的方式来生活；而在儒学内部，则意味着生活儒学以回归生活本身的方式来展开儒学。因此，这给人一种印象，似乎“生活儒学”本身并非是为了生活，而是为了儒学。黄老师自己认为生活儒学概念的提出，其语境也是“当前的儒学复兴运动”，这个复兴运动，首先是重建“儒家哲学”。在此，又遇到一个问题：儒学与哲学有什么关系？

哲学的引入，不可避免地就具有了一些批评意识。在哲学思考下，黄老师认为，生活儒学并不认为作为文化现象的儒学优先于生活本身——“文化并不具有形而上学的地位，更不用说本源的意义了。文化是由生活方式规定的，因而是渊源于生活显现样式的……文化的真切本源乃是生活，乃是被把握为生活方式的生活显现样式”。同时，儒学作为一种历史事物，“从来不是现成的东西，历史恰恰是被当下的生活给出的。一方面，历史的‘客观存在’不过是当下的生活本身的在生活的际遇当中的一种涵摄；而另一方面，历史的‘文本解释’不过是当下的生活本身的去生活的一种显现样式。历史的存在，乃渊源于当下的生活本身的显现样式；历史的解释，乃渊源于当下的生活感悟。追根溯源，历史就是当下的生活的历史”。黄老师明确拒斥儒家原教旨主义，他认为生活儒学不同于儒家原教旨主义的地方，是其出发点始终是我们当下的现实生活，认为唯有生活才是我们的大本大源、源头活水，生活儒学就是面向生活本身的儒学。所谓“面向生活”就是强调我们的一切的一切，无不源于生活、归于生活。如果“当下的生活”是一切文化与历史的根源，那么，生活就不必是儒学的。生活儒学批评钱穆“民族文化生命史观”，认为他将民族文化视为一种本体，忽视了民族文化生命历史的观念，是被当下的生活感悟给出的。就此而言，生活儒学更为注重当下的生活展开本身，而不是用历史上的儒学来囚禁当下的生活本身。这一点，生活儒学有着清晰的肯认。黄老师说，生活从不幽闭自己，生活总是打开着的，生活就是打开。生活不为既有观念所束缚，不为任何形而上学的设定所拘束，这是生活的本源结构——生活之为打开，这是生活本身的一种本源结构。生活本身的这种本源结构就是：在生活并且去生活。

这也就意味着，为了儒学的生活，必然地突破了儒学藩篱的束缚与限制。我个人认为，这与生活儒学自身坚持哲学的进路具有内在关联。在当前的儒学复兴中，不少学者明确反对哲学，甚至斥之为西方话语霸权，或者至少以为儒学无所不包，而哲学则只是很狭小的领域。

生活与儒学的纠缠，在哲学的视野之中，基于中西哲学交融，体现为对西化派与原教旨主义的双重拒斥，而提倡本土性与当代性的统一，追求一种形上学与形下学统一的哲学进路。坚持哲学之路，这可以是生活与儒学不可究诘关联的超越。因为，哲学就是哲学，生活必须是哲学的，儒学也必须是哲学的。但哲学不仅也不必是儒学，生活更不仅更不必是儒学。

黄老师强调，哲学是一种生活，或者说是生活的可能性的一种敞开——通过建构一个可能的世界，从而获得一种可能生活。哲学与生活的本源结构具有一致性，哲学就是由在生活而积极地去生活。更通俗地说，哲学的宗旨就是从根本观念上解决生活问题。实质上，哲学本身就是生活，或者说哲学就是合于本质的生活。如果对于生活之作为大本大源的强调，仅仅作为一种哲学的思考而言，这在思想自身的范围之内，就可以获得其深邃的意义。当黄老师在阐述重建形而上学的主体之时，明确地强调是重建回到生活本身的个体主体性，重建自由个体作为一切的本体（依据），这就已经是哲学在近现代以来的基础性共识了。这不是大而无当地囊括一切物理、价值、文化、宇宙的什么“宇宙本体”，而是自由个体经过哲学而生成为本体的境界本体论或意义本体论。黄老师认为，真正的境界，就是个体自身自在其自身的境界。

儒学的标签，使得生活儒学本身的哲学意境些微丧失了。在某种意义上，儒学的标识，意味着逸出哲学范围的某些情怀和抱负。比如，文化的担当、教化淑民的情怀等。这就是政治形而下学的关注。本源的爱，经由形而上的奠基，转化为形而下的责任担当。这里面有着生活的道理，有着哲学的道理，也有着黄老师个人作为儒者的担当。

黄老师自述他的个人理想是过“一个儒者的生活”，他说自己从一个中国古典文学、文献的研究者，转为一个中国哲学的研究者，最终成为一个儒者；从一个儒家、儒学的思考者，转为一个生活的思考者，最终形成他自己的生活儒学思想；面向未来，黄老师自己不仅将继续坚持他自己的生活儒学的思考，还将继续做一个生活的儒者，过一种儒者的生活。

这里面有着很多可能性的样式——经过哲学的儒者生活，或者儒者经过哲学洗礼的生活，或者生活经过哲学洗礼的儒者，或者儒者生活在哲学里，或者哲学地生活在儒学里，等等，揭去儒者的“固定”标签，本质上就是一种哲学的生存方式——因为哲学意味着生活不断绽放新的可能。

谢谢大家！

生活儒学：儒家哲学面向时代的系统建构

何善蒙

（浙江大学教授）

非常感谢周老师，感谢黄老师，让我们又有了这么一个见面的机会。我来这儿，主要是学习黄玉顺老师的生活儒学。黄老师的生活儒学，我个人是获益匪浅的，也是一直在学习、在思考，但是学习是没有止境的，每一次学习的时候，都会有新的体会，这是一件很有意义的事情。

刚才李广良老师一直强调“边疆”的概念，但如果从生活的角度来看，生活是一体的，是浑然的，当然也就没有所谓的“边疆”（或者非边疆）的生活了。我们的日常生活，如果按照李老师刚才说，要从“大本大源”来讲的话，那也是不能说“边疆”的或者“非边疆”的。生活就是一个大化流行，正是在这样的动态之中，我们关于生活的一切领悟可能就都具有了非同一般的意义，生活儒学可能也就具有活的基础。

对于黄老师的生活儒学，我想谈几点自己学习的想法，不一定准确，但是，代表着我此刻对于这个问题的一些肤浅的感受。

第一点是我们在座的诸位都知道的，所谓“大陆新儒家”有各种派别、各种细分的形态。在这个意义上来看，生活儒学有什么样的特点呢？也就是说，如果我们把黄老师的生活儒学置于今日所谓的“大陆新儒家”的各种“学派”中，生活儒学有什么样的特殊意义呢？

这几年随着传统文化的复兴，儒学的各种所谓“学派”纷纷出现，这当然是一种好现象。但是，从根基处说，这实际上也在某种意义上说明：儒学在面向当今世界的时候，可能存在着某种深层次的焦虑。为什么会存在焦虑？这大概是因为在学术的话语系统上和现实的维度上，我们长期“失语”，长期

"失声"。也就是说，在过去很长时间中，由于种种因素，我们没有能够很响亮地亮出自己的话语，表达自己对于现实的关注，而大概都只是在"僻静处"徘徊。而这几年，因为各种因素的"和合"，儒学也逐渐走到人们的视线中间，它的这种存在感就如同突然爆发出来一般。我觉得首先这是一个好的现象，说明儒学已经开始不断地去面向生活世界、面向现代生活，而且是非常积极主动的，这是传统文化复兴（或者说现代转型）所必须要有的状态。但是在积极之外，我们也感受到了某种焦虑。说焦虑，这是因为我们虽然有了种种"学派"的提法，但是，大多数的所谓"学派"都可能只是为了提而提，因为他们事实上似乎并没有找到面对现实的一种很恰当的方式。焦虑也代表着某种不安，而这种不安的根源是跟以往的失语、失声的经历密切相关的。从这个角度来说，种种的"学派"林立，也是值得我们警惕的。可能我们更多的是一种面对现实生活的有效方式，而不是各种名号。

在这些不同的儒学的提法当中，我觉得黄老师的"生活儒学"是非常值得去梳理和关注的。为什么这么说？首先，立足于生活世界，这是儒学在当代发展所应有的态度。如果从儒学的传统来说，它所具有的种种价值就是因为其坚定的生活立场。我们通常都会说，儒学是一种面向现实的学问，其实这就是对于儒学生活立场的最直接的认可。因此，立足于生活，是对儒学基本立场的坚持，也是对于生命本身的重视，儒学如果具有生命力，那么，它一定和生活本身是相贯通的。生活世界，才是儒学的精神源泉、大本大源，也是儒学的生命力所在。在这个意义上说，儒学首先不是一种纯思的、抽象的知识系统，而是面向生活世界本身的一种实践智慧。

其次，如果作为学理来讨论的话，黄老师的生活儒学跟其他的各种各样的儒学的最大差异在于，黄老师的"生活儒学"有一个非常自觉的、完整的哲学架构，这是非常难得的。因为其他很多的儒学形态，"政治儒学"也好、其他形态的儒学也好，实际上都只是用儒学来解决某一个方面的问题，或者说只是回答儒学的某一个方面的问题，而没有像刚才李老师所讲的从"大本大源"上去讨论儒学怎么样面对当今社会的问题。如果不从"大本大源"的意义上去回应现实问题，那么儒学对于生活的关注，只能是支离破碎的，无法形成一个圆融的系统。而只有一个圆融的系统的存在，才能保证儒学精神生生不息。

所以，我觉得黄老师的生活儒学有一个很大的特点，就是建构了一个非常细致的和完整的哲学系统。黄老师的书里面讲得非常清晰，怎么从生活感悟转成形而上学的讨论和形而下学的建构。这样的建构，不管它是不是存在问题，至少提出了一种哲学的系统。这种自觉的哲学意识和建构的努力，是当前其他大陆儒学流派所缺乏的。很多人在讲儒学的时候，没有这样一种非常清晰的问题意识，只是为了讲儒学而谈论儒学而已，并没有把儒学放在一种自觉的生命运动中去理解，并没有真正意义上去尝试从儒学的角度应对现实。黄老师从2004年开始讲“生活儒学”，就有非常强烈的哲学建构的意识，最近几年尤其强烈。

我觉得这样一种持续性的建构有一个好处，就是可以使这个哲学系统本身不断完善。而其他的新儒学可能不仅在学理上存在一些问题，更为麻烦的是，它们实际上避开了哲学讨论的基础，而直接来谈论儒学在当今世界的运用，或者说如何把儒学用到现代社会当中来，然后呈现出儒学所谓的意义和价值。这样的讨论，看上去为儒学在现代生活中谋求了极大的地位，但是很多时候，这样的讨论可能只是一厢情愿罢了。没有哲学架构的儒学，没有自觉问题意识的儒学，很难真正去回应当今生活。离开了哲学理论的建构，去谈论儒学的当代意义，只是一种抽象的讨论，也就是说，只是自己觉得儒学有这个用处而已。但是黄老师的做法，是从十多年前一开始就致力于建构这么一个新的哲学系统。我觉得，不管是从学理或者从系统的完整程度来讲，生活儒学都是一个非常可观的东西，我想我们在座的诸位都很清楚地看到了黄老师的建构能力。

因此，即便当代有诸多据称是“大陆新儒家”的学派，黄老师的生活儒学却是少数有着现代问题意识和系统哲学架构的，这是黄老师区别于其他人的重要特点。

第二点，就是“生活儒学”跟“生活的儒学”的差别。黄老师的书里面也谈到了这个问题，我觉得这很重要，因为两者有着根本的差异。

“生活的儒学”是龚鹏程老师的提法，看起来是一个很好的提法，就是说，他关心的是儒学在今天这个社会当中对今天的生活还有什么意义？那就像黄老师的书的副标题所说的“面向现代生活的儒学”。“面向现代生活”对于儒学的复兴（或者发展来说）当然很重要，因为如果儒学不面向现代社会，那就仅仅是一种哲学或者一种思想，就跟这个时代脱节了，那就只是一种纯思的兴趣罢了。而一切真正的哲学、真正的思想，都必须面向生活世界本身，必须关注现实，才能获得现实的滋养，由此才具有生命力，才会生生不息。但问题是，儒学应该怎么去面向现代生活呢？我刚才讲了，“生活的儒学”这个提法有个很严重的问题，就是它尽管是用儒学去解决现代生活当中的问题，认为儒学在这个方面有用、在那个方面有用，但实际上，这样一种列举方式不仅可能是一种一厢情愿的想法，而且它更严重的问题是会把儒学的整个系统解构了。比如说，如果儒学可以用来解决政治问题，那儒学实际上就变成仅仅是政治儒学了。但是，政治儒学只是站在儒家的角度来对政治做出的回应，姑且不论这个回应有没有效。如果我们只是从生活现象的本身来讨论儒学对于现代社会的意义，那只是把儒学贴在一个个的生活事实上，这样一来，儒学就被切割成一片一片的东西，它只适应现代生活的某个方面；从最好的意义上来讲，儒家也仅仅变成了一种思想资源。当然，作为思想的资源好不好？那肯定也是好的，因为它毕竟意味着儒学的某个方面还是可以被“激活”。但是，它最大的问题是儒学被“激”得粉碎了。所以，在这个意思上来讲，“生活的儒学”的出发点固然是好的，它要用儒学去回应现代生活。但它的问题同样是很严重的，是对儒学精神的一种肢解。所以我觉得，如果我们要把儒学当作一个非常重要的传统，那么，在面对现代社会的时候，最为重要的是让它从学理上得到一种适应现代生活的系统延续，就像黄老师的生活儒学的建构那样。我觉得这是“生活儒学”和“生活的儒学”的最大差异，虽然中间只差了一个字。

第三点，我想谈谈自己的一些不同的想法。

我觉得“生活儒学”的提法很好，它可以在保持儒学的系统性的前提之下来做出一种理论形态，使儒学可以有很好的发展。实际上，从历史的角度来看，从先秦儒学到现代新儒家的出现，任何一个时代的儒学都是在不断地变化的。包括黄老师的生活儒学，其实也很清楚地是在回应这样一个时代的“life”，那就是在现代性背景下产生的一个非常好的文明形态。但是我觉得生活儒学可能有一个问题，我不知道究竟是不是问题，就是黄老师在书里面也提到的，生活本身是没办法作为一个对象去言说的，但是当你讲“生活儒学”的时候，实际上是把它当作一个对象在言说，尽管你在书中也尽量地避免产生作为一个对象化的东西。

黄老师其实意识到了生活本身的特点和作为一种哲学形态架构之间的那种张力，但是，我觉得这样的提法在别人看来可能会产生一个或者说两个问题。

第一个问题是什么呢？就是说，生活本身被非生活化。因为生活本身是事实，而当我把生活当作一种学理来建构的时候，它本身的那种灵动的意识可能会被消解，从而变成了一种纯粹思维形式。生活的非生活化，是不是这种思辨的讨论所无可避免的呢？

第二个问题是什么呢？就是说，生活儒学会不会消解生活本身？这个想法就是说，生活本身是一个感性的事实、感性的经验、感性的体验，而当我们把生活当作一个理论系统去谈论、去推行的时候，是不是会把生活本身给消解掉？也就是说，我们在谈生活儒学的时候，是对生活从儒学的角度进行了建构，而建构出来的东西，由于它学理的特点，会消解掉生活本身所具有的意义。

说到这里，我想起当年向秀说要注《庄子》之时，嵇康和吕安等人甚为鄙视，“秀与嵇康、吕安为友，趣舍不同。嵇康傲世不羁，安放逸迈俗，而秀雅好读书。二子颇以此嗤之。后秀将注《庄子》，先以告康、安，康、安咸曰：‘此书讵复需注？徒弃人作乐事耳！’及成，以示二子，康曰：‘尔故复胜不？’安乃惊曰：‘庄周不死矣！’”（《向秀别传》）在嵇康和吕安看来，对于《庄子》的注释，当然就是对于生活本身意义的消解，所谓“徒弃人作乐事”，这说明，语言的固定化、抽象化是会对生活本身的那种灵动性、丰富性构成冲击的，也正是从这个意义上来说，在嵇康等人看来，“此书讵复需注？”但是，后来在向秀完成注庄之后，嵇康与吕安对于此书的称赞中，我们也看到了语言的成功和完满之处。这样说起来，重要的不是去不去描述生活，而是怎么描述、怎么讨论，我们相信，黄老师的讨论是一种比较成功的方式，因为，他对这个问题一直有着清醒的自觉！

这是我的一些非常粗浅的想法，可能不对，请黄老师多多批评。我就讲这么多，谢谢大家！

当今中国哲学界的造论焦虑与努力

杨少涵

（华侨大学教授）

黄玉顺老师的“生活儒学”，几年前我刚入职时就接触到。2011 年我进入华侨大学，当时接了一门“中国哲学前沿问题研究”的硕士研究生课。我当时的做法是，把当时中国哲学界的一些焦点话题，以专题的形式，介绍给学生。其中一个专题就是黄老师的“生活儒学”。当时找不到黄老师的书，我与学生们只能在网上找到一些论文来读。这次会议之前，我通读了黄老师的《爱与思》①，感觉很有收获。

阅读感觉隐隐约约有两点：

一是感觉黄老师很有想法，想整一套哲学出来。他写论文不是为写论文而写论文，不是东一砖头西一砖头地乱扔石头，而是有一套想法贯穿着。这就是我发言的主题“当今中国哲学的造论焦虑与努力”。现在中国哲学界很多人都想“造论”，都想搞一个体系，但是又造不出来，很是焦虑。当然，这种焦虑同时就是一种动力，促使我们去不懈努力。黄老师的“生活儒学”就是这个方面的一种努力。谢晓东兄刚才也说他想当哲学家。从做中国哲学这个角度来说，包括黄老师在内的学界各位老师的“造论”努力，我本人是很欣赏的。

二是感觉黄老师的“生活儒学”的海德格尔痕迹很重，或者说是用海德格尔的框架来分疏中国哲学尤其是儒家哲学的思想材料。他的整个想法的架构，他称之为“观念层级”，基本上就是从海德格尔的“存在论差异”开始的。我甚至想，黄老师在建立这套想法之初，肯定整天在琢磨那个理论架构或

---

① 黄玉顺：《爱与思——生活儒学的观念》（增补本），成都：四川人民出版社，2017 年。

观念层级，而且那个观念层级应该有过多次反复。黄老师《爱与思——生活儒学的观念》（增补本）的序印证了我的这个想法："这种三级架构的描绘遇到了一些疑难问题。后来，我加以修正，提出了'观念的生成'与'观念的奠基'及'境界'的区分。"[①] 这个架构在黄老师的体系内有些微调整变动，但整体上是一致的，即"三个层级"的构架：生活感悟—形而上者—形而下者。黄老师想"以此来突破人类哲学两千年来的'形上—形下'二级架构"[②]。

也正是在这里，我在阅读过程中有几点疑问，想提出来向黄老师请教：

第一，中国哲学向来似乎都是体—用结构，而不是无物（生活感悟）—形上之物（绝对存在者、存在者整体）—形下之物（相对存在者）的三级结构。作为存在者整体、绝对存在者的形上之物，应该是西方哲学的特色。西方哲学之所以要有这个形上之物，大概与他们的哲学大多都有着悠久深厚的一神论宗教背景有关。而中国哲学尤其是儒家哲学，轴心突破以后，有神论宗教色彩已经非常淡薄了，更无论一神论宗教色彩了。其实即使是道家哲学、佛家哲学，从原理上也是反对这种一神论的。墨家似乎有点有神论的味道，但墨家的影响，秦汉以后基本消尽了。所以中国哲学的主流思想中，很少有这个形上之物的层面。当然，黄老师说中国哲学中的本体、天理、上帝或道之为物这些概念，就相应于而不是定名于形上之物。我感觉这是把这些概念看得太实了，或者说实体化了。即使后来熊十力在《新唯识论》（文言文本）第一句话中所说的"实体"一词，也不是西方哲学中存在者整体、绝对存在者意义上的实体，或者也不是一个实体化的实体。可能也正是因为这一点，熊十力在后来的语体文本、删定本中，把"实体"一词统一改为"一切物的本体""宇宙本体"。体用结构下之本体、实体、大道就是黄老师所说的那个无、那个存在，宇宙万物各个直接通达其本体，也就是那个无、那个存在；此本体也直接开显出、呈现为宇宙万物。这就是宋儒所说的"体用一源，显微无间"，也是熊十力所说的"体用不二"。把这个实体、本体把握为存在者整体、绝对存在者，也正是中国哲学家们所反对的。比如熊十力就说："世间谈体，大抵向外寻求，各任

① 黄玉顺：《爱与思——生活儒学的观念》（增补本），第3页。

② 黄玉顺：《爱与思——生活儒学的观念》（增补本），第2页。

彼慧，构画抟量，虚妄安立，此大惑也。”① 把宇宙本体把握为死的存在者整体、绝对存在者，这是人们的习心作怪，是人们的分别心运用逻辑推理功能推导出来、虚妄安立起来的幻相。康德所批判的先验幻相，大概就是这样建立起来的。

第二，正是在这一架构下，黄老师对一些词的训释，令我心有未安。黄老师《爱与思》一书的一大特色是对中国哲学中的很多概念，按照他的体系套路，进行了本源性的解读，很多地方发人未发，很有意思。但由于上面的三级架构的疑惑，我感觉黄老师对一些概念的解读不够源始。我比如关注的是两点：

一个是《中庸》首章的“未发”“已发”或“中和”问题。这个问题是程朱理学的大问题，伊川朱子哲学几乎都是从此生发。程朱对《中庸》未发已发的解读的最大特色是把未发解读为性，已发解读为情，于是就成了一个性—情对显的结构。这一解读成为宋明以来对《中庸》首章的标准解读，即使力排朱子的牟宗三几乎也是这一套路。黄老师也接受了这一解读。② 但根据我的理解，仅仅从文本上看，这一解读就大有问题。我在我的博士论文中对此曾经专节讨论过，后来还形成了专文。我们看《中庸》原文：“喜怒哀乐之未发谓之中，发而皆中节谓之和。”这句话的后半截是缺了主语的，如果把它补全，就是：“喜怒哀乐之未发谓之中，喜怒哀乐之发而皆中节谓之和。”很明显，未发已发或中和都是讲的喜怒哀乐，也就是说未发已发或中和都是讲的情。所以这里根本没有一个性情结构，当然也就没有黄老师所批评的那种形上存在者。

二是“颜子所乐何事”问题。刚才翟奎凤兄说感觉黄老师对宋明理学有一些意见和看法，我也有这种感觉。黄老师书中举了《二程遗书》，卷二上所载周敦颐问二程孔颜“所乐何事”③。在这一处记载里，二程并没有回答“所乐”到底“何事”。但由于这里出现了一个“所”字，一般人会很自然地想起那个能所结构。在这个结构里，“所”一般就是指的那个作为对象的存在者。

① 熊十力：《明宗》，《熊十力全集》第二卷，武汉：湖北教育出版社，2001年，第10页。

② 黄玉顺：《爱与思——生活儒学的观念》（增补本），第53、46页。

③ 黄玉顺：《爱与思——生活儒学的观念》（增补本），第151页。

于是“所乐”就指的是乐的对象物。当所乐为道时，道便成了一个对象物。这正是黄老师所指出的那个形而上的存在者。黄老师认为，宋儒诠解孔颜乐处，“他们的思路就是这么来的，最后归结为‘乐道’，而且是作为形而上存在者的道。尽管宋明理学的各个派别对‘道’的理解有所不同，但不管怎么说，宋明理学所理解的‘道’有一个共同点，就是那个至高无上的、形而上的存在者。结果，所乐的还是一个存在者，一个物，一个被对象化打量的东西”。其实黄老师所批评的宋儒的这种情况，恰好是宋儒大家所批判的。《二程外书》卷七与《二程粹言·圣贤篇》记载了这样一件事：程伊川曾经问鲜于侁（1018—1087）“颜子所乐何事”，侁对曰：“乐道。”伊川的回答有三种不同的记载：（1）“使颜子而乐道，不为颜子矣。”（2）“若说有道可乐，便不是颜子。”（3）“若说颜子乐道，孤负颜子。”伊川的意思是说：如果颜子箪食瓢饮对着一个道傻乐，那么颜子就不是颜子了。或者说如果有一个道在那里供颜子来乐，那么道也就不是道了。从此可以看出，伊川心目中的道根本不是对象化的道，根本不是一个可供我们上下打量的东西；伊川心目中的乐也根本不是向外寻求一个对象的乐。这里虽然出现了一个“所”字，即使我们可以从能所结构来考虑，但这只是权法，能所是一如的，是为了方便教授而不得已的说法。在这种能所一如中，乐即是道，道即是乐。与此相应的，老子所说的“道之为物”之物也不是说道是一物，而是说道这个概念，是搞哲学的人没有办法的说法。就像我们现在指着“存在”这个词来说“存在”这个东西、“存在”这个物。所以对这样的话头，我们要善会。

第三，无到底如何生有。我们知道，熊十力有境论与量论，境论讲本体论，量论讲认识论。据此而论，无、生活感悟、生活情感应该就是黄老师的境论。熊十力终其一生没有讲出自己的量论，熊十力将其原因归为时运不济、身体大坏。而其徒牟宗三则认为，熊十力造不出量论，原因不在外面，而在于熊十力的学养不足，即逻辑分析能力弱；并以自己的坎陷论来弥补乃师的这一遗憾，并以为自己的《认识心之批判》《现象与物自身》《政道与治道》等书完成了这一任务。牟宗三的坎陷论应该就是黄老师所说的“无中生有”问题，也就是熊十力境论向量论的过渡问题。当然也不能把牟宗三所说坎陷主体、道德主体看死了。黄老师书中把无中生有的机制归为一个思字：“究竟是怎样在‘无’的情境当中生成了存在者？究竟怎样‘无中生有’？……当你把情感之思当中的，或者情感涌流当中的想象—形象，把握为一种存在者，对它进行对象化打量的时候，存在者就诞生了，主体和客体就给出来了，表象就生成了，物就被给出来了。”① 这个想法应该说是与海德格尔的“上手之物”缺乏说一脉相承的。但问题是，究竟是如何把“无”、把情感涌流当中的想象—形象把握为一种存在者的呢？究竟如何对“无”、对情感涌流当中的想象—形象进行了对象化的打量呢？其中的转换机制是如何的呢？海德格尔归为上手之物的缺场来言之，黄老师分析了一些诗歌，重释了一些诗句，但总感觉这种方法不够过瘾。不知黄老师近来又有新的思考没有。

不当之处，请黄老师与各位老师指正。谢谢！

① 黄玉顺：《爱与思——生活儒学的观念》（增补本），第122页。

生活儒学与儒学史的贯通问题

翟奎凤
（山东大学教授）

尊敬的黄玉顺老师、林安梧老师、谢文郁老师、周可真老师，今天非常高兴跟各位老师交流黄老师的“生活儒学”。其实，我很早就认识、也很仰慕黄老师，后来很荣幸来到山东大学，近距离地跟黄老师学习。但是也很惭愧，我虽然这么多年常和黄老师见面，在很多场合也常听到黄老师阐发他的思想观点，但一直没有特别系统地看黄老师的著作。所以，我这次只能谈一下粗浅的体会，向各位老师学习请教。

我知道黄老师把儒学跟现象学、海德格尔思想结合，有很多新的提法；但是，黄老师主张回到先秦孔孟，而对宋明儒学有不少批评。但是，我自己的体会，生活儒学所讲的“仁爱”还是跟宋明儒学有相似之处的；黄老师讲的人的本源性、“生生”，宋明儒学也讲。当然，宋明儒学是对佛老挑战的回应，所以对于先秦儒学来说有很大的转变。先秦儒学对“仁”的解释更多是主体性的，而在宋明理学、程朱陆王，倾向于强调“仁”是一种本体。宋明理学一个很大的特点，就是对“仁”的诠释强调“生生”“生意”。阳明后学有一个学者叫万思默，我无意中看到他的一句话，说“生活是仁体”①，这与黄老师生活儒学的相关思想确实有很大契合。黄老师是把先秦儒学与现象学结合起来。近现代儒学虽然对宋明儒学有一些反思，但是从大的方面来说，也是沿着宋明理学的脉络下来的，所以我倾向于整体上把儒学从先秦到宋明、到近现代看成一个绵延、一个发展。

---

① 《明儒学案》卷二十一《江右王门学案六·督学万思默先生廷言》。

确实，从孔子到宋明，到近现代，直到当代，“仁”都是儒学的一个非常核心的范畴。先秦不说，就是在近代也是如此。特别是康有为，“仁爱”在康有为的思想中也是根本性的，他强调“仁”的完全实现就是“大同”世界，“仁”在社会上的不断扩充实现就是“大同”。可见，“仁”是“大同”思想的根本性的内容。当代来说，陈来老师、牟钟鉴老师、黄老师，他们也都强调“仁”，当然各自的诠释有所不同。“仁”是当代新儒学建构中非常关键的一个词。仁与情感是密切关联的，就此而言，李泽厚先生、蒙培元先生强调倡导的情本体、情感儒学与仁学也是非常密切的。

黄老师和张祥龙老师都有现象学和海德格尔的背景，对儒学都有很深的情感；但与黄老师相比，张祥龙老师更强调“孝”的观念。我最近也很想写这方面的文章，也特别关注“孝”观念，关注在当代如何看待“孝”的问题。我最近看康有为的著作，他对“孝”也特别重视，而且有他自己相当精辟的发挥。“仁”属于精神、灵魂方面，而“孝”更多是跟人的血缘、亲缘相联系，所以康有为认为，“仁”可以与其他宗教进行比较，而“孝”则是儒家的一个特色，“仁”“孝”并重是儒家的一个特色。

关于近现代社会儒学的一些体会，我曾经写过近现代大学校歌校训与儒家文化的文章。在近现代大学校训里面，除了基督教背景的大学，大都来自儒家经典，它们很少强调仁爱，但更多突显两个观念，一个是强调诚，还有一个是至善，“止于至善”，中南大学、厦门大学等都突显了“至善”。这是很有特点的。这是从儒家文化，从社会发展的层面来看。

如何从哲学层面上借助现象学来诠释先秦儒学甚至宋明儒学，黄老师有很多很有新意的创见。但是据我一孔之见，我觉得是不是还可以扩展一些，包括具体的工夫论方面，在落实到生活中去方面，儒家还有一些资源可以挖掘。生活儒学现在还是在“理”的层面谈得比较多，而在“气”的层面、在落实的层面是不是还能再进一步展开。当然，黄老师近年也建构了中国正义论，这可以看作是其生活儒学在现实层面的一个展开。总体而言，黄老师的儒学思想上承冯友兰、蒙培元，又自成一家，富有思想活力，是当代儒学发展的重要代表。

我就说这么多，请各位老师指教。

儒学必须补课

李若晖

（厦门大学教授）

非常惭愧，因为我对黄老师整体的学术成果阅读得并不是很透，读得不是很多，所以贸然来发言，感觉是很惶恐的，讲得不对的地方，请黄老师多包涵，也请诸位老师多批评。

我一直在思考一个问题，就是进化终止。这首先是有生物学家在讨论，我们讲从动物进化到人，但是一旦智人产生以后，人类对自然的反作用力导致其他的动物无法再进化成为智能生物。如果以这样的框架来看，事实上我们必须承认，中华文化，尤其是作为其核心的儒学，在古代有一些方面没有发展出来，比如说科学。在近代西方世界影响整个人类之后，作为没有发展出来的一些中国思想文化的重要方面，事实上这一条自主发展的道路也断掉了。比如说我们在今天，如果硬是要从儒学里再发展出一个儒学性的科学理论，事实上是没有意义的。因为整个西方科学以现代发展的复杂度和影响力来说，就算给你不受影响的一千年，是不是能够超越它？我觉得是很难的，因为这一千年西方的科学又会发展成什么样子？所以像这样一种发展，事实上是无意义的。

但是致力于生活儒学的方向，我们要考虑到的是整个中国和中国人、中国文化，事实上是生长在一个西方主导的现代性的体系之内，我们无法自外于整个世界。因此在这样一种背景之下，给我们的发展空间究竟有多大？我觉得这是我们在今天首先必须要考虑的问题。一方面，我们要作为中国人生活在当代世界，无可避免的我们仍然需要发展我们的儒学。另一方面，儒学的发展不能在与世界的交往当中走向一种对抗性，这种对抗性实际上在很大程度上是起了负作用，而不是正作用。尤其是现在我们国内，有一些人推行儒学原教旨主义，批判西学，我觉得这对中华文化来说是没有出路的。恰恰相反的是，我们要怎样才能接纳西学，并且同时保持中华文化本位，来构造一个新学，这样的话，我们就必须要面对传统儒学当中的一些根本性的缺陷。我觉得我们现在讲儒学的好话讲得太多了，并不是说不要讲，但是在讲之前我们要对儒学有一个根本判断，要洞悉它的根本缺陷。不如此不足以使儒学成为一个生活在现代的思想文化。

同时，我们尤其要注意一点，也就是说上世纪以来一直有一种论调，说儒学可以救世界，西方出了太多问题，只有儒学能够解决这些问题。我们姑且就算承认这个前提，但是这个前提背后所隐含的话语却并没有必然性。也就是说儒学能够救世界，不能够等同于中国人能够救世界。因为如果儒学能够救世界就意味着儒学是能够传播的，因为儒学不能够传播，它仅仅限于中国人能够掌握，那么儒学就不可能救世界。儒学能救世界，必然就意味着儒学是可以传播的，是可以超越于中国人的限域的，但是儒学如果是能够超越中国人的限域，那就意味着它不仅仅只能够为中国人所掌握，这样就存在下面一个问题，比如说西方文化是从古希腊发源，但是我们知道，希腊人本身已经失去了他们的文化，长期在土耳其控制之下，直到19世纪西方近代，比如拜伦狂热地推动西方主义，希腊才重新成为一个独立国家。但是到今天我们看到，很明显希腊人对自己的国家都很难维持下去了。就是说即便我们承认儒学可以救世界，但是拿着儒学救世界的并不必然是中国人。我们必须要有这种危机感，而不是说仍然延续古代的天朝大国的观念。

最近我们可以看到，正如我刚才说的，儒学的根本缺陷，比如说它没有科学的维度，我设想的，当然我也做一点浅薄的推论，可能很不对。我觉得中国思想的抽象度不够，比如说西方的思想以几何学作为它的思维方式，中国古代也讲比例，但是像勾三股四弦五，我认为是不能够称之为定理，就是说虽然它讲到了比例，但是它只是举例式，而不是概念式。因此它的抽象度不够。相对的，在中国古代我们可以看到，我们的技术非常发达，这一点经由李约瑟的推崇，变成我们爱国主义教材的基本内容，就是我们某某技术先进西方多少年，我们的某某技术提前西方多少年，让我们感觉很自豪。但是在这些技术的后面，它的思想的基底，比如说阴阳五行，我认为它不是一个抽象，而是混沌，就是说抽象是必须基于区分，而混沌恰恰是不区分。因此中国古代有技术、有思想，但是缺乏像西方那样的分科之学，所以这个 science 最后用了日本人的翻译，翻译成“科学”。我觉得这是击中了中国文化的要害，也就是说我们没有物理学理论，没有化学理论，没有分科之学的理论，在技术之上直接用一种非区分性的混沌，而不是区分性的理论。

另外一方面，我们可以看到整个中国文化从生活角度来看，必然会推及政治，推及政治的话，在今天我们仍然可以看到我们的这种无力感。什么无力感？——处理国际关系，中国文化整体上从古至今在处理国际关系上都是有巨大的无力感。我们常常在两个极端里面，比如说在东汉我们就可以看到，好像犯我强汉者，虽远必诛，这是一种你打我一拳，我一定要打过去的思路。这是暴力思路。另外一种，也是东汉，曾多次放弃西域，所谓六合之外，存而不论。这样的两个极端之间的钟摆思维，其实是表明了在我们的思想当中真的没有能力来处置国际关系。

中国文化，尤其是儒学，在很大程度上需要补课。这个补课说白了，就是说仍然要向西方学习，仍然需要注意现代化转型，这是我们必须要补的课，逃是逃不过去的，绕是绕不过去的，反抗也是反抗不过去的，它是中华文明发展的必然性。

我就说到这里，谢谢大家！

关于生活儒学的“生活”“情感”概念的讨论

吴忠伟
（苏州大学教授）

谢谢主持人谢文郁老师！感谢周可真教授围绕黄玉顺教授“生活儒学”举办了这样一个会议，让我得以参加这样的讨论。感谢前来参会的各位前辈先进、青年学子。作为哲学系主任，我代表苏州大学哲学系，对黄玉顺教授、各位前辈、各位学者的到来，表示热烈欢迎！

黄教授写了那么多书，而且构建了一个体系，我孤陋寡闻，以前对黄教授这样一些著作、观点关注得比较少，最近借这个机会稍微看了一下，很有感触。特别是黄教授结合中国哲学跟现象学，尤其是把现象学三个巨头胡塞尔、海德格尔跟舍勒做了一个糅合，然后跟中国传统儒学做了整合，这是一个很有创造性的成果。我们去年也搞了一个跨学科工作坊，是关于儒学与舍勒哲学的互动关系的，所以我去年也曾经思考过这些问题；现在黄教授的一些非常好的想法，又进一步激发了我对这些问题的思考。所以，我想正好借这个机会，向黄教授学习、请教一下。

第一个问题是关于“生活”的概念。无论是一般世俗的饮食男女的“生活”，或者是本源意义上的“生活”的概念，大家可能都认为“生活”的意义是自明的，但“生活”其实并不是自明的和确定的。比如我们经常说，“生活就是一场赌博”，“生活就是一场游戏”，当我们用这种隐喻的方法来说明“生活”的时候，就意味着“生活”概念本身其实并不是完全自明的，它看上去有某种遮蔽性，也具有敞开性，我们要通过“游戏”“赌博”等来说明之。对于赌博、游戏，我们非常熟悉，这就是说，我们可以用非常熟悉的形式来说明什么是生活；但另一方面，这也说明生活本身其实并不完全是自明地给出的，所以可以在很多意义上谈“生活”。

第二个问题，黄教授做了一个界定，把“生活”跟“情感”关联在一起。黄教授有很多非常细致的说法，包括从“感触”到“情绪”到“感情”，他有一系列这样的论述。黄教授的文章里还谈到儒家“立于礼”的情感本源问题。比如宰予跟孔子论辩需不需要为父母守孝三年的问题，黄教授特别强调“安”与“不安”的问题：宰予主张只为父母守孝一年，春夏秋冬、一年四季，这已经够了，心可以安；而孔子说，这样是不能心安的。黄教授想通过这样一种“心安”来说明儒学建构的机制或者出发点是情感问题。

这里存在一个问题，即对情感的理解。比如道家对情感问题的理解，它的出发点就不一样。这里我打算强调一点：宰予并不认同孔子。所以，这个问题涉及情感本身的自明性问题。比如有子讲“孝悌也者，其为仁之本欤”，这种情感是不是自明的？我们知道，舍勒不认同康德的那种先天纯形式的道德自律原则，他特别讲“爱”的概念，作为一种情感，爱是可以先在地给出的，但是，他所讲的情感本身分为两个层次，或者两种类型：一种就是情状型情感，就是我们一般日常生存状态的情感；还有一种是意向型情感。舍勒强调的是意向型情感，他所讲的先天给出的“爱”这样一种情感本身是一种意向型情感，具有一种先天性。这样的话，像“仁”这样的情感，其本身是一种意向型情感，还是一种情状型情感？对此，还是可以讨论的。

第三个问题，是黄教授指出海德格尔的“生存”跟“存在”的深层差异，而且认为不需要预设一个“此在”的概念。黄教授这样一个讲法，激发了我的一些思考。比如，我突然想到，舍勒强调“位格”概念与先在给出的爱的情感联系在一起，这是因为舍勒讲的情感实际上是跟天主教的Person——“位格”联系在一起的，也不需要海德格尔“此在”的概念。这些都是值得深入探讨的问题。

最后引出这样一个问题，就是情感跟仁学是什么关系。这涉及孔子跟孟子的关系。我认为，孔子的思想可能更多是一个道德动机论者的概念，是一个意志决断问题。比如他讲“为仁由己，而由人乎哉？”这就是意志决断问题。他有情感作为基础，但是他的出发点是自我成就，因为孔子讲的“仁学”其实就是“为己之学”，为己、修己、成就自己。你要成就自己的话，就要成就他者，成人之美。所以，情感本身只是孔子伦理学的一个支撑或者说是一个借助条件，但其并不是孔子伦理学的一个最基本的机制。而后来孟子用“恻隐之心”来表达“仁”，我觉得他似乎有一个转向，就是从道德动机学转化为道德心理学，或者说道德情感主义。广义上讲的话，我们可以认为孔孟都是道德心理学，但是这里似乎有一个从孔子的道德动机学或者道德意志学向孟子的道德情感主义的这样一个转向。

孔子仁学，它有价值的地方是什么？我认为，就是他强调的“自省”“自讼”，即自我检讨、自我批判，“吾日三省吾身”的自我审查，迁善改过，这可能是孔子思想的一个闪光的地方，而且可能是具有普遍意义的。我知道，黄教授跟李幼蒸老师有一些互动。李老师强调“仁学符号学”的概念，他认为儒学虽然是一个非常复杂的复合型的东西，但是它的一个原始核心的东西就是仁学，而仁学其实就是一个最内在、运作范围非常窄的道德动机学，这一动机学的运作领域是非常非常小的，但是正因为它非常小，所以它具有普遍意义。每个人，无论是东方人、西方人，东西南北，人同此心、心同此理，他都有一个意志决断。这可能是孔子学说的普世性，所以李幼蒸老师强调过仁学的普世性的问题。我想强调的是，不必把儒学当作一种制度化的、包罗万象的这样一个普世系统，但可以从儒学中挖掘出那样一些围绕人心运作而展开的东西，因为孔子学说本身是一种人本伦理主义，实际上是揭示人心运作的一种正能量。

我就谈这些，只是一些个人感受，很不系统。非常感谢黄玉顺教授激发我的这样一些思考，谢谢！

大本大源是儒学复兴的根本

——关于宋明理学与生活儒学的对比

周建刚

（湖南科技学院教授）

各位老师好！非常荣幸来参加这个会议。我简单谈一些对黄老师“生活儒学”思想的学习体会。

我是做中国哲学的，是周可真老师的学生。黄老师的生活儒学，实际上我关注得还是比较早的。早年间，黄老师在四川大学的时候，就出过一个生活儒学的自选集，叫《面向生活本身的儒学》。这本书我当年是读过一遍的。后来也读过黄老师的很多论文。对黄老师的生活儒学，我一直是比较关注的。为什么我对黄老师的生活儒学比较感兴趣呢？因为我的总体感受是，黄老师的生活儒学与海德格尔哲学有很深的关联性。而我本人在做中国哲学的过程中，也一直对海德格尔哲学比较有兴趣。当然，我最早接触到的，除了黄老师的生活儒学之外，还有张祥龙教授的一些论著，特别是《海德格尔与中国天道》那本书，给我很大的影响。

读黄老师的著作，我觉得，生活儒学首先是创造了一个非常精致的系统，也就是早上有老师谈到过的“造论”的问题。我们的中国哲学，实际上从冯友兰、熊十力、牟宗三等开始，一直在进行这方面的努力。黄老师的生活儒学的体系，方方面面都有，从大本大源的生活情感，到形而上学、形而下学，这样的三层构造，包括中国正义论、国民政治儒学这些方面，非常细化，当然，我觉得还能够进一步继续推进。生活儒学的这种体系化的做法，是儒学发展的一个方向，非常值得我们学习。

但是，生活儒学除了这么一个理论的架构之外，我觉得最有意义的地方在于黄老师对“大本大源”问题的强调。黄老师认为，从轴心时代以来，所有的哲学基本上都是一个两层架构，就是形而上和形而下；而生活儒学是一个三层结构，也就是说，它在形而上、形而下之上，提出了一个本源性的生活情感的问题，以此来为形而上学、形而下学奠基。这给我一个非常深刻的印象。我早上写了一个发言提纲，拟了一个标题叫“大本大源是儒学复兴的根本——关于宋明理学与生活儒学的对比”。我主要想把宋明理学与生活儒学的大本大源做一些对比，并且提出一些问题。

对于生活儒学的“大本大源”的观念，我个人是非常赞同的，而且我觉得，回到本源是历史上儒学复兴的每一阶段的一个标志。所谓“回到大本大源”，在我的体会当中，就是回到一种源本性的、没有破裂的生活经验。这种源本性的生活经验是无以言说而直接体验到的，因此是儒家哲理的根基。在儒学复兴的每一个历史阶段，都有哲学家回到本源，依托本源而构造哲理。在我看来，在今天这个历史阶段，儒学的复兴依旧要回到这个本源而开显出新的哲理。这是黄老师的生活儒学对当代儒学复兴的贡献所在。

黄老师认为，宋明理学是一个形而上和形而下的结构，也就是黄老师多次提到的《中庸》的“性—情”关系，是一个循环关系。早上也有其他老师指出，我个人也是这样认为：对《中庸》的“性—情”关系做这样一种理解，实际上是宋明理学的理解方式，特别是从朱熹开始的；而在作为原始儒学的《中庸》那里，我认为，它的“性”和“情”还是处于一种未破裂的源本性的状态，也就是说，还是处在“大本大源”当中的。那么，宋明理学在其发生之初，它有没有对这样一个“大本大源”的认识？是不是宋明理学从一开始就像朱熹那样一个“体—用”的建构模式？我觉得可能这个问题还要进行进一步的讨论。

我个人是做宋明理学的，近年来主要集中研究周敦颐与宋明理学的关系。我觉得，宋明理学在其发端的时候，也就是从周敦颐到程明道这样一个系统，牟宗三称之为“纵贯系统”，这个系统的理学家有很多对于源本性生活经验的体验，这种对“大本大源”的直接体验，就构成了宋学哲理的发生基础。但是周、程这一系统的理学家没有很明确地将这种体验描述出来。这一方面是因为，周敦颐、程颢的著作都很少，没有什么成型的著作；另一方面则是因为，对“大本大源”的直接体验，难以用日常的经验性语言进行表述，这是一个事实上的困境。但是，我们可以从他们的生活形态上观察到。黄老师的书里也提到周敦颐很著名的“窗前草不锄”这样一个生活中的小事件。后来到了程明道，他认为“窗前草不锄”是“观天地生物气象”。程明道自己说：“自再见周茂叔后，吟风弄月以归，有吾与点也只意。”周敦颐和程明道在生活气象上都比较洒脱，丝毫不像程颐、朱熹系统中理学家的刻板拘谨。我认为，从周敦颐到程明道，包括他们讲的“孔颜乐处”，实际上是基于这样一个对本源生活体验的领悟。也就是说，宋学就是从这样一个直接性的“大本大源”的体验和领悟而发端，并逐渐系统化、哲理化的。离开了这个“大本大源”，理学就会逐渐僵化。朱熹说：“问渠哪得清如许，为有源头活水来。”这句话形容得很好，但朱熹其实就离开这个“大本大源”有些远了，他是牟宗三所说的“横摄系统”，“横摄”就是对列，理和气是对待的关系，也就是黄老师所说的形上、形下的结构，这个结构丝毫也不源本，所以朱熹一生也没有说清楚理和气的关系究竟是“理先气后”还是“理在气中”，这与“大本大源”那种源发生活经验的破裂有关。但在宋学发端的周敦颐、程明道那里，这个问题还没有出现。

但是，在宋明理学当中，对“大本大源”的表述渐渐地出现了这么一个问题，就是早上有老师讲的：生活这个大本大源，无法言说；一旦言说，反而把生活经验消解掉了。在宋明理学中，一般就用“无”来表述这种先行于一切的、无法言说的源发性生活体验。所以周敦颐的《太极太图说》里面，就有一个“无极”和“太极”的问题。“太极”就可以说，因为“太极”是“有”，而“无极”就没法言说。在“朱陆之辨”，就是朱子跟陆九渊关于“无极”“太极”进行的辩论中，朱熹把“无极而太极”说成是“无形而有理”，然后形成了这样一个“理—气”关系的对立，最后推导出“理在气先”，把“理—气”呈现为一种绝对的关系，这就是黄老师所批评的一种形而上和形而下的结构，但这可能与周敦颐本身的思想并不完全一致。

在作为宋学之祖的周敦颐那里，在“太极”前面还有个“无极”，这个“无”怎么讲？我觉得这是一个本源性的问题，也就是一个大本大源的问题。而宋儒一直对这样一个本源性的“无”是比较忌讳的。这在朱陆的无极太极之辨当中有所体现，在阳明心学的四句教“无善无恶心之体”当中也有体现。阳明的四句教，最后王龙溪（王畿）把它说成是“四无”——四句教都是说的“无”。这实际上就涉及一个有无之辨的问题。这样一个“无”，也就是在“有”得到开显之前的这样一个“无”，我认为就是宋儒所体验到的这样一个源本性的发生经验。但事实上宋明儒家中很多人都是批判阳明、龙溪的，他们对阳明、龙溪说的“无”不以为然，并且忌讳谈“无”，在这方面引发了许多争议。

这样一个源本性发生经验的“无”，为什么宋儒一直要忌讳？因为宋儒认为，一讲到这个东西，就会跟佛学分不清。由此宋儒对“无”这个话题非常敏感，无论是周敦颐的“无极”，还是王阳明的“无善无恶”、王龙溪的“四无”，都引起过轩然大波，受到过许多人的批判。那些道统意识较为强烈的理学家，在批判这类以“无”为特征的概念时，所持的主要理由是，“无”的观念是典型的佛老观念，一旦儒家也谈论“无”，实际上就是在和佛老禅宗暗通款曲，无法分清界限了。

讲到这里的时候，我就想到朱光磊老师讲的问题，他说：如果有“生活儒学”的话，为什么没有“生活佛学”？因为佛教的哲理在根本上也是奠基于一个“无分别智”。“无分别智”这个词语，我记得在黄老师的书里也多次出现，也把它作为一个源本性的生活经验的表述。那么，我的问题是：在佛、老的“无”和儒家的“仁爱”之间，如果这两者都是对原初的生活经验的表述，那么，哪一种更为本源？或者说，佛老的“无”与儒家周子、阳明、龙溪等人的“无”，是否存在一种根本性的差别？

如果承认佛家的“无分别智”也是对原初生活经验的体验，也是大本大源，那就应该牵扯出“生活佛学”来。所以，当宋明儒者讲到这个问题的时候，千方百计地避免说这个“无”，就是为了避免落入佛老的窠臼当中。为什么怕落到佛老的窠臼当中？就是因为佛老的“无”没有办法开显出道德意识，没有道德意识，那它就不成其为儒家了。但黄老师讲“大本大源”必须是儒家的，这就涉及这样一个问题：佛老的“无”和儒家的“仁爱”，哪一种生活经验更为本源，更是源发性的生活经验？或者换一种说法，如果基于儒家立场，儒家的“仁爱”作为源本性的生活情感，也可以用“无”进行表述，那么，儒家之“无”与佛老之“无”，究竟如何划清界限？这并不是基于儒家道统观念而进行“判教”，而是要显示出这两大哲理系统的根本性差别所在。因为从根本上来说，儒家是“成德之教”，它无法以佛老的“无分别智”作为哲理的支撑点。

因此，如果要说大本大源是“仁爱”的话，它就必须得到一个存在论的说明，就是说它是必然的；不然的话，它跟佛老就分不清界限。我觉得宋明儒者的一些辩论中早就给我们提出了这样的问题。

关于这个问题，我个人感觉到，宋明儒者实际上还是有自己的思考的，这个思考落实在对“万物一体”这样一个存在论的说明上。

我们在讲周敦颐的时候，因为受朱熹的影响，总是重视他的“太极”观念。实际上周敦颐的《通书》中还讲过这样的话，那就是“物则不通，神妙万物”。这个“神妙万物”的“神”，我理解实际上就是“太极”的另一种表述。“太极”作为万物之本，它“神妙万物”，实际上就是能够感通万物，在感通之中，使万物呈现出一体的本然状态。“万物一体”是宋儒的一个经常性的表述，二程语录中，以肢体的“麻痹不仁”来解释“仁”，生动地说明了“仁”就是对事物的感通。

“仁爱”是对万物的感通，这在王阳明那里说得最清楚。王阳明有一篇文章《大学问》，他说：“大人者，与天地万物一体者也。”他讲了一个“万物一体”的问题。他说：“大人之仁，与天地万物一体也，非意之也。”也就是说，“万物一体”不是主观构想出来的，而是“其心之仁本若是”，是本然如此的，也就是说在存在论上是有依据的。所以他说：“故见孺子之入井，而必有怵惕恻隐之心焉。”在存在的根源上，万物本为一体，所以“见孺子之入井”，自然而然就有“怵惕恻隐之心”的发生，这是“一体之仁”的自然发作。王阳明的《大学问》里进一步阐述，讲“仁”可以与鸟兽为一体，与草木为一体，与瓦石为一体。我认为，这是对“万物一体”的一个根本性的存在论说明。因为“仁”在根源上就是“万物一体”的，在存在论上就是“万物一体”的，所以，此心一定显露出来是仁，一定会有恻隐之心。这就是对儒家最好的一个维护，就保证了儒家的这样一个“仁爱”观念的持续性。

当然，这个说法与“生活儒学”的观念并不冲突。“仁爱”是本源性的生活情感，就其作为“大本大源”来说，是一种难以言说的源发性生活经验，当然也可以用“无”来概括。但作为儒家的根本哲理基石，它与佛老的“缘起性空”之“无”有根本性区别。要害之处在于，儒家的“大本大源”必须为道德意识的开显提供根据，从宋儒的经验来看，这就必须落实在对“万物一体”的存在论说明上。“仁”在根源上而言，是对万物的一种先在的感通。在“仁”的感通结构中，万物成为一体，从而“恻隐之心”得到开显，道德意识得到落实。在我看来，这并不构成与“生活儒学”的观念冲突，而是对“生活儒学”的一个补充说明。

我就说到这里，有很多地方表达得还不够清楚，说得不对的地方请黄老师和各位老师批评。谢谢大家！

儒学与现代生活之张力

王正

（中国社会科学院副研究员）

谢谢周可真老师和黄玉顺老师的邀请！

我曾经在山东大学读过硕士，虽然当时黄玉顺老师还未来到山大任教，但是黄老师的书我一直在读。我认为，黄老师的“生活儒学”对于当代的中国哲学和儒学来讲，其最重要的意义是：它为我们提供了一个中国哲学和儒学当代发展的新的典范。而“生活儒学”这一范式正是目前学界所缺少的东西；在“政治儒学”“心性儒学”等各种标签式的儒学非常多的当下，“生活儒学”更多关注于根源性的追溯，或者说一种根源性的建构，所以它确实有一种非常重要的作用。

首先，现在儒学中似乎分出了很多派别，比如经学派和哲学派等。我觉得，其实不必要做这么强的区分，因为从某种程度上说，如果我们讲的还是儒学的话，那么，儒学其实从根本上讲应当只是一个，尽管它里面可以有非常多的分别。而且我认为，儒学未来的发展，也不必只是某一种形态的特定标签的儒学，尤其不可完全用现代的学术分科来局限它。就像西方的自由主义，它作为一种思潮，既有自由主义的政治学，还有自由主义的经济学、自由主义的管理学。那么，我想日后可能也可以发展出儒家的经济学、管理学等。所以，在未来大发展的前景下，儒家内部的分歧应当尽可能地消弭。其实这里面最重要的一点是，儒学的未来发展应当是一种兼容中西古今的思维方式，即不能仅仅是传统纯经学的方式来研究，而应当运用多元的方式来研究。所以，黄老师的“生活儒学”的最大价值，就在于它是用现代的、哲学的思维方式来处理传统儒学的问题。

不过这里的一个问题是，“生活儒学”的优点在这里，而它可能引出的相关问题也在这里。黄老师即将要出版的新书的副标题有一个词：“现代生活”，这里其实有一个很大的张力，就是“生活”和“现代”之间的张力。我们现在的生活就是现代的，但是，现代生活到底是什么呢？我觉得这是一个难以完全把握好的问题。但是尝试思考这个问题，可以帮助我们更好地思考儒学的未来。我最近思考的一个切入点是：我希望我的小孩将来有一个什么样的生活？通过思考这个问题，我发现，其实在某种意义上，对于现代生活来说，儒学可能并不是一种绝对性、必须性的东西；但我本身作为一个研究儒学的人、一个对儒学有亲和感的人，希望孩子的未来是跟儒学发生关系的。但是，她作为一个“10后”的小孩，在成长的过程中，其实很可能并不和儒学发生紧密的关联。我们不可能不承认，对于当下的孩子来讲，儒学的关系可能远不如科技发展、教育成长和权利保障等问题重要。所以我认为，儒学到底如何跟我们的现代生活勾连起来，仍是一个需要很好处理的问题。这就是说，就黄老师的“生活儒学”来说，“生活”和“儒学”到底是什么关系，还是一个很麻烦的问题。比如说，谢文郁老师就在人的生存和基督教信仰中建立起一个强关联。但黄老师关于“生活儒学”和现代生活之间的勾连，感觉还是稍微弱了一点，我想这是黄老师未来还应进一步推进的地方。

与此相关，黄老师用“爱”做大本大源，而没有用“仁”字，我觉得这里面是大有文章的。因为一般来讲，儒家讲的大本大源是“仁”；而讲成“爱”的话，是否就自动表明了现代生活与儒学是一种不太强的关联，而是一种弱一点的关联？但是如果两者之间确实没有那么强的关联性，则意味着生活和儒学没有很强的普遍性的关系。而如果没有这么一种很强的普遍性的关系，那么，对于所有研究儒学的人来说，以及儒家未来能在现代生活中发挥的意义和价值来说，是一个巨大的挑战。其实，为什么我们的现代生活必然需要与儒家发生关系，这其实也是整个儒家现代化转型中一直有待根本解决的重要问题。黄老师已经在尝试了，我希望他最终能从哲学上建立起一种强关系，虽然目前看来还是有待于进一步的建设。

当然，黄老师的书中让我“心有戚戚焉”的观点很多。我从读博士期间，就一直关心工夫论的问题。黄老师对工夫论的很多讲法都非常好，他把工夫的现代意义讲出来了。曾有学生问我：现代人如何讲工夫？现代人怎样才算是做工夫？黄老师在书中予以了很好的回答：我们现在进行学术研究与讨论，其实也是一种工夫。当有不同的意见跟我们的意见冲突的时候，我们如何开阔我们的心胸，然后接受这些意见，这其实也有一种非常强的工夫在里面。这些说法对我来说都是有益的。

此外，我还有一个相关性的问题，就是孔子讲的“克己复礼”的“礼”和他老年所讲的“从心所欲不逾矩”的问题。黄老师是把“从心所欲不逾矩”讲成最终孔子认为那个“矩”并没有那么重要，但是我想，“不逾矩”其实说明“矩”还是在的。这个还在的“矩”与“克己复礼”是相关的，“克己复礼”是孔子对颜渊讲的，而颜渊是他最欣赏的学生。从这样一种角度来讲，“礼”和“矩”与我们的“生活”都是本源性相关的，至少在儒学那里，它们应该有一种更加本源的关系性。这种本源的关系性如何在“生活儒学”中展开、呈现，或者说尽可能把它建设起来，把它们更强地关联起来，我觉得也是“生活儒学”未来的一个可能方向。

因为时间有限，我就简单讲这些，谢谢大家！

回到大本大源，激活中国哲学的创造性

陈畅

（同济大学哲学系副教授）

各位下午好！感谢黄玉顺教授、周可真教授的邀请，很荣幸有机会参加这次学术盛会。

我的发言题目是“回到大本大源，重新激活中国哲学的创造性”。

我很早以前就拜读过黄教授的生活儒学论著（以下简称“生活儒学”），再加上我现在任职的同济大学哲学系是以现象学研究见长的，耳濡目染之下，对于生活儒学借助现象学资源重建中国哲学思想体系的思路，常常感到亲切。

我最近主要在做明清之际形上学重建的研究。所以，下面我的发言主要围绕形上学重建的问题，谈谈个人在阅读生活儒学论著时的一些想法。我主要谈三个中国古典形而上学的概念：一个是“生活”，一个是“情感”，还有一个是“心灵”。

第一个是关于“生活”概念。

生活儒学的一个核心内容，是对三个观念层级的区分：生活感悟、形而下者、形而上者。生活儒学的目标是要复归本真生活。在生活儒学对于本真生活、生活存在的解释中，使用了一个很重要的比喻——“水”，所谓“生活如水，情感如流”。主体、对象——一切存在者、物，皆源于且归于生活情感之流。这就是生活的本源结构。

这让我想起牟宗三先生对宋明理学的研究。南宋大儒朱子的老师李侗有一个重要的哲学命题：“今学者之病，所患在于未有洒然冰解冻释处。”[①] “洒然

① 李侗：《李延平集》卷二《答问上》，商务印书馆1935年丛书集成初编版，第17页。

冰解冻释”，就是化掉生命中的拘执，回到活泼泼的状态。牟宗三先生在许多地方都使用了“冰解冻释”这个意象，我觉得非常重要。牟先生说，作为最高学问的哲学，是人们对于生活最源初的感受与洞见，它是生动活泼的水；而一般的专门学问研究的是被冻结凝固以后所产生的纹理。让被冰冻透的东西重新回到活泼泼的、流水的状态，才是爱智慧的哲学应有的功能。[①] 牟宗三先生的这个解释，与生活儒学里对生活本源结构的描述有异曲同工之妙。这也提示我们注意，中国哲学对本体的理解是很活的，即便在儒学内部，包括理学内部，对本体存在着多元的解释，但在根源处往往都是相通的。我们需要透过差异的现象直探其本源。在“水”喻中展示的哲学洞见，应该是包括宋明理学在内的中国哲学之共识。在我的理解，生活儒学的生活本源观念，实际上是回到了这个共识和源头。

第二个是关于“情感”的观念。

上午杨少涵兄提到了《中庸》的“未发”“已发”问题。我的理解与少涵兄有不谋而合之处。十年前我曾经发表一篇论文，讨论东林学派的集大成者孙慎行对“未发”“已发”问题的创见。[②] 该论文的主要观点与少涵兄的解释相近。孙慎行认为，之前的理学家对“未发”“已发”问题的讨论是围绕知觉、思虑展开的，但这并非《中庸》文本的本义。按《中庸》原文，“未发”“已发”都是针对喜怒哀乐来说的，而不是针对知觉、思虑来说的。他根据这个观点提出了一系列哲学创见。后来这些创见被刘宗周注意到，并且吸纳进刘宗周慎独哲学体系中；再经过刘宗周高弟黄宗羲的诠释，成为明清之际形上学重建运动非常重要的理论基础。

概言之，明清之际对“未发”“已发”命题的新解释，我把它归纳为明清之际形上学重建运动中的一个基础性问题：如何获得真正的创造力。黄宗羲对于明朝灭亡事件有一个哲学反思：“自后世儒者，事功与仁义分途，于是当变乱之时，力量不足以支持，听其陆沉鱼烂，全身远害，是乃遗亲后君者也。”[③] 中国古典形上学侧重探讨事物之间普遍存在的内在关联。从形上学角度看，创

① 牟宗三：《实践的智慧学演讲录》第三讲，网络转载。

② 陈畅：《孙慎行慎独学的义理结构》，《中国哲学史》（季刊）2009 年第 2 期。

③ 黄宗羲：《孟子师说》卷一，“孟子见梁惠王”章，沈善洪、吴光主编《黄宗羲全集》第一册，杭州：浙江古籍出版社，2005 年，第 49 页。

造力来自真实、高效的事物间联系；衰败、软弱与无力是由虚假造作所致。黄宗羲认为，从哲学上反思，明朝灭亡的根源就在于当时的虚假学术——包括程朱理学、陆王心学在内的学术流弊——造成的自我局限，限制了人们获得真正的创造力。所以，他要通过学术的批判，重新找到一个能够获得真正的力量、真正的创造力的形上学思想结构。

黄宗羲在形上学方面提出了许多新命题。例如，他认为："仁义礼智是后起之名。"① 此命题初看甚为离经叛道。在朱子学，仁义礼智是"性即理"的"性"，它不可能是"后起之名"。但通过分析黄宗羲的思想可以发现，他其实是在强调存在的真实内涵，反对将天理抽离活泼泼之现实生活。在黄宗羲看来，朱子学流弊的根源在于"理生气"之类的命题把"理""性"都对象化了，却使得"性体"脱离活泼泼的现实基础（情）而成为僵化拘执的观念。换言之，他认为朱子学的形上学结构会导向虚假、造作，这就是"没有力量的学术"之根源。综上所述，明清之际形上学重建运动是通过回到本源情感来寻找力量。在我看来，这也跟生活儒学的主旨有很多相近的地方。

第三个是关于"心灵"的观念。

黄教授的著作中提到主体性的重建跟心灵之间的关系问题。② 其中评论王阳明心学的"充天塞地中间，只有这个灵明""我的灵明，便是天地鬼神的主宰"的心灵观，认为这是宇宙本体意义上的心灵观念。我个人非常认同这个评论。

王阳明的心灵观念是在"感应之几"的意义上来谈论的。在我看来，从哲学上理解此所谓感应之几，可以从两条路径展开：往上提与往下降。感应的问题，实际上与中国古代人情社会有着密切关联，是其社会结构的一种哲学表述——这是往下降到实际生活层面上来谈的。往上提，则是通过将情感与宇宙本体挂搭起来，破除血缘私情的狭隘性，这是心学特有的哲学思路。所以，

---

① 黄宗羲：《孟子师说》卷六。原文："孟子之言，明白显易，因恻隐、羞恶、恭敬、是非之发，而名之为'仁''义''礼''智'，离情无以见性。'仁义礼智'是后起之名，故曰'仁义礼智根于心'。若恻隐、羞恶、恭敬、是非之先另有源头为仁义礼智，则当云'心根于仁义礼智'矣。是故'情性'二字分析不得，此理气合一之说也。"

② 黄玉顺：《主体性的重建与心灵问题——当代中国哲学的形而上学重建问题》，《山东大学学报》2013 年第 1 期；中国人民大学复印报刊资料《中国哲学》2013 年第 4 期全文转载。

“感应之几”是阳明心学中非常重要的哲学概念。在现代社会，这两条路径都需要经过批判性的重构——宇宙本体的观念自不待言，人情社会则是存在着梁漱溟先生所说的不重视个体权利之类的问题。这些都需要我们回到人类生活的大本大源，通过改造传统儒学的形上学观念，重新激活中国哲学的创造性。

以上是我的发言，谢谢大家！

生活儒学的哲学突破

郭萍
（山东社会科学院副研究员）

在儒学复兴的大势下，造论的冲动催生了形式多样的儒学理论，然而要实现真正的哲学突破却并非易事。黄玉顺教授创建的生活儒学是当前少有的一个具有实质性哲学突破的儒学理论，它以不同于传统儒学和现代新儒学，同时不同于西方现代以及后现代哲学的“当代”哲学进路，为当代中国原创性哲学理论的发展提供了一种积极的示范。

生活儒学采取的“当代”哲学进路是“黄先生通过反思前现代主义、现代主义以及后现代主义思想进路所导致的理论诟病而找到的‘打通传统与现代’的一条新的思想途径”①。作为思想途径的“当代”并不是指线性时间意义上的“现在”——与过去、未来相对的“有间”的“时段”，而是熔铸着过去与未来，与过去、未来“无间”的“当下”。

正是依凭着“当代”的思想途径，生活儒学展现出两方面的哲学突破：一是生活儒学以前对象性的、浑然无我的“当下”作为理论建构的思想视域，从而实现了哲学视域的突破；二是生活儒学将“当下”作为本源性的思想观念，并将之贯彻到主体性观念（即形而上学与形而下学）的建构中，从而推动了哲学观念的突破。

---

① 郭萍：《自由何以可能——从“生活儒学”到“自由儒学”》，《齐鲁学刊》2017 年第 4 期。

一、哲学视域的突破

从人类哲学的发展看，自轴心时代哲学发端，一直到近现代，对象化的思考已经成为一种习以为常的哲学视域。然而，进入20世纪之后，随着“回归生活世界”“面向事情本身”的现象学运动等前沿思潮的推动，尤其是以海德格尔为代表的生存论现象学的开展，当代思想界意识到二千多年来的传统哲学已经遗忘了造就一切对象化存在者的存在本身，于是对象化的传统哲学视域遭到了瓦解。与此同时，哲学家们开始尝试从前对象化的存在本身来重新解释世界，这就是当代哲学思想视域的革命。

然而就儒学的发展而言，尽管近现代乃至当代儒学，不论其问题意识、思想内容，还是其理论形态，都早已不是古典儒学了，而是某种现代性的儒学理论了，但是这些理论所共同呈现的形上—形下理论架构，暴露出近代以来的儒学依然延续着对象化的传统哲学视域。以代表现代儒学理论高峰的20世纪现代新儒学为例，他们努力“返本”的宋明儒学正是一种传统形上学的典型，他们为“开新”而借鉴的近现代（主要是18—19世纪）的西方哲学也是基于形上—形下架构的主体性哲学，不论是梁漱溟所借鉴的唯意志主义，冯友兰所借鉴的逻辑实证主义，还是牟宗三、唐君毅等所借鉴的德国古典哲学，都无一例外。当然，当代儒学通过批判现代新儒学，创建了诸多富有新意的理论，其思考的角度、观点以及内容等都不乏独特的价值，但在思想视域上却没有实质性差别。也就是说，当前的儒学理论绝大多数还是沿袭了传统的哲学视域，在“形上—形下”的二元架构下进行思考。这恐怕也是当前儒学形式多样，但在哲学上却难以真正超越现代新儒学，取得突破的一个根本原因。其实，当前中国学界，主要是西方哲学研究者，已经对哲学视域的转变展开了积极的探索，而且也取得了很多值得儒学借鉴的研究成果，只可惜这些研究还是集中于对西方思想的分析、阐释，并没有运用于中国哲学理论的创构中。

在此局面下，生活儒学通过与西方现象学的对话，借鉴了现象学研究的相关方法，提出前对象化的本源思想视域。这种视域既是一种哲学方法，也是一种哲学观念，即本源观念，它构成了生活儒学最具特色的内容（详见下节）。基于本源思想视域，生活儒学重新审视了既有儒学理论的得失，对既有儒学拘于形上—形下的对象化思维模式做了彻底的解构，同时完成了自身的理论建构。这种新视域的运用根本颠覆了以往哲学的理论进路，即自觉或不自觉地以某种确定性的主体观念（包括经验主义的假设和先验主义的预设）去匡正和剪裁处于可能性的生活本身，取而代之的是，直面事情本身，投身当下，以生生不息的生活本身去塑造、去更新一切主体性观念。如此一来，生活儒学就为儒学真正切入当下社会提供了一种方法论的参考，同时也从方法论的意义上将儒学推向当代哲学的前沿。

二、哲学观念的突破

生活儒学是由本源观念—形而上学—形而下学的三层观念构成的理论体系，这在突破传统哲学形上—形下两层观念架构的同时，也推动了哲学观念的突破。

（一）本源观念的开启

生活儒学的本源观念虽然得益于海德格尔存在论现象学的启发，但它并没有沿着海德格尔的脚印前行，而是以儒家话语对存在本身做了新的言说。

（1）生活儒学强调存在本身就是当下的生活本身，生活本身被儒家领会为本源的仁爱情感，这既不同于海德格尔的烦、畏等负面情绪，也不同于舍勒带有主体伦理意味的爱的情感，而是生活的实情，也就是先于主体，先于伦理与认知的“事之情”，这作为儒学切入当下生活确立“人之情”的前提，为进一步展开的对象性言说提供了最深层的观念支撑。[①] 生活儒学对“仁”的本源性言说，释放出了“仁”作为形上的“德性”和形下的“德行”之外的更为源始的含义。与此同时，它以本源情感作为先行于存在者的存在本身，意味着理性、德性以及道德情感等一切存在者化的观念皆源于情感才得以可能，这就突破了长久以来理性主义以理克情，情理对立的观念，以及传统儒学以性为本，以情为末的观念，并且在新的观念层级发展了与儒家王道政治传统、道德

① 参见黄玉顺《爱与思——生活儒学的观念》（增补本），成都：四川人民出版社，2017年。

伦理传统不同的，儒家情感主义传统。[①]

（2）生活儒学对海德格尔思想中“此在”对“存在”的纠缠深为警惕，尤其批判了“此在”僭越“存在”的理论陷阱，即如德里达所指出的海德格尔是在更高的层面上确立了“大写的人”。[②] 因此，克服海德格尔的思想风险也是生活儒学更彻底的突破对象化思维，切入当下生活的一个关键。对此，生活儒学提出“生活即是存在，生活之外别无存在”的思想，以此清除“此在”对存在本身的侵扰，并以“本源生活”表征了一种比海德格尔之“生存”（Existenz）更为透彻的当下观念。

（3）本源观念的开启无疑是对传统形而上学解构的结果，但生活儒学并没有因此否定形而上学存在的意义，更没有因此放弃形而上学的建构，反而是明确提出要基于本源观念重建形而上学。

我们知道，不论海德格尔，还是后现代主义，都不做任何形而上学的努力，因为他们认为，形而上学的建构，乃至一切主体性的建构，都是疏离存在本身的做法，因此“对形而上学不加过问”[③]，沉浸于“存在”，消解一切主体价值，成为其根本的主张。然而，如此一来，无异是否定了一切现实的价值和意义，其结果是既不能引导我们积极地投身当下，也不能有效地解答现实生活的问题。而如果我们认可当下的生活不是无价值、无意义的，也认为有必要回应现实生活的挑战，那么就必然需要赋予生活本身、存在本身某种价值（包括形下的价值、形上的价值），这也就必然需要建构某种主体性观念作为支撑，因此，在当下重建主体性观念（包括形上的主体、形下的主体）仍是必要性的，而且是不可逃避的。生活儒学就是本着重建主体性观念的意图而进行本源观念的阐释，这使它并不同于各种“哲学终结论”的论调，也不会像存在主义、后现代主义那样导致相对主义、虚无主义的风险。

---

① 当前已有学者指出，黄玉顺“生活儒学”提出的本源观念，乃是对其师蒙培元先生“情感儒学”的发展，而蒙培元先生则是对冯友兰先生开创的情理进路的发挥，因此，从冯友兰的“新理学”经蒙培元的“情感儒学”再黄玉顺的“生活儒学”已经形成了现代儒家哲学的“情理学派”。（参见胡骄键：《儒学现代转型的情理进路——以冯友兰、蒙培元、黄玉顺为对象》，《学习与实践》2019年第4期。）

② 德里达：《论文字学》，汪堂家译，上海：上海译文出版社，2005年，第4页。

③ 海德格尔：《时间与存在》，选自氏著《面向思的事情》，北京：商务印书馆，2011年，第28页。

（二）形上观念的突破

主体性的重建，不仅包括形而下学的重建，还包括形而上学的重建。生活儒学认为，重建形上学之所以可能，乃在于形而上学有着生活的渊源，先于存在者的生活本身为之奠基。唯其如此，形而上学才不会成为哲学家书斋里的概念游戏，进而才可能为形而下学（伦理与物理）提供切合当下的本体依据。

也正因如此，形而上学必然具有随生活流变而更新的变易性。因此，生活儒学提出"变易本体论"，以"变易"融摄"不易"与"简易"，并解释说"'简易'是说'变易'乃是极为简单的道理；'不易'是说'变易'乃是永恒不变的道理。"[①] 此论突出强调的是形而上学并非亘古不变，而总是随着生活的衍流而日生日成，不断更新，同时形而上学所承载的主体价值也自然随生活变迁而不断超越。其深刻之处在于揭示出形而上学唯有在与时"变易"的过程中才能保持自身切入当下的状态，其实际是以"变易"的内涵维系着"不易"的至上地位。这种观念无疑是颠覆了世人对形而上学的传统理解。

古往今来人们已习以为常地认为，形而上的存在者作为本体，也即作为一切具体存在者的根本依据，是超越时空、永恒不变的，即便我们转化它的形态，也无法更新它承载的价值。但事实上，古今中外的哲学家总是通过构建形而上学进行着最隐秘的价值革命，历代的本体观念都是哲学家基于当时代的问题意识，对当时代的主体价值进行的最高抽象，其意图都是为当时代诸领域的言说提供一个根本的观念承诺，否则哲学也就称不上是时代精神的精华。虽然西方哲学史上出现过不少"回到……"的潮流，但不论是主张"回到柏拉图"的柏拉图主义者，还是高喊"回到康德"口号的新康德主义者等，他们重新构建的本体观念都并不同于柏拉图/康德……的本体观念。反观儒家哲学也是如此，以接续孔孟道统为己任的宋明理学，其重建的道统并不是原始儒学的本体观念，而是帝国后期主体意志的最高表达"天理"；以"返本宋明"为旗帜的现代新儒学，其本体论也绝不同于传统宋明理学的本体，而是为民主科学奠基的现代性本体观念；甚至当前拒绝现代价值，一厢情愿退守前现代的原教旨主义，其阐发的本体观念也绝非古代圣贤的本意，而只是一种当代主体价值的

---

① 黄玉顺：《形而上学的黎明——生活儒学视域下的"变易本体论"建构》，《湖北大学学报》2015 年第 4 期。

畸形。

之所以如此，是因为我们始终处于当下，总是不由自主地基于当下感悟来诠释传统，筹划未来，因而不论哲学家是否自觉、是否情愿，他所确立的本体，作为最高主体性观念，必然是对当下主体价值的表达。只不过由于以往的哲学家或者根本没有自觉到形而上学的变易性，或者没有恰当的理论路径去解释这种变易性，因而其本体观念掺杂着一些与当下生活不匹配的内容，例如现代新儒学老内圣与新外王的错位等。如今，“变易本体论”坦诚地揭示出形而上学表征的绝对主体价值的当下性，并阐明其更新的生活渊源，从而可以有效保障本体观念与当下生活的契合性。

（三）形下观念的突破

在形下观念层面，生活儒学的突破体现在历史哲学、政治哲学等领域的论述中。

基于生活本身造就主体的观念，生活儒学做了历史哲学的阐述。它将生活本身的衍流导致主体的转变，对象化的描述为生活方式的转变导致了社会主体的时代性转变，即由宗族到家族，再到国民个体的转变，由此主体的情感倾向以及价值诉求随之转变，进而又导致社会一系列制度规范的转变，这些转变最终就促成了社会形态的历史转换，即由王权社会到皇权社会再到民权社会的转变。[①] 这种以生活方式的转变导致的社会主体转变为主轴对社会发展及其观念、制度演变的理顺和勾勒，是独到而深具解释力的。据其论说已然推出，当下现代性的生活方式造就了现代性的社会主体——个体，而且势必需要建构一套与个体价值诉求相一致的社会制度规范。

为此，生活儒学以“中国正义论”[②] 提供了一种古今中外社会制度建构与主体诉求相一致的基本原理，即以“仁→义→礼”为基本环节的制度正义原理，着意强调要根据正当性原则、适宜性原则，对既有的社会制度进行损益。相较于其他探讨正义的理论，包括罗尔斯正义论，“中国正义论”有两点重要的突破：其一，它不是针对某一个时代或某一个国家的具象论述，而是给出了

---

① 黄玉顺：《论儒学的现代性》，《社会科学研究》2016 年第 6 期。

② 参见黄玉顺《中国正义论的重建》，合肥：安徽人民出版社，2013 年（英文版：*Voice From The East*：*The Chinese Theory of Justice*，UK，Paths International Ltd，2016）；《中国正义论的形成》，北京：东方出版社，2015 年。

一种古今中外制度建构所遵循的基本伦理原则，这使它具有其他正义理论不能比拟的普适性；其二，它是关于制度正义的理论，也即解答的是制度建构本身正义与否的问题，而不是根据某种既定的制度或观念考察言行是否正义的问题。这不仅将政治哲学维度上的正义问题推到了更深的层次，而且打破了长期以来人们不假思索的执守于行为正义的观念，具有深刻的观念启蒙意义。①

上述蜻蜓点水的概括并不能充分体现生活儒学哲学突破的深远意义，然而我们由此可以认识到，黄玉顺教授创建的生活儒学对于当代儒学的创新和中国哲学理论的创建来说是一个极富参考价值的范本。

① 郭萍：《儒学的启蒙——关于制度正义的思考》，《当代儒学》第14辑，成都：四川人民出版社，2018年。

生活儒学在现代中国哲学“情理学派”中的地位

胡骄键

（重庆文理学院副教授）

非常荣幸能有这么一个机会，参加专门研讨“生活儒学”的高层次学术会议。

今天从上午一直到下午，我们很多老师都已经提到了黄玉顺老师的“生活儒学”是一个很有原创意义的思想体系，给人一种横空出世的感觉。但是，我想说的是：这个横空出世的思想体系，其实是有渊源的，有它的师门传承谱系。我今天想给各位老师汇报的一个话题，就是从冯友兰先生的“新理学”，到蒙培元先生的“情感儒学”，再到黄老师的“生活儒学”，这么一个以情感和理性为中心的现代中国哲学，或者说现代儒家哲学“情理学派”传承的主轴。

说冯友兰先生是情理学派的开端，可能会让很多老师比较诧异，因为人们通常对冯先生的了解，首先想到的就是他的新理学，主要是谈“理”、谈理性。一般认为，冯先生的一个基本立场是要向西方学习，引进西方哲学，纳入理性的因素，让中国哲学、儒家哲学的概念更加明晰化、清晰化，概念之间的推演更有严格的逻辑规则。冯先生在《中国哲学史》两卷本的序言里就这么明确表示过，《新理学》一书更是明证。

但是我们不要忘了，冯先生的著作当中，尤其是在他的《中国哲学简史》《新原人》《新原道》等著作中，其实是大量谈论“情”的。因为，在冯先生看来，通过理性化的方式达到最高的概念——“大全”，还只是一个纯粹形式化的东西，是个空的东西，这还不是哲学的顶点；在这种“正的方法”之后，即在逻辑的方法之后，还要用“负的方法”，才能达到哲学的顶点。那么，哲学的顶点是什么？冯友兰先生也是有明确的说法的，就是说，哲学不但是要知道它，而且是要体验它，要“自同于大全”，要获得一种境界。冯先生在《新原人·天地》篇当中就说：“自同于‘大全’不是物质上的一种变化，而是精神上的一种境界。”① 而通过“负的方法”的这个体验，要达到的就是“天地境界”，冯先生也称之为“同天境界”。这个“天地境界”，从概念角度来说，它是同于“大全”的，然而它的实质内涵究竟在哪里？冯友兰先生认为，这个“同天境界”，儒家称为“仁”，在这种境界当中，人与万物之间有一种痛痒相关的情感。这就是说，“自同于大全”的“天地境界”乃是一种人与万物有痛痒相关的情感境界。而且，这一痛痒相关的情感境界状态的特征就是主体性消解后的万物浑然一体的状态。冯先生在《新原人》里说过：“一个人自同于大全，则‘我’与‘非我’的分别，对于他即不存在。”②

因此，冯先生在这里其实就已经导出了情感，他是以情感来达到形式化所没能达到的哲学顶点，即是从情感角度来把哲学推向顶点。这种情感，冯先生称之为“有情无我”。与此相对的另一个层次的情感则是“有我之情”，一种主体化的情感。所以，冯先生其实是从两个方面来谈情感的：首先是“有我之情”，这种情感是需要被突破的；然后，冯先生真正主张的情感是“有情无我”，在这种“有情无我”的最高境界、“自同于大全”的状态里，我与非我的分别都不存在了，这就是冯先生所说的哲学的顶点。

这里还可以说一个题外话，也算是学界的一则趣闻。1945 年 3 月，李文湘撰文推荐冯友兰先生的《新世训》一书，但是李文湘误认为冯友兰强调的以理化情，就是要人无情。为此，冯友兰先生专门撰写了《论感情》（收录于《南渡集》）一文，申明他并不是主张无情，而是主张“有情而无我”，主张“有情而不为情所累”。

显然，这样一种“有情无我”的仁爱情感，其实就是一种前主体性的情感境界。到这里，我相信各位老师已经有所感觉，可以看出：黄老师的生活儒学，以生活情感为本源情感，这是从冯先生那里发展下来的，这是其师门渊源的源头。当然，在冯先生那里，并没有直接提出“情理”这么一个概念，但

---

① 冯友兰：《贞元六书·新原人》，北京：中华书局，2014 年，第 688 页。

② 冯友兰：《贞元六书·新原人》，北京：中华书局，2014 年，第 687 页。

是，我们完全可以说，“新理学”乃是“情理并重”的：前一段，冯先生偏重于谈“理”；后一段，他是要用“情”的方式来实现理性的方式没有达到的哲学的顶点。

然而，情感与理性的关系究竟是怎样的，冯先生论述不多。这个问题，到了冯先生的弟子蒙培元先生那里就有了明确的说法。蒙先生讲了一个很直接的命题，那就是“情理合一”。不仅如此，在“情理合一”当中，情感是更根本的，所以，蒙先生的哲学体系是“情感儒学”。蒙先生有一个著名的命题，就是“人是情感的存在”。蒙先生是以情感为起点，建构了一个关涉天人、形上形下的庞大的哲学体系，这是“情感儒学”最有特色的地方，也是它最有创造力的地方。它其实是整个地倒转了秦汉以来帝国时代儒学对情感的理解，因为帝国儒学以来，情感都被认为是一种需要加以克制、净化、提升、超越的东西；而蒙先生从情感立论，突破了帝国时代儒学对于情感的一般看法。我想说的是，冯先生和蒙先生的这样一种以情感立论的方式，颠覆了整个秦汉以来的那种“性→情”架构，可以说导引出了一种中国哲学的“情感转向”的思想态势。而在我看来，从冯先生和蒙先生那里萌发的这种思想态势，在黄老师的“生活儒学”里基本实现了论证体系的完成。

蒙培元先生主张情理合一。他的情感也是从两个层次展开的，不过和冯友兰先生的并不一样，是对冯友兰先生情感观念的继承和发展。蒙培元先生首先承认人的自然情感，并且认为这是人与动物所共有者。但是，他同时也指出，这种自然情感里也蕴含着人的道德发展的基础，比如孝悌这样的自然情感经“推”“扩”之后，就能成为理性化的情感、道德情感，而这才是人之所以为人的地方。蒙先生“人是情感的存在”这一命题所指的情感，就是这种理性化了的情感，即道德情感。对于情感的这样两个层次，蒙先生自己说是叫“情感的上下其说”：往下说，就是人的自然情感；往上说，就是理性化的情感、道德情感。

情感为何能“上下其说”呢？在蒙先生看来，因为情感中有理性，但是这种理性不是西方的那种形式化的认知理性，也不是康德式的实践理性；这种理性与情感融合在一起，所以这种理性是一种“具体理性”“性理”“情理”。蒙先生是这么来描述他所说的“具体理性”“情理”的，他说：“性理就是德性，也就是理性；不过不是‘理论的’理性，而是‘实践的’理性。但是，又不同于康德所说的‘纯粹的实践理性’，而是和情感联系在一起并以情感为内容的‘具体理性’。这才是儒家理性学说的真正特点。”①

正是基于“情理合一”这样一个观念，蒙先生以情感为中心建构了一个关涉形上形下的完整哲学体系。这大不同于西方以理性为中心和秦汉以来以德性为中心所建构的哲学体系，同时也颠覆了中西方传统哲学对情感的理解。秦汉以来帝国时代的儒学主要都把情感视作一种需要被克制的东西，但蒙先生却把情感视作道德的起点。所以说，在蒙先生这里，已经突破了帝国时代儒学的“性→情”架构。而对于西方哲学来说，尽管西方哲学里也有重视情感的思想，比如休谟、亚当·斯密等，但他们大多都是从情感对伦理学、政治学的意义上来谈论的，并没有依托情感建构起整个哲学思想体系。在西方哲学里，情感最多只是作为哲学中的一个部分或一个分支来处理的。而蒙培元先生则是以“情感”为中心范畴建构全方位的哲学体系。我想，这样一个以情感为中心建构哲学体系的思想进路，对黄老师的影响应该是很大的。

当然，我们还必须意识到，蒙先生讲的情感主要还是一种道德情感，这种道德情感毫无疑问还是一种主体色彩比较浓的情感。因此，问题就到了黄老师这儿!

黄老师发问的方式是“主体何以可能”。黄老师的生活儒学，就我的理解来说，主要通过跟海德格尔的对话，把问题带向了前主体性、前存在者的“存在”层面。黄老师其实是在冯先生和蒙先生的哲学的基础之上，将生活与情感，尤其是仁爱情感视为浑然无别的存在。上午很多老师都已经提到了这么一个问题，就是生活儒学给出的“情—性—情”这么一个三级架构。在这个三级架构里，前一个“情”，也就是仁爱情感、生活本身、存在本身，才是一切的大本大源。后一个情，指的乃是一种主体性的形而下的情感。

这里，我想稍稍回应一下刚才有老师提到的一个问题，就是：从一种非对象化的本源情境出发来建构哲学，为什么非得是“生活儒学”，而不能是“生活佛学”？我的理解是：儒学是从仁爱切入存在的，而佛学却不是。尽管在思想的最顶点，它们都达到了同样一个观念层级，但是，它们的切入角度是不同的，这也正是儒学之所以为儒学的地方。这样一种存在、大本大源的观念，即

---

① 蒙培元：《情感与理性》，北京：中国社会科学出版社，2002年，第19页。

情感与生活浑然无别的观念，其实就是在冯先生、蒙先生的思想基础上再进一步，把情感带向了前主体性的状态。

之所以说黄老师的“生活儒学”完成了现代中国哲学“情理学派”的理论建构，在我看来，主要是因为黄老师基于本源性的仁爱情感，阐明了情感与理性的关系，进而为建构具有现代精神的正义生活秩序，也就是“礼”“礼教”的重建，指明了方向。这样一个观念体系的展开过程，我想用“由爱生知，因情称义”这八个字来呈现。

所谓“由爱生知”，主要说的是情感与理性的关系问题。当然，“由爱生知”的“知”既可以读平声调，也可以读去声调。生活儒学认为，理性不是一种先验的、独断的东西，它源于爱、源于情感。在情感与理性的关系上，我觉得黄老师有三句话非常简洁精到，让我个人理解起来很是受用。那就是：“思不是爱”；“思源于爱”；“思确证爱”。这就很清晰地点明了情感跟理性的关系，同时也为理性找到了牢固的生活基础，或者说情感基础。情感与理性的关系，就是“爱”与“思”的生成关系。这个关系，黄老师在他的《爱与思》的“叙说”里说：

> 思首先是生活本源中的情感之思、生活情感中的领悟之思，而表现为生活感悟的言说方式、诗意的言说；进而是生活感悟中生成的形上之思，而表现为哲学的言说；最终是在这种形而上学的基础之上展开的形下之思，而表现为伦理学、知识论的言说。①

这段话，我觉得特别亲切。在某种意义上，我觉得这其实也在一定意义上回应了上午有的老师提到的“无中生有”的疑惑。“由爱生知”的过程，实际就是主体性的观念确立的过程，就是“无中生有”的观念生成过程。

这里，由爱所生的“知”其实还有两个向度：一是由情感之思、领悟之思，转进至意欲之思，从意欲之思转而到认知之思，即认知理性。这是“由爱生知”的知识论向度；二是对生活本身的感悟、领悟除了表现为“本源之

① 黄玉顺：《爱与思——生活儒学的观念》（增补本），成都：四川人民出版社，2017 年，第 3 页。

知”之外，还会表现为知善知恶的“良知良能”，对“能爱”的情感能力的直觉。正如《论语·里仁》篇所说：“唯仁者能好人，能恶人。”此“良知良能”有一种直接进行是非善恶判断的能力，这也就是孟子所说的“是非之心”“羞耻之心”，也叫“正义感”。“中国正义论”认为，这种正义感乃是一种智慧，这种“智”又与“虑”紧密相关，可称为“智虑”。这种知是知非的智虑、理智，正是建立“中国正义论”的重要工具，尤其是“中国正义论”两条正义原则之一的“适宜性原则”的前提，即运用理智权衡能力对既有的制度规范进行损益，以适宜于不同地方、不同时间的生活际遇、生活方式。

所以，“由爱生知”生出了两种知：一是认知理性，由爱生知的“知”读平声；二是权衡理智，由爱生“知”的“知”读去声。

所谓“因情称义”，主要是针对“中国正义论”的两条正义原则来说的。我觉得，黄老师的“中国正义论”确实是把捉到了中国人的正义思想最核心、最精髓之处。按照“中国正义论”，任何制度规范的正当性都来源于仁爱情感。这种仁爱不是“差等之爱”，而是“一体之仁”，因为“差等之爱”尽管是生活的实情，却是以个体自爱为起点的，会带来利益的争斗，因此，如果只有差等之爱，整个社会生活就会遵从弱肉强食的丛林法则。而人生活的意义并不在生活之外的、由理性构造出来的超越的形而上的世界，不管这个号称能提供生活意义的超越者是上帝还是圣贤、天道、天理，都不能在真正意义上提供生活的意义。生活的意义就是好好地生活，去过一种充满情意的生活、仁爱的生活。所以，能够化解差等之爱带来的利益争斗的，只能是本源性的仁爱情感的另外一种显现样式——“一体之仁”。所以，仁爱才是一切制度规范的正当性来源。这就是“因情称义”的第一层意思。

我们都知道，“义”有“适宜”“适当”“合适”的意思，《中庸》所谓“义者，宜也”。“中国正义论”的第二条原则就是适宜性原则。如何适宜？就是运用渊源于爱的理智权衡能力，因时因地损益既有的制度规范，使制度规范适宜于彼时彼地的人的生活实情。从这里，“由爱生知”和“因情称义”是紧密关联的两句话，也是对通过情感与理性紧密相连来构筑人的正义生活秩序的一种归纳。

因此，我想，就可以这样来说：“因情称义”也就是“有情有义”。而“有情有义”四个字，不就说尽了中国哲学、儒家哲学的正义论思想的内涵吗？我们生活中随处都可以见到：当我们骂一个人的时候，常常是说这个人“无情无义”；赞许一个人的时候经常就说这个人“有情有义”。“有情有义”不但有仁爱情感来提供正当性，还有理智的参与来制定适宜的制度规范、行事规则。“有情有义”不但有情，还有智。无情是狼，无智是蠢。无情无智的生活是任何人都不愿意过的，有情有义的生活一定是值得追求的。这也不仅仅是中国人的追求，凡是人都会有这样的追求。从这个意义来说，“中国正义论”绝不是一种地方性知识、地方性思想，不仅仅是中国的正义思想，而是源自中国、然而具有全球伦理建构意义的正义思想。

总之，从冯友兰先生到蒙培元先生、再到黄玉顺老师这样一个以情感和理性为致思中心的传承谱系，我的看法是：冯先生拉开了探究情感与理性之关系的帷幕，蒙先生对情感与理性关系有了一种颠覆性的理解，最后到黄老师这里是揭示出了情感与生活是浑然无别的存在实情。这样一个理论框架，阐明了理性的生活渊源、情感渊源，终结了关于理性的那种既有的独断论或者说先验论的传统。这是中西方哲学史上一个非常大的突破！作为一个儒者，黄老师还是一个有着很强现实关怀的哲学家，“生活儒学”实际是为“中国正义论”奠基的理论体系。用我那八个字来说，就是“由爱生知”是为“因情称义”奠基的。因此，可以这样说，黄老师的“生活儒学”以及“中国正义论”思想体系，实际上是从冯先生到蒙先生一脉相承下来的现代中国哲学情理学派理论体系的集大成。

当然了，情理学派不止冯先生、蒙先生和黄老师他们三个人，还有跟黄老师同辈的蒙门弟子，以及像郭萍师姐那样的我们这一代黄门弟子，基本上呈现出了现代中国哲学、现代儒家哲学“情理学派”的传承脉络。当然，我们这一辈还做得很不够，需要继续努力。

生活儒学献疑

朱光磊
（苏州大学副教授）

大家好！今天在这里发言，是谈谈我学习黄玉顺老师“生活儒学”的诸多感想。我从读硕士的时候，就看过黄老师的生活儒学文集，觉得非常了不起，因为他有一种哲学的框架。但是，我在学习过程中也有一些问题，可能跟黄老师的观点有一些差别，想请教一下。

我先说一下我对黄老师的思想框架的把握，就是有一个作为本源的生活，再生发出形而上学和形而下学，这是一个大体的框架。黄老师认为，孔孟、早期的先秦儒家是抓住了本源生活、仁爱的生活情感的；但到了宋明理学，好像都在形上学的路子上走了，忘了原来的生活。形上学的路子，就是寻求最大的存在者。所以，黄老师要回到真正的生活中的儒学，回到先秦的以仁爱为本源的儒学。

我对生活儒学的疑问，主要有两点。其一，生活本源的存在与道德主体、天理实体不能两分，而应该相即不二；其二，一旦生活本源的存在与道德主体、天理实体两分，那么证明生活本源是仁爱，是非常困难的，容易滑落为生活佛学。

从第一点上看，我的博士论文是研究黄宗羲的，黄宗羲有一些很有意思的话，类似“盈天地者皆气也”“盈天地者皆情也”。这里讲的“情”“气”不是与理气对立的“情”“气”，或者说不是“性善情恶”意义上的“情”和“气”，而是正面的“情”与“气”，就是孟子讲的“浩然之气”、张载讲的“气”、船山讲的“气”、刘宗周讲的“气”，都是从大本大源上讲的；这里讲的“情”也不是在“已发谓之情”这个意义上讲的，而是整体上讲的。这正是他们哲学的一个面向。这个面向似乎很符合生活儒学的感念。但另一个面向，黄宗羲也说“盈天地者皆心也”“盈天地者皆理也”。从生活儒学上看，这个“心”可能会解作主体性，而“理”可能会解作实体性，于是主体性上的“心”与实体性上的“理”，就会成为最大的存在者。于是，谈“心”“理”的儒学便成为异化的儒学。这可能是生活儒学要批判的东西。可是在黄宗羲的哲学中，“情”“气”“心”“理”却是非常和谐地融合在一起的。既可以内敛到极点，讲“心即理”；也可以外扩到天地万物整体，讲“道即器”。“我”与万物不是分割开的，两者完全是收缩自如的。而且，我觉得不能说“盈天地者皆气也”就是万物收到“我”的主体性上。黄宗羲的哲学系统不允许这样讲，即使依照孟子讲“万物皆备于我”，也不能说“我”这个道德主体是遗忘了存在后的存在者。

因此，如果套用黄老师的系统，我觉得儒学中一个比较大的脉络就是即存在即形上学，就是说，形而上学与大本大源的存在、与生活感悟是不能两分的，不能说存在堕落之后才成为形上学的主体，或者形上学的实体。形上学的主体（实体）与生活存在的本源是相即不二的状态。这可能是宋明儒学，除了朱熹、伊川这一路之外，其他各家的一个共同特征。这是我的第一点想法。

从第二点上看，本源的生活感悟是最大的、最本真的生活，但因为遗忘了存在，所以变成了非本真的世界，类似于生活本源“坎陷”之后，产生了形上学与形下学。但是，如果把生活与主体（实体）“相即”的观点去掉，直接先从生活感悟入手，那么，要证明生活感悟里边有一种必然如此的爱，或者必然如此的方向，这是很困难的。

我看黄老师的著作里面谈到本真的生活是爱，并且做了两个方向的论证：一个是先秦的文献，就是孔孟的文献，第二个是通过文字训诂，就像海德格尔拆德语词的结构那样，通过《说文解字》、通过甲骨文，来看字的结构，给出最初的本源的理解，包括对生存的理解、对生活的理解，用这两个方法来验证真正的生存、生活感悟是有爱的。

可是，对于经典的进入，这是可以商量的，因为这里的前提是认为孔子讲的是本源，所以才拿来说，但如果我不承认孔子呢？我们需要给予孔子的仁爱就是生活世界一个可靠证明，凭什么说从仁爱切入的理解就是本源的理解，为什么从仇恨切入、从缘起切入、从自然切入就不是本源的理解？这个需要证明，这个证明不是依靠圣言量的作用。对于文字学的进路，也有可以商量之处。如果我认为孔子讲的仁爱也是遗忘了存在之后的东西呢？那怎么办？如果你说可以从更古老的甲骨文入手，那如果我认为甲骨文也是遗忘了存在之后的东西呢？这里面是价值的取舍，你怎么证明它？怎么证实它？很困难。如果我认为，凡是产生了人的觉醒之后，产生了对天、神的理解之后，就主客二分了，就对象化了，然后产生的文字就是甲骨文，那么，在甲骨文里边产生的仁爱的观念其实已经是主体性的我了，已经遗忘了本真的存在了。这样一来的话，用文字学来讲本源的进路也会有问题。

我只能说，本源的生活，或者本真的生活，只是如其所是的本真生活。至于如其所是的本真生活里边有什么样的特性，我是不能加一词的，加一词就完全可能是主体性没有去蔽，就是你的理解强加到本源里面的。（当然，我自己从我的愿望上很希望讲本真的生活是爱，因为我也是做儒学，对儒学有这种信仰。但是从理论上怎么把它说得更透彻，这是一个问题，也是最大的挑战。）

万一无法证明生命本源就是仁爱，而只能承认生活本源如其所是，仁爱是异化之后的沉沦世界的状态，那么生活儒学的理论就容易滑转为生活佛学，而且在义理上似乎生活佛学可以更加顺畅。为什么呢？我认为，本源的生活就是如生活本身那样的生活，我不能够加一词，不能说生活是怎么样。哪怕是说爱的生活，也表明已经执着在某一点上，已经是在主客对立的理念说生活是爱的生活，这样就开出了一个形上学和形下学。这个形上学、形下学是佛教系统里人乘里面的东西。我也完全可以在本源生活中坎陷出对上帝的膜拜，于是变成一个天乘的世界，天乘的世界也是一个遮蔽的世界，而人的生活也是遮蔽的生活。这样一来，生活儒学竟然暗藏佛老，这是需要严格辨析的。

生活儒学理论上是不是会有这样的问题？请教黄老师。以上是我的发言，谢谢大家！

生活儒学的西方哲学审视

尚文华
（山东社会科学院副研究员）

我主要是做西学的，对西方哲学有些了解，但儒学文本读得不多。在这里，想结合我个人对西方哲学的一点理解，谈一下黄老师的生活儒学。

在此，我主要想谈三点内容。第一点，我想从西方哲学史的脉络里面做点追踪，为黄老师的生活儒学确立一个现代学术史的背景。第二点，在这个背景之下，我想反思一个问题：在这样一个时代里怎么去处理一些中西对话的问题。第三点，我会指出在这样的对话框架里面，黄老师的生活儒学作为一个体系，它可能要面临的一些深度的困境，我要尝试指出，这种困境也是思想本身的困境。

我先说第一个问题。我们都认为希腊哲学是西方思想或者西方哲学的一个开端。我们也都习以为常地知道这么一句话：哲学问题最早始于一种惊奇。但，哲学始于惊奇是什么意思呢？首要的是惊奇，不理解惊奇就无法说始于惊奇。就是说，我们需要去分析，在我们的生存经验里，究竟在什么状态之下会觉得惊奇？有关这个问题，我们可以先试着这样去问，我们在什么状态下，会觉得不惊奇呢？就是说，一件事情的发生，或者一个事物的出现，符合我个人对此的一些基本经验，或者说符合我习以为常的某些观念，所以，当我面对这个东西和这件事情的时候，因为我完全可以解释它，所以我们就不会惊奇。与之相应的，惊奇就是说一件事情发生了，或者一个对象出现了，我们忽然发现我们过去没有经验过它，或者在我们的观念体系里无法理解它。但是仅仅这些也还不可以解释惊奇，因为我们完全可以采取一种置之不理的态度，就是说，即使我没有见过它，没有理解它，但我仍然也可以干脆就直接一转眼就让它过去，我不会去理它。于是，惊奇就是说，一方面这个无法被经验无法被理解的东西发生了，还有另一方面，这个东西还不断地抓着我，想让我去抓住它或者想去理解它。

谈到这两方面的话，我们就可以说我们能够获得对概念的基本理解了。首先，如果这个对象可以呈现在我的理解体系里了，那我就可以给这个对象一些基本的规定，这个规定意味着它已经成为一种陈述性的谓词，并且这些谓词可以进一步通过逻辑学做一些符合逻辑形式的基本联结，这可以称之为逻辑学上的谓词化。其次，对于那些对我们表现出一种惊奇的东西，它只能出现在主词的位置上，我们需要扩张我们的经验或者说提升我们的理解能力，然后去把它作进一步的谓词化。换句话说，惊奇本身就意味着一个能做主词的东西，同时这个主词又不断地来冲击着我们、吸引着我们，以至于让它不断地通过一些谓词化来获得表达。而这一点在西方思想史上实实在在地发生了，因为我们在看到亚里士多德的第一实体和第二实体区分的时候，他说第一实体就是只能在主词的位置上，就是它永远不可能来作为界定他者的东西，相反的，别的东西只能来界定它。这就意味着，一旦对对象的惊奇发生，就是把这个对象作为第一实体，把它主词化，然后把它放在一个起点的、有待解释的位置上。这本身就意味着我们要通过一套语言形式、概念界定、逻辑推演，然后一步步地把它逐渐消化在我们的理解体系里边。

与之相对的是西方传统里的另一个传统，也就是我们说的基督教传统。因为基督教不相信我们在这方面的一些经验，但是又要不断地在思想历史上去寻求一些理性的理解，我提这个要素是简单一带而过，这个理性的传统不断地经过基督教信仰的深化，在近代以来我们知道好多好多的一些词汇，比如绝对精神一系列的，绝对精神，我们看黑格尔的著述，把主词和谓词是绝对统一的，换言之就是一切在历史上出现的东西，我们不要让它有一种未经界定的或者未曾在世界中运行的那么一种隐秘的含义。

在这个传统之后，也就意味着如果我们承认这个哲学的传统、这个爱智慧的传统是在做一个本源的，或者主词意义上的东西，我们承认黑格尔这个地方，当绝对精神这个东西经过基督教神学化之后做一个整体化的论证，我们就让历史终结了。但是在这种思想境遇之后，我们后来又遇到很多东西，比如，萨特在咖啡馆里跟一些人在说到胡塞尔的时候——因为萨特早年受黑格尔强烈影响，看到了笼罩一切的“理性光明”——他说，当我看到一个黑洞洞的树（的经验）的时候，觉得我内心非常恐惧。我们再看海德格尔在《哲学论稿》里面，海德格尔说要在自己哲学里确立一个重新的开端，就是对深渊一般的恐惧。中国学界也有人注意到这个事情，就是哲学怎么从惊奇到恐惧这个过程，这是纯西学的东西。我不在此讨论这个问题。

在这么一个思想史的脉络里面，我们就能看到这么一点，就是说，当哲学走到了它的终点之后，人类的经验依然还没有被封闭掉：我们要重新再面对一种让我们恐惧的对象，或者让我们觉得片断化、无法言说的对象等之类的东西。我想黄老师基本是在这个脉络里面思考的，所以他特别强调的就是我们今天上午一直在提的“大本大源”，当然我更喜欢用发生这个词。当然这只是一些术语的不一样。

第二个问题，我再提出第二个经验。我觉得，读儒学文本以及任何文本，我们都有一些自己的经验，这个原始的经验或感觉很重要。在这方面，我跟黄老师有一定程度的共同见证，但也有差异。比如，黄老师一直以爱作为发生的起点问题。我在读儒家文本的时候注意到这样一点，就是黄老师一直在讲小孩子在那种处境里面，然后生发出一种对母亲的爱的情感。但我注意到，孟子说见到一个孺子入井——一定要注意是孺子，而不是一个像我们这样的成年人，一个形成了一套完整的、固定的观念的人。不是这样的人，而是一个孺子入井。为什么我要强调孺子或者小孩子的处境？因为，我们都知道小孩子意味着什么。就是说他的观念架构或者他的经验等各方面的体察尚未建立，所以他的一切都处于一种可能性里面。在这种可能性里面，一切在他那里发生的东西都是一种值得新奇的东西，对一个孩子来讲，这一切的东西都是活生生的在一种发生意义上的东西。

从这里面我会进一步再去分析“诚”，当然，因为时间关系，我不进一步展开。“诚”有两方面非常重要的含义，首先，在诚里面首先是面对一个观念或经验的自我，其次，面对的是我们观念自我之外的一种东西，至诚也好、诚者也好，说的就是这样一些东西。就是说，在这里面，他会意识到一个观念自我永远是有限度的，也就是说，当我们真正处于诚那种状态里面的时候，当我们实实在在地面对自己的时候，我们总会发现自己有一种根本的限度，这种限度本身就意味着我们的观念自我是有来源的。我也可以通过对“敬”的分析，完全说明这一点。黄老师很大一部分工作都是做这种性质的分析。

有了这个背景之后，我想谈一下中西之别的问题。如果说我们承认有一种中西之别的话，那么在我看来，这只是一种文化意义上的差别，就是说，当我们从自己的经验或概念出发，建构成一个体系、一个经验体系或观念体系以后，这些体系之间确实是不一样的。但也只有在这个层面上说的时候，我们说中西确实不一样。但是，如果我们退一步讲，仅仅从我们这些经验或概念的来源意义上去说，我们面对的就只是我们在实际生活中的一个发生而已，在这里面，我们很难讲，你是西方的、我是东方的。比如，我个人的学院背景是纯西方式的，但我读儒学文本的时候，我也能感觉到一些共通的东西。比如，谈爱的时候，这种情感是普遍的。但它们在各方面为什么又有差别？可能儒家传统更加关注的是一个孩子和他的父母的伦理关系，而西方人可能更关注的是他所面对的是一个绝对者，所以文本中呈现出的爱在各个方面可能都不一样，但我们也只能说，这些不一样只是一个具体的处境化的产物而已。所以，我想，在这个层面，如果我们意识到思想史都已经进展到这种地步了，我们还一直说中西、古今这样的东西，这或者证明我们还没有突破我们自身的观念体系或者概念体系，换言之，我们没有理解儒家的“直”到底是一个什么意思。或者意味着我们无法进入我们生活所直接面对的——昨天他们老师们也讲——当下即是，就是这么一种活生生的精神。当下即是，本身就意味着我们不会执着于一个固定的已经过去的东西，以及从这种固执出发的对未来的预期。换言之，在当下即是中，未来永远对我们是开放的。未来的开放性，以及我们当下的一切，既具有时代意义，同时又是作为一种可能性的敞开。这是第二个问题。

第三个问题，一旦我们见证到这么一种发生的、源起意义的东西的时候，那么我们所生活在的文明体系里面、法律体系等各种各样的体系里面，就只是我们生活现实而已。尽管这些现实逼迫着我们不得不去做这个、做那个。但是，一旦经验到了这么一种发生意义上的东西的时候，我们会认为，我们实际生活的东西、我们所能经验到的东西，对于发生而言，就只是一个指引的作用。它只是让我们看到我们当下这套东西是有限制的，我们需要能够更加丰富我们的生活内容，然后，我们不断地去突破这一个一个的状态，以至于重新面对新的可能性。

换言之，如果说原发性的东西只是一个可能性的基点的话，我们很难讲再去建构些什么——因为一切的建构都是对发生的“限制”。但无论如何，因为我们生活的现实性，它又不断地逼迫我们不得不去面对这些体系，并不断地建构着什么。我想，这也是黄老师注意到了原发性的东西，但同时又要建构体系的原因所在。但无论如何，如果只是从原发性意义上讲的话，一切体系都是不可能的，一切体系都意味着我们对原发性的窒息。但是，因为我们宿命般地生活在一种时间里面、一种现实化的生活里面，所以我们又不得不去面对这些体系，不得不建立这些体系。就此而言，黄老师既见证到发生，同时又建构体系，是一种矛盾。但这种矛盾确实是我们的一种宿命，我们就是如此这般地生活的，所以在这个意义上讲，这既是一个矛盾，又不是一个矛盾。从其矛盾的意义上看，这个矛盾也是深刻的。

谢谢各位！

生活儒学的政治哲学及其问题

孙钦香
（江苏社会科学院副研究员）

首先非常感谢周可真老师的邀请，让我有这个机会系统地去阅读黄老师的书，学习黄老师的哲学建构。

我先说一下我的一种感受。有一种说法，20 世纪 90 年代以来，学术研究的趋势越来越专业化和专门化，相对而言，80 年代那种思想的创造性和丰富性，反而日渐式微了。这就是李泽厚所说的“思想家淡出，学问家凸显”。但是，通过阅读黄老师的著作，我好像又找到了 80 年代思想文化的那种状态、那种学术的创造性。黄老师的生活儒学，如果我们从哲学史或思想史的角度来看，感觉有点陌生。因为按儒学史的划分，我们总是在研究古代的某个时期、某个人，比如我本人就做船山的研究，也做明清之际的研究。我们总是讲古人在他的时代是怎么言说的，很少把他们的思想延伸到我们当下，他们跟我们当下的距离是一直存在的。但是读黄老师的著作，就明显感觉到儒学在当下有它鲜活的生命力和生长点。这就是我的感受。

从读博士期间一直到现在，我比较感兴趣的是政治哲学，或者说是儒家传统政治哲学。所以，主要谈下我对生活儒学中“中国正义论”这部分的学习体会，也有一些疑问，希望黄老师和诸位老师能够释疑。

您说现代中国需要的是面向现代性的这样一种启蒙儒学或自由儒学，需要个体的原则，以个体原则来重建儒家的政治哲学。这与现代政治哲学的理念或者架构是不违背的，是相融的。但是，我想提出自己的一个疑问，就是：个体的原则如何跟儒家“仁义”的传统或者家族和家庭的传统以至修身齐家的传统相融合呢？因为对传统儒学来说，个体的原则毕竟是陌生的。个体是一个现代性的原则，它如何跟我们传统的儒家融合，或者它们的结合点在哪里？这是我想请教黄老师的一个问题。

还有一个问题：关于正义的问题。在我的阅读当中，我明显地感觉到，您的“中国正义论”主要借鉴西方罗尔斯的正义论，或者说是以它为参照系的，而罗尔斯的正义论基本上是关于利益分配的正义论，是要通过一种社会再分配，达到公民之间在利益分配上的一种公平或者平等；所以，您的中国正义论也把利益的问题放到一个很突出的位置。但是，就我的学习体会来说，如果我们不以罗尔斯的分配正义为参照，而是以西方的古典政治哲学为参照系的话，是不是中国正义论的论域就不仅仅是“利”的问题？因为无论是亚里士多德的伦理学和政治学，还是西方其他传统的古典伦理学，都是以善为目的的实践哲学，是以“善”为目标的。这就是说，在我们自己的政治哲学建构中，如果参照系不同的话，是不是会进入不一样的视域、不一样的言说和思想建构？

另外一个值得探讨的问题，就是公私概念的问题。关于公私概念的问题，跟宋明理学的主流观念不同，无论是东亚儒学，还是在明清时期的儒学，其实都是儒学的自我批判或者自我反思。所以，现代的启蒙派学者很乐意到明清思想家那里去挖掘公私问题的思想资源；东亚儒学也很喜欢谈论公私的话题，中国台湾的学者，韩国、日本的很多学者在公私问题上都有很多的研究。西方的公私之别，“私”是说的个人的品德或个人信仰的领域，而“公”的领域是政治的领域，或者是法律的领域。但是在您的中国正义论的框架里面，“私”是“差等之爱”的问题；而“公”，您是用的“一体之仁”来言说的，这跟您论述的“公”和“私”的领域是截然不同的。那么，您所说的公私概念，跟明清之际儒家的公私概念、西方政治哲学的公私概念，是如何圆融的？您自己提出这样的公私观，是如何回应我们已有的思想资源的？这也是我想请教的一个问题。

还有一个关键问题，您的中国正义论主要以罗尔斯的正义论为参照系，但有一个关键点是对政治的理解。如何理解政治？从洛克以来的近现代政治哲学，认为政治的起源或者政治的目的就是为了保存个人的生命财产，或者个人的存在，这是罗尔斯意义上的分配问题的思想传统和来源，围绕的是一个经济安排的问题，这跟古典政治哲学以善为目的的政治观截然不同。在做王船山政治哲学，或者传统儒家哲学的研究时，当然是希望与西方的政治哲学相比较，但相比之下，借鉴西方古典政治哲学的传统来跟儒家相比较，是不是呼应度更大一点？

这些就是我阅读体验中的一些问题，请教黄老师和各位老师。谢谢！

诠释学、心性论与生活儒学

林柏宏

（山东大学博士后）

各位老师、同学，午安！我是山东大学儒学高等研究院博士后林柏宏。我来自台湾，于3月4号到山东，到现在入站一个多月。我做博士后研究的核心议题，目前还在琢磨，但大体来说，就是聚焦于黄玉顺老师的“生活儒学”与林安梧老师的“后新儒学”作一比较研究，算是对两岸儒学的一个连接与对比，也算是对当代儒学的一个批判与反省。所以黄玉顺老师的学问，是我目前研究的主题之一。

在读黄玉顺老师的书的时候，我总感觉到，黄老师有建构理论的热情，也建构成功了，很有创造性，他的论理很清晰，相当冷静而客观，所以不是凭空地建一座空中楼阁，而是有它一层一层的基底在构筑。刚才胡骄键已经把这个学统脉络描绘出来了，我也谈谈我的理解。在黄玉顺老师这个基底里面，有胡塞尔的现象学的分析，也有海德格尔的存在论的讨论，而我西哲的底子薄，所以我尽量是以我熟悉的部分去做讨论，今天试着从自己过去关切的议题，提出一些看法。

在座的各位师友已对黄老师做出诸多面向的评述，我试着让议题更聚焦一些，我们从本次论文集的黄玉顺老师的文章《前主体性诠释》做一个聚焦，这篇文章在论文集第59页。这篇文章是对黄俊杰先生的反省，对东亚儒学方法论的省思。在此前，我已与黄玉顺老师针对此文有了初步的讨论，当然我自身有些想法还没有完全成熟，相信日后通过阅读能获得一些解答，不过，在今天这个特殊的日子，我想珍惜获得解答的机会，所以在此提出我一些长期思索的问题。

一、理解之限制

台湾的中文系，文史哲不分，所以中文系出身的我，需受文学、史学、哲学以及经学、小学训练。在史学训练的过程里，我曾听过三位历史系老师的课，一位是台师大历史系王仲孚先生，我听他的上古史专题；一位是中研院史语所王汎森先生，我听他的清代中晚期思想；还有一位，就是台大高等研究院的黄俊杰先生，我当时听他开的东亚儒学专题。

历史系的信念，就是还原事实，寻求作者意图的理解，所以历史系老师未必能接受诠释学所谈的理解就是“不同的理解”这种观点。我不清楚王仲孚先生是否接触过诠释学，但我确定王汎森先生是有接触诠释学的，不过王汎森先生很明确地说，他不能同意伽达默尔的观点。很显然，如果同意诠释学观点，那么历史系长久以来的信念便可能动摇。

这样的思考，原初黄俊杰先生也是如此坚持。在听黄俊杰先生东亚儒学专题时，黄俊杰先生谈“去脉络化”与“再脉络化”时，其实背后俨然有一“本义”的预设。否则何来“去脉络”“再脉络”的分别呢？所以他仍预设一“本义”，只是这“本义”，流传到东亚诸国时，形成了不同脉络的真理内容。例如，谈《孟子》的诠释史的时候，它过去本有一个传统，只是后代背离了这个传统，不断形成新的传统。这个预设其实跟诠释学观点是矛盾的。也因为如此，在具体的开研讨会的时候，对于韩国儒学、日本儒学，或者越南儒学，对其尊重的程度是有限的，其实并非打从心里完全承认他们有取代本义的可能。甚至曾有台湾的学者直接质疑韩国朱子学的论点，因为部分台湾的学者秉承牟宗三先生的观点，认为朱子学是“只存有而不活动”，认为朱子的自觉没有“保证”。但韩国的朱子学学者却觉得朱子理路有自觉的可能，其工夫论能进到这层次。所以在我看来，研究东亚儒学者，未必真的尊重东亚儒学，更多时候比较像是史料的相互交换，一般作研究，不是靠新方法，就是靠新材料，而东亚儒学恰好是交换材料的一个平台，华人研究韩国、日本、越南，韩国、日本、越南则研究中国大陆与台湾，彼此相互交换研究对象这样。然而，当我看到黄玉顺老师这篇评论黄俊杰先生的文章时，我大吃一惊，因为黄俊杰先生的观点已经跟我以前上课的时候不太一样了。在这篇文章中，黄俊杰先生已经进到伽达默尔这个视域，不过黄玉顺老师却对此主体性诠释提出了批判。

其实黄俊杰先生能够进到伽达默尔这个视域，有他进步的地方，我对此是高兴的。因为很显然黄俊杰老师已能接受诠释学观点，真正警觉到自身主体性诠释的限制性，以及他者主体性诠释的合法性。这一方面，意味着并非凭借方法论，就能克服主体性的限制，而达到所谓的客观；另一方面，也意味能正视他人主体性诠释，虽有其限制，但亦有其效果。然而，黄玉顺老师为何还批判黄俊杰先生呢？这意味着黄玉顺老师批判与重建的一种彻底性，黄俊杰先生虽有见地，但绝不能停留在这阶段。所谓的彻底性就是全面的反思、全面的批判、全面的重建，面对生活，回到本源，超出既有的框架，重新建立新的主体，这不仅仅是形而下的建立，同时也是形而上的奠基，建立的根基则在于本源与生活的透入。

我对生活儒学的思考还在慢慢地熟悉当中，但是我有一个体会，那就是我学术理论的撰写方式跟思考模式，很大程度还是一种主体性的诠释。当我听到作为历史系教授的黄俊杰先生肯定文本解释是依赖解释者的时候，我认为是相当不容易的事。历史系一般追求事实还原，那是一种摆脱自身前见，朝向作者意图的理解，是一种主客二分，摆脱主体，朝向客体的研究。在伽达默尔《真理与方法》中，历史系比较接近施莱尔马赫所谓的部分与整体的循环，预设有一整体存在，而人们将各部分逐步把握，以趋向整体。但伽达默尔是反对这种看法的，所谓的前见，不是妨碍我们理解的障碍，正相反，前见反而是我们理解得以可能的重要条件。人都有前见，而这前见，又源自于一传统。人们受制于传统，亦受惠于传统。所谓的传统，是一效果历史，人们的前见，即效果历史意识之作用。所谓的时间距离，在历史主义看来，是需要被消除、需要被克服的东西。在伽达默尔看来则相反，时间距离正是我们理解得以可能的条件。这也能解释，为何凡·高的画作不被赏识，孔子的际遇为何不顺，当代的诸多判断为何总是处于不稳定不准确的状态。身处同时并不意味着能较好理解，有时候身在庐山反而不识庐山真面目。相反地，事物有时需要透过时间，才能获得准确的理解。而这种理解，已不是施莱尔马赫部分与整体的循环，而是伽达默尔主体与客体的循环，过去与现在的综合。

进到主体与客体的循环，主客是合一的，没办法清楚分别谁是主、谁是客，而是既关乎主体，也关乎客体之相融。这样状态下之主体性诠释确实可能造成一种本源的遮蔽，但那也可能形成某种真理的开显。如果以伽达默尔的诠释学来讲，他的真理观一开始就不是从符合论出发，也不是从融贯论出发，而是从开显论出发。所谓的开显论，其意象为林中空地，黑森林中一切漆黑，林中有树倒下，一时之间，让光得以照进来，见到那片空地，让人能看清里面有些什么，这就是所谓开显。而光照进去让人看得到里面有什么东西，但是光照射的周围还是一片漆黑，也就是说有所见也有所不见。我感觉到主体性诠释可能会有本源的遮蔽，但它也可能看到了一些东西。所以我认为，尽管黄玉顺老师批判黄俊杰先生主体性诠释有其不够彻底之处，但黄俊杰先生仍旧把握到一些东西。他自有一套生活感悟，面对真理的追寻，我认为黄俊杰先生仍有其见地，且是准确而有效的。

问题就是这个，伽达默尔强调的是什么？首先是追问理解何以可能，接着再强调人之有限性。为什么要强调真理观是开显论，而不是符合论，就是因为人是限制的存在。因此，我一直在思考主体性诠释，其限制性该怎么样被察觉，而察觉之后，这个限制性又该如何被克服。伽达默尔从理解的角度提出这层省思，而我认为，不只认识论可以作此省思，心性论一样能作此反省。面对港台新儒家牟宗三先生之心性论，我尝试追问，人性之限制该如何看待，又该如何克服。

二、人性之限制

牟宗三先生相信人有善的可能，并进一步论证人皆有善之保证，以善内在于吾心，反求诸已逆觉体证，便有自觉与超越之可能，使人能有限而无限。所以人为万物之灵，独具智的直觉。人心具主观能动性，能全体朗现天所赋予之善性，尽心知性知天。所谓的超越，是内在之超越，是个人道德自觉之表现，道德则作为一切行为之指导原则。所以人如何能道德，是他所关注的问题。牟宗三先生认为，心具备启发道德之主观能动性，有心则有良知，有知则有行，因此良知是头脑，亦是事事物物之头脑，凡人皆有心，是故皆有启发良知之可能。由于强调主观能动性，所以牟宗三先生在理解朱子的“性即理”时，认为朱子论心性并不同一，也就“只存有不活动”，缺乏道德自觉之保证，所以朱子言“理”是谓“歧出”，是为别子为宗。牟宗三先生延续王阳明“心外无物”说，认为事事物物皆透过主体精神之观照而存在。不过，为避免这样的观照陷入主观独断与封闭，又强调须于事上磨炼，由事上、行为上来证成良知。就此而言，道德俨然已置于一切之最高点。

我们可以问些问题，首先，心性论是否就足以代表整个中国哲学？其次，将道德实践置于最高，是否就能解决多数问题？最后，这就是道德吗？明白人天生具备悲悯之情不忍人之心是古来之智慧，但这种智慧显然需透过生命历程之实践来豁显，而非停留于理论之思辨，理论逻辑上的圆满并不保证行为之正确，理论逻辑之次序不应错认为实践逻辑之次序。重要的是，中国哲学并非只有儒学，儒学亦非仅谈心性理气，谈心性理气亦非仅能以心学作为代表。牟宗三先生能扼要地把握住心学思想，然在过于强调下，却也使儒学甚至中国哲学之本来面目，因其偏重而不见完全。此外，内圣之学固然重要，然将内圣之学置于顶端，不仅限缩了儒学之意义，亦将道德在某种程度上给神圣化了。就如同帝王专制传统一般，帝王之权力位分被最高化，道德亦被最高化，作为一切之头脑。认为当上位者能品行端正，国家就能太平，认为人只要道德，一切行为便能合理一样，诚属无稽之谈。在过往，帝王之品行固然重要，但一个国家若希冀稳定，尚须制度之健全、文化之教养以及各类专业配合才行。就个人而言，道德诚属重要，但这并不必然保证任何行为的合理性。况且，自许道德者，就真的道德吗？

当内圣之学被视为最高，便容易陷入神圣化之迷思而难以对话，以及自虐性之压抑而逐渐扭曲。现实情况是，讲求逆觉体证，个体当下之自觉，当自慊之感涌现时，人们多半就此满足而安于现状。个体的道德自觉，其实是相当主观的感觉，是否真的自觉，是否真的道德其实很难说。所谓的道德，与其说是追求自慊，毋宁说行有不慊于心才是恰当的心态。何况自慊近乎宗教之冥契，诚属个体经验，这对于公众事务之参与与改革，并无直接帮助。这才能理解明朝末年有道德冥契经验者何其多，最后却落得“无事袖手谈心性，临危一死报君王”的遗憾。

人能有限而无限，然而牟宗三先生对于“无限”的关注显然一直大于“有限”。人之有限性，被相当程度低估了。所以在某种程度上，牟宗三先生所理解中国哲学并不完全，其理解“人”亦不完全。惯谈“超越”，而轻忽“有限”，轻忽天地并非可以如此轻易超越，重视个体当下之省觉，大大忽略人类发展过程里，一直持续发挥作用的历史社会文化总体。明末大儒船山有鉴于此，从而提出“道大而善小”，“善大而性小”之说，人能弘道，但人不等于道。所以船山反省着明末王学之限制，但这王学之限制，不仅仅是良知之限制，同时也是人性之限制。

三、向生活儒学提问

牟宗三先生谈的是道德，并提出一套圆教观，但与理论的达成是两回事。我求学阶段，相当热衷于牟宗三先生之逆觉体证，觉得这里头能把握到一些真理。但是随着社会历练积累，深切体会到新儒家良知学之无力，这无力不仅是道德面的无力，同时也是社会实践的无力。想要超越就能超越吗？我真能像牟宗三先生说的即有限而无限吗？这能保证吗？事实上是没有保证的。不仅社会实践难以扩大，面对考验时，对于自身底线也未必能够维持。

就此来说，生活儒学提出面向生活、回到本源，以仁爱情感为本，为形而上学奠基，也为形而下学进行重建。其视角不仅能涵盖诠释学，同时也能涵盖道德层面与社会实践之层面。就道德面，把握真实之情感，就社会实践来说，回到生活本源，能寻出正当性原则与适应性原则，重新建构一套既具效果，又符合善良动机的社会规范。就此来说，我认为生活儒学极可能是走出儒学困境的一道药方。但我如何确认我能回到本源？我一直尝试省察自身主体性诠释的效果与限制，但我如何省察自身是否真回到本源？人是有限制的，生活儒学如何警觉人之限制，又怎样克服人的限制呢？

再进一步，如果今天不只是我，很多人都可能面向本源，而意味着有诸多面向本源的体会，那如果有歧义的时候该怎么办？在今天的会议场合，就有老师提出生活佛学的提法，这其实就是一个开端。再换个问法，生活儒学要回到本源，但生活儒学之发展，如何确保不会走向异化之危机呢？被误解时，被曲解时，又该怎么办呢？例如，当我理解差等之爱要进入到一体之仁，要到达一个无分别的爱的时候，如何不被连结为是墨子学的一种发挥呢？往后生活儒学衍生出生活墨学，其实也不是毫无可能。当然，黄玉顺老师的生活儒学，并非是一种固定不变的学理，而是一种不断面向生活，回归本源，不断敞开、生长的学问，这不是方法论意识下的操作，而是一种不断复归的要求。倘若坚持这种要求，主体性或许就能不断蜕变为新的主体性，而这历程并非人所能任意主观想如何就能如何的过程。

理论面需重建，但实践面如何契合，依旧是重要的课题。我一直思考生活儒学在我的生命中实践的时候，我如何觉察、反省其限制，然后体现出来。我如果能回答这个问题，那么我或许就有可能回答日后各种质疑。如此，我才有信心，以此为解方，进行探究，进行教学与传承。这是我的一个个人的问题，也是不成熟的问题。我向黄玉顺老师请教，也向各位老师请教。

关于“生活”“儒学”的几点困惑

刘琳娜
（苏州大学讲师）

各位老师好！非常感谢有这个机会，可以来学习一下黄玉顺老师的“生活儒学”这一套理论体系，可以来聆听大家的高论。确实比较惭愧，在此之前，我没有太多机会了解黄老师的思想，对生活儒学理解得不是很深入；因为这个会议的机缘，才在这几天稍微读了一下黄老师的几本著作，理解得比较粗浅。我尽量简短地来分享一下我的理解，如果有偏颇和错误的地方，请黄老师指正；后面还想问几个问题，请黄老师进一步指教。

我们可以看到，黄老师的“生活儒学”，其实是成系统地、非常全面地建构了一个关于儒学如何应对现代生活、现代性问题的体系；从中也可以看到黄老师具有很深刻的现实关怀。在这一点上，我是非常“心有戚戚焉”的，我本身做的是相对来说比较传统的阳明心学研究，关心的是生死的问题，只是还没能把它跟现实、现代生活直接联系起来，但是我觉得，对现实性的思考其实也应该是一直贯穿于我的儒学研究的。

提到“生活儒学”的概念，其实最重要、最核心的就是“生活”这个词汇。关于“生活”这个词，在黄老师的论述中是很有中西哲学的深度在里面的，包括把现象学的一些理论吸纳进来解释何为“生活”。它跟我们一般理解的日常生活的“生活”是不太一样的，所以，这个“生活”的概念，我读的时候感觉是最难把握的。

怎么去理解黄老师所说的“生活”？这里一个比较核心的观点是“生活即存在”，就是用“存在”这个概念来理解生活。黄老师虽然说了，“生活”这个词比较难以界定，而且很难用言语描述，但是，我为了能够让自己更好地理解，还是试着去体会了一下这个“存在”的概念。黄老师谈到，他是在我们的日常行为中、人之所以为人的本真生活状态中来理解人之存在的。从这个概念上来讲，其实没有脱离于人之存在的生活，生活是在人之存在的显现状态中体现出来的。在这个情况下，它是一个有点儿像“即事即物”的概念，就是说，生活不是一个物化的对象，而是我们生活的一个动态的、总体的集合。

如果是这样的话，我就想到：关于生活，为什么它比较难以描述？因为它其实没有一个真正所谓的“实体”，它是在一个动态运行、进行的过程中才能把握到的。这就与我们一般所说的“无本体”的概念有所关联，我之前读阳明的东西，他就曾说到“目无体，以万物之色为体”“耳无体，以万物之声为体”“心无体，以天地万物感应之是非为体”（《传习录》）。“生活”有点儿类似于这样的意思。如果我的理解没有错的话，这类似于“生活无本体，以我们的日用常行之道为本体”。所以，它是一个完全动态的东西，是一个本真状态的那种呈现。

从这一点上，还可以联系到黄老师说的“变易本体论”，就是：它不是一个很具体的、固定的、一开始就已经被规定好了的状态，而是在生活中不断变化、在行动中加以把握的状态。这个动态是“变易”的，这可能是“生活”的概念所能呈现出来的一个很关键的特质。我不知道我的理解是不是合适的，我尽量去读，尽量去把握。

更重要的是，我能看到黄老师在用这个词的时候，他其实比较深地体会出对于生命本真的大本大源的重视和强调。在这个情况下，他是想要超越我们以前完全从理论的“形上—形下”中理解的儒家思想，加以更超越于“形上—形下”之上的一个生活之本源之存在。这样就构成一个三层思维的大体系。这是非常有建构性的，它在理论上是有很大建树的。

那么，我有一些问题，可能是我读得不够深入的缘故，想提出来请教黄老师。

其中一个问题，之前有好几个老师都已经谈到，就是关于怎么理解情感的问题。如果跟佛道思想进行对比，那么，儒家的一个思想特质就是强调道德情感的必要性。像王阳明，他在阳明洞悟道的时候，就谈到“思离世远去，惟祖母岑与龙山公在念”，“此念可去，是断灭种性矣”（《年谱》）。这就是说，如果以生活为基准来看待的话，情感其实是完全不可去除的一部分。但是，如果我们要把情感放在大本大源这样的超越的层次的话，可能面对的问题就在于：情感只是我们经验世界的一个东西。若我们受以前教育的固有印象，倾向于从一个现实的经验世界的后天性来把握情感，那么，对于它的超越性，可能就会有疑问。朱光磊老师和周建刚老师都已经谈到了，就是：如果是经验界的情感，要给以非常本源、非常超越性的地位的话，这可能会是哲学建构中的一个难点。当然，后面我听了胡骄键老师的介绍之后，就觉得我可能还是因为学习不够，还要再去读一读蒙培元老师和黄老师关于情感的更具体的讨论，那也许会对我有更深的启发。

与我自己的知识背景相关联的一个问题意识是，在明代的儒佛论争的大背景之下，很多追求思想的超越性、追求更纯粹的本体的一些儒家学者，受到佛教的挑战，会被佛教认为儒家是落于情识而不能解脱的。也就是说，对于人的精神的向上性，情感是有所阻碍的，反而是一种束缚。在当时的儒佛论争里面，就包含了如何为儒家的情感做一个合理化和正当化的诠释这样的课题。据我自己了解到的，像耿定向，作为儒家的一个卫道者，他为儒家的名教或者儒家的人伦情感做辩护，就有一个"名教即真机"的理论，认为现实社会的种种秩序，根源于天，根源于超越之存在。当然，如果从黄老师的体系来看，耿定向的理论还是从"形上—形下"来的，因为他是从"体用"的关系来讲的，把情感看作"用"，而有一个超越性的"体"，所以这是"体用一源""体用不二"的，性情是相即不离，这样来赋予情以合理性。这还是跟黄老师的思想稍稍有一些距离的。而如果把情一下子提高到完全超越于"形上—形下"的这样一个本源性的存在，究竟要如何赋予它那么高的位置？这是我还比较困惑的一点。

第二个问题，我还想请教的，是以"存在"来诠释"生活"。我看到黄老师比较多的论述，感觉对"生活"的论述大体上还是停留在话语，或者说概念、理论的层次上。这样的话，我想问：它是不是有可能被赋予非常具体的内容，或者赋予一种非常具体的伦理规则？真正把它落实到生活中，这是否可能？我担心的是这可能会面对两个问题：

一方面，它既是一个大本大源，如果给它赋予了非常具体的行为内容的话，它是不是就落入了形下的世界？落入了形下世界，那是不是有点像是陷落、坎陷的感觉？陷落到形下世界的话，是不是就会失去它超然的、本真的地位？会不会有这样的问题？

而反之，如果不赋予它一个非常具体的内容的话，它还是一个比较虚悬的概念，那么，它将面对的问题就是：我们说的“面向现代生活”，这一点如何能够做得到？

总之，使它具体化，成为一个非常具体的行为指导，可能会有一些风险；但是，让它停留在一个理论体系中，似乎也会有一些问题。不知道这一点是不是我自己没有想清楚。而如果我们选择前者，即赋予它一个非常具体的行为内容，那么如何在我们的现实生活中把儒家的“仁爱”或者“孝”之类的一些伦理规则真正去落实，这也并不是容易的事。也就是说，“仁爱”在古典儒学的背景里面，它是有一个比较具体的儒学体系的，或者说是有一个体系化的制度作为支撑的，所以人君也好、人臣也好，如何去实行这些行为规则，都是有一些很具体的指示的；但是，在我们现在的生活中，要真正地去思考，怎么样才可以算是一个“仁爱”之人，这其实是有点儿困难的。我们可能会作为一般意义上的“好人”，但是，一般意义上的好人是不是就可以证明我们是“儒者”？在这一点上，我觉得会有一点儿问题。还有“孝”，其实现在所面对的现实生活的挑战也是蛮多的。

最后一个问题，就是我感觉到在“生活儒学”里面，“生活”两个字其实是最能够体现黄老师的创造力和理论贡献的，而相比之下“儒学”就好像有点儿落入了第二义的感觉。该如何生活，这点我们可能会有一点儿把握；但是，这种具体的生活实践如何能够表现出一个儒者的特质，或者儒家的定位和性格，我可能还是没有想明白。就像前面所说的，我们可以做一个好人，但是这种一般意义上的“好”跟仁爱的“仁”，好像还有一点儿距离。这是我的一点疑问，还是向黄老师请教。谢谢！

生活儒学的“大本大源”

李广良

（云南师范大学教授）

一切真正的思想和一切奠基性的学术都必须从“大本大源”处契入。轴心时代的思想之所以至今仍然能打动人心并启人之思者，就是因为其是从“大本大源”处契入的，孔子、孟子、老子、庄子如此；《吠陀经》《奥义书》《薄伽梵歌》如此；巴门尼德、柏拉图、亚里士多德如此；佛陀、耶稣基督，《华严经》《圣经》如此。后世之大思想家亦皆是从“大本大源”处悟入的，王弼、郭象如此，僧肇、智顗、玄奘、慧能如此，朱子、阳明、船山如此；笛卡儿、康德、海德格尔如此；牛顿、爱因斯坦亦如此。而不从“大本大源”处悟入者，因其无“为天地立心，为生民立命，为往圣继绝学，为万世开太平”之宏大誓愿和“三智一心中得”之根本智慧，故格局固陋，眼界狭窄，气机不畅，易为人所乘，虽亦可掀动一时之风云，终不能有“天长地久”“长生久视”之大用，甚至有堕入“魔道”，祸害天地万物、涂炭世间生灵者。

儒家和儒学在中国历史上毫无疑问是最成功的，即使经历了 20 世纪“西风俄雨”之狂暴洗礼，仍保持了其不绝如缕的绵绵生机，以致有今日“新儒学”之胜景。对于儒家和儒学成功的原因，20 世纪的学人习惯于展开宏大的或细腻的“历史理性”或“辩证理性”分析，此种分析诚然有其“逻辑与历史统一”的“辩证理性”根据，但因其站在儒家和儒学之外，故不知儒家和儒学之成功，是因为其有着永不枯竭的“大本大源”，有着“民族生存的动态结构不断兴发出的风云雨雪”“补给给它新的生命元素，维持它的源头不竭，使它流淌成大江大河”。[①] 而自古至今之“（真正的）儒学”，无不是“大本大源”的开显与发用，亦唯有从此“大本大源”处悟入者，方可称“真儒”“大儒”“醇儒”也。所谓“新儒家”者，亦唯有坚守此“大本大源”者，才是“儒家”，“新儒家”之“新”既是“别开生面”，亦必须是此“大本大源”本身的可能性的展开，非从外部强加于“儒家”“儒学”者。

许多人视“生活儒学”“大陆新儒学”的一派，视黄玉顺教授为“大陆新儒学”之“十大代表人物”之一。所谓“大陆新儒学”，隐有与“港台新儒学”分庭抗礼之意；所谓“十大代表人物”者，似有“门派”掌门之身份权势，故此种看法实乃学术思想之“江湖门派”观所致，为智者所不取，亦不合黄玉顺教授之思想。我对“生活儒学”之研究，严格坚守现象学原则，“朝向”“生活儒学”思想之“事情本身”，以开显“生活儒学”本身之“思想大义”。

“生活儒学”不是“儒学”的“一派”。任何思想如果自身就是从“本源”而来，自身就是“本源”的呈现，那就不是作为“派别”而出现的。当代儒学运动中出现的思想皆不是作为“派别”而出现的，而是作为“儒学”本身的“真义”“大义”而出现的，“政治儒学”“自由儒学”“制度儒学”“文化儒学”等是如此，“生活儒学”亦是如此。“儒家的观念当然是历史地‘变易’的，然而其中自有其‘不易’的底蕴，这种底蕴是颇为‘简易’的，在我看来，那就是‘生活儒学’的观念：‘儒学’就是‘生活儒学’，‘生活儒学’就是‘儒学’。”[②]“我所理解的儒学原来的样子，就是我所提出的‘生活儒学’。”[③]

既然“儒学”就是“生活儒学”，“生活儒学”就是“儒学”，那还有什么必要特意标明“生活”二字呢？这是因为“自从原创时期以后、秦汉以来，儒学已经长久地遗忘了生活本身；这就正如轴心时期以后、雅典哲学以来，西

---

① 张祥龙：《先秦儒家哲学九讲：从孔子到荀子》，桂林：广西师范大学出版社，2010 年，第 2 页。

② 黄玉顺：《爱与思——生活儒学的观念》，“叙说”，第 2 页，成都：四川大学出版社，2006 年。

③ 黄玉顺：《爱与思——生活儒学的观念》，“叙说”，第 1 页。

方哲学已经长久地遗忘了存在本身”①。正因为儒学“长久地遗忘了生活本身”，今日要“重建儒学”就必须“回归生活”。“在目前情况下，儒学复兴的最紧要、最迫切的任务，首先就是详尽地阐明‘生活本源’，亦即‘生活本身’这个大本大源、源头活水。”② “儒学的一切的一切，都从‘生活本源’说起。”③

“生活儒学”就是从“生活本身”这个“大本大源”处契入的“儒学”，其整个思想理路和系统如下：“儒家将作为操作本身的生活视为大本大源，将生活情感尤其是‘仁’即‘爱’的情感的显现视为源头活水。在这种本源上，通过‘思’去‘成己’、‘成物’，而给出存在者，从而构建出形而上学、形而下学。因此，爱首先是作为不忍之心的本源之爱，而递转为作为绝对主体性、实体性、本体的形上之爱，并落实为作为道德情感的形下之爱。所以，思首先是生活本源中的情感之思、生活情感中的领悟之思，而表现为生活感悟的言说方式、诗意的言说；进而是生活感悟中生成的形上之思，而表现为哲学的言说；最终是在这种形而上学的基础之上展开的形下之思，而表现为伦理学、知识论的言说。”④ 所以，“所谓境界，不外乎是一种回归：首先是从形而下存在者回归到形而上存在者，最终是回归‘无我’、‘无物’的纯真的生活情感。”⑤ 据此，“生活儒学”之“观念系统”实际上由四个部分组成：“生活本源论”、“爱”之观念、“思”之观念、“境界”之观念。

“生活儒学”将“生活本身”视为“大本大源”。对此“生活本身”如何理解？黄玉顺教授将“生活本身”理解为“存在本身”。而对此“存在本身”的理解有两个路径：“西方哲学的路径”与“中国思想的路径”。所谓“西方哲学的路径”即海德格尔的“存在论差异”，指“存在”与“存在者”之间的差异，亦可称之为“存在”与存在者“之区分”（Unterschied）。“存在”与

① 黄玉顺：《爱与思——生活儒学的观念》，“叙说”，第2页。

② 黄玉顺：《爱与思——生活儒学的观念》，“叙说”，第3页。

③ 黄玉顺：《爱与思——生活儒学的观念》，第185页。

④ 黄玉顺：《回望“生活儒学”》，《孔学堂》2018年第1期：“儒家最关注的形而下者领域是社会的伦理政治秩序，为此生活儒学建构了一套制度伦理学——‘中国正义论’。”由此看来，在“形而下”的层面上，“生活儒学”不仅是“伦理学”“知识论”的“言说”，更是“政治学”“法学”的“建构”。

⑤ 黄玉顺：《爱与思——生活儒学的观念》，“叙说”，第3页。

"存在者"彼此维系，当人们思及存在（Sein）时，总是在思考存在者之存在；另一方面，当人们思及存在者（Das Seiend）时，所思虑的又总是存在之存在者。[①] 黄玉顺教授对海德格尔的判断也许有问题，但"生活儒学"确实坚守了"存在论差异"，并"从存在者的观念达到了真正彻底的存在的观念"，并声称这就是"生活儒学"的基本观念。[②] 但为什么"存在本身"就是"生活本身"？我们完全可以设想"存在本身"是"存在本身"，"生活本身"是"生活本身"，尽管"存在"与"生活"可以通过某个"第三者"发生关联。黄玉顺教授从海德格尔的存在论出发，走向了中国存在论，他所谈的"存在"并不是海德格尔等西方哲人所谈的"being"或"sein"，不是什么"是"及其相关联的"是者"。黄玉顺教授的思想是："生活即是存在。"这一命题对于海德格尔的存在论来说，确实是不可思议的，但对于"生活儒学"来说，这确实是一个"基本观念"。

在当代这个哲学中，一说到"存在"，我们就会想到"存在论"，想到那个魔性的"Ontology"。然而，"生活儒学"却给我们提供了一条中国思想的存在论道路，通过对汉语的"是""有""在"的训诂考察，来回答"中国人是怎样来理解存在观念的"，并由此引入"儒家对存在、无的领悟"，也就是"对情感、爱的领悟"[③]。"是"是"从形而上的层级向形而下的层级的落实"[④]，"有"是"从形而上的存在者向形而下的存在者的落实"[⑤]，"都是在说存在者"，而"存在本身"的观念，在汉语的"存""在"中显示出来。[⑥] "在"即存在，是与土地、大地相关的，是"草木生长在大地上"。"在"即"生"，"草木之生与人之生是一回事"，就是"生活本身"，即"生活本身的本源情境"[⑦]。而"生"就是"活"，"生活如水"，"水"的"流动性"，就是

---

① 张柯：《道路之思：海德格尔的"存在论差异"思想》，南京：江苏人民出版社，2012年，第3页。

② 黄玉顺：《爱与思——生活儒学的观念》，第23页。

③ 黄玉顺：《爱与思——生活儒学的观念》，第25页。

④ 黄玉顺：《爱与思——生活儒学的观念》，第28页。

⑤ 黄玉顺：《爱与思——生活儒学的观念》，第34页。

⑥ 黄玉顺：《爱与思——生活儒学的观念》，第35页。

⑦ 黄玉顺：《爱与思——生活儒学的观念》，第38页。

"生活本身的本源结构"。这是"生活儒学"中最富有现象学意味的分析。①

汉语中还有"存","存"是"恤问""温存",是"爱的情感"。"存就是在,就是存在;同时也就是生活情感,就是爱的情感。这就是这个人的'存在'观念;如果说,存在即生活,那么,生活就是生活情感,首先是爱的情感。"到了这里,我们才能真正理解"存在本身"即是"生活本身"的意义。这是只能在"华夏思想"文本和"华夏经验"中才能理解的,西方的存在论是不足以为此提供论证的。然而,"儒学"在哪里?就在这"爱的情感"中。"生活之为存在,首先显现为爱的情感。这种爱的情感,儒家谓之'仁'、'仁爱'。在本源意义上,仁就是爱。所以我经常说,不管你怎样讲,只要不讲仁爱,不讲生活情感,那就不是儒家了。"② 从文字的原始构造上,"存"字从"子",归入"子"部,所以"存"作为"温存之问",说的就是"母爱"这样一种生活情感,"渊源于母爱的温存的体验之间"。之所以说"亲亲仁也",就是因为"亲亲"之爱才是爱的最基本的样式,爱本就是"亲爱"。"存在作为一种生活领悟,在本源上不过是说的生活本身的生活情感,而其源头,乃是母子之爱。这一点对于儒家来说乃是最本源的感悟;如果说爱的情感是一切的本源,那么,亲子之爱就是本源的本源。"③

黄玉顺教授说:"爱,所以在。这就意味着:一切存在者,包括人,都是由爱给出的。而爱本身却不是存在者,而是存在本身。就其是存在而不是存在者而言,爱就是'无'物,也就是'无'。"④ "生活儒学"就是"儒学","儒学"就是"爱","爱"就是"存在本身"。这就是生活儒学的"大本大源",是真正"第一性"的,只有在此"本源"的存在之基础上,一切才有"意义"。不管是"形而上者"还是"形而下者",最终也只有回归此"本源"之存在,才能真正成就"有无相生、主客相融、虚实不二"的"动人境界"。

---

① 我曾经写过《现象学视域中的中国水哲学》一文,强调的也是此意。

② 黄玉顺:《爱与思——生活儒学的观念》,第43页。

③ 黄玉顺:《爱与思——生活儒学的观念》,第44页。

④ 黄玉顺:《爱与思——生活儒学的观念》,第44页。

回应：再谈生活儒学

黄玉顺
（山东大学教授）

我趁这个机会表达我的谢意。感谢苏州大学政治与公共管理学院，感谢贵院哲学系。

当然，特别感谢老周——周可真教授热心地提供了这么一个交流的机会。我跟老周以前是中国社科院的博士生同学，那个时候我们经常一起去喝小酒。他当时是没脱产的，每当他一到社科院来，大家就很兴奋，觉得就像过节一样：又有酒喝了。除了这种大场合之外，我俩也会经常私下交流，非常亲切。

同时，也感谢参与会务的同学，你们辛苦了！

感谢前来参加这个会议的兄弟们、姐妹们。你们的发言，不管是表扬的，还是批评的，对我都有启发：批评性的意见，有的是我觉得对的，当然也有一些是我觉得误解了我的，但很多确实都是很有思想深度的问题，会对我有一种激发，促使我进一步思考这些问题；甚至表扬我的，其实对我也有启发，因为那可能是我自己都没想到的问题，或者说是我没有从这个角度去想这个问题，你们一谈出来，我觉得有道理。总的来讲，我非常感谢、非常感激！

各位谈了那么多的问题，老实说，我没法一一回应，因为时间不允许，我只能趁这个机会，向大家笼统简要地汇报一下我的一些基本想法。当然，其中可能也会涉及某些兄弟姐妹提出的一些问题。

首先，我做“生活儒学”，自从 2004 年正式提出以来，心里就很明确一点，那就是说：中国的社会转型，到现在也还没有完成，那么，用我的话来讲，我们需要一种“现代性诉求的民族性表达”。我做的工作，就是进行“现代性诉求的民族性表达”。

这涉及我最近写的一篇文章所谈到的问题：现代性的两面性。[1] 现代性本身有两面，或者说，它有一个深层的悖论，即个人这种个体所导向的个体主义与国族这种个体所导向的国族主义之间的张力。

面对现代性的转型，在形而下的层级上，特别是在儒学所关注的伦理、政治层面上，我们可能会引出大家通常公认的一些现代价值，诸如自由、平等、民主、法治等。但实际上，所有这些价值，都是古已有之的，没有一个例外。那么，它们为什么就成为现代价值呢？那是因为它们与现代性的个体性联系起来了。所以，我始终认为，个体性是现代性的核心。在现代性的生活方式下，人成了个体性的人。因此，我刚才讲的所有那些古已有之的价值，包括自由、民主这些东西，如果没有和个体性联系起来，那就都不是现代性的东西。这是我的一个判断。实际上，我做“生活儒学”，尤其是“中国正义论”，以及由它引导出来的“国民政治儒学”，我的关怀所在就是这个问题，也就是“现代性诉求”。

但这只是现代性的一个方面。现代性有一个深层的悖论。这是因为现代化的过程其实也是民族国家的建构过程。大家都知道，从《威斯特伐利亚和约》签订以来，人类就进入了民族国家时代。这个时代到现在还没有结束；不仅没有结束，而且它最近在全世界还有加强的趋势、反弹的趋势，包括诸如欧盟面临的英国退欧等问题，这就是老话说的“前途是光明的，道路是曲折的”。这意味着什么呢？就是：现代性的“个体”观念还有另一个意义。当我们在一个民族国家的共同体之内诉诸现代性的时候，这个现代性的“个体”指的是个人，每一个人就是一个个体；但是，在国际关系的场合下，特别是在国际斗争当中，这个“个体”就是我们讲的国族、民族国家。在国际博弈的舞台上，一个国族就是一个典型的个体。所以我们发现，很多时候，国际上的国家行为规则及其价值，和国内的个人行为规则及其价值之间，完全是同构的。

但是，这里就存在着很严重的问题，特别是当一个国家在国际上面临着生存危机的时候。我刚才提到我最近写的一篇文章，谈的是严格区分“新文化

---

① 黄玉顺：《“国权”与“人权”之纽结——“五四运动”与“新文化运动”辨正》，首次发表于2019年5月4日举行的《文史哲》杂志人文高端论坛之八“儒学价值及其现代命运：五四运动百年纪念”学术研讨会。

运动”与“五四运动”这两个完全不同的概念。“新文化运动”的宗旨并不是“民主与科学”，而是个体主义的“人权”，所以陈独秀的《新青年》发刊词提都没提“民主”；而“五四运动”的宗旨则是国族主义的“国权”，这是由于当时的族群危机。其结果就导致两种完全不同的政治架构。因此，为什么在现代民族国家时代会有不同的政治制度安排，有威权主义这样的东西，也就可以理解了。

这里需要说明一下：我做生活儒学，思考问题，是从形而下到形而上，乃至前形而上，一步一步地反推的。我首先关心的是形而下的问题，也就是中国社会的现代转型问题、人类社会的现代性问题，所以我会讨论“儒家自由主义”①，讨论“国民政治儒学”②。但是，为此，我需要一套更为一般的理论原理来支撑，这就是作为制度伦理学的“中国正义论”③。刚才有学者所提的一个问题，可能是对中国正义论的误解。中国正义论本身并不是专门针对现代性的，它谈的不是现代性问题，而是要建构一套关于伦理政治问题的一般原理，它可以用来解释古今中外的所有一切制度安排；而个体性问题则只是下一个层次的问题，也就是现代性的问题。我是用中国正义论的一般理论来演绎出现代性的生活方式下的伦理政治建构——国民政治儒学。而这套中国正义论的理论本身，又需要一个更大的思想系统来支撑，这就是一直追溯到前形上学、前存在者、前主体性层级的“生活儒学”④。

而谈到现代性，我就会想到“民族性”这个维度或者“国族”这个维度，即一个族群的现代化一定和这个族群的文化传统有关，这就是我所说的“现代性诉求的民族性表达”。我们都知道，西方的所谓“文艺复兴”，恰恰就是一种“现代性诉求的民族性表达”，即“二希”传统——古希腊传统、希伯来

---

① 黄玉顺：《自由主义儒家何以可能》，《当代儒学》第10辑，桂林：广西师范大学出版社，2016年；《儒家自由主义对“新儒教”的批判》，《东岳论丛》2017年第6期。

② 黄玉顺：《国民政治儒学——儒家政治哲学的现代转型》，《东岳论丛》2015年第11期。

③ 黄玉顺：《中国正义论的重建——儒家制度伦理学的当代阐释》（文集），合肥：安徽人民出版社，2013年；《中国正义论的形成——周孔孟荀的制度伦理学传统》（专著），上海：东方出版社，2015年。

④ 关于“生活儒学”，参见黄玉顺：《面向生活本身的儒学——黄玉顺“生活儒学”自选集》（文集），成都：四川大学出版社，2006年；《爱与思——生活儒学的观念》（专著），四川大学出版社2006年第1版，四川人民出版社2017年增补本；《生活儒学：面向现代生活的儒学》（文集），胡骄键编，济南：济南出版社，2019年。

传统的一种复活，并且加以现代转化。我为什么会选择儒学？我们这个年龄段的人，在20世纪80年代的时候，大多数人其实都不喜欢儒学，都是自由化的。为什么后来选择了儒学？对我来说，那是一种自觉。我当时报考蒙培元先生的博士生，就是因为他的研究方向是儒家哲学。这是我的一种非常自觉的选择，因为我知道，中国社会的现代转型，现代性和民族性这两个维度缺一不可，它一定是中国人的“现代性诉求的民族性表达”。[①]

这里也可以回应刚才有朋友提出的一个问题：以“生活”为大本大源，还是儒学吗？其实，我的生活儒学，诸如“仁义礼智”等话语，是典型的儒学表达。我经常讲，按照孟子的说法，儒学就是“‘仁义’而已”[②]。这怎么不是儒学呢？这就是儒学。还有一种疑惑，认为生活儒学引入了或者参照了儒学以外的某些外来的资源，所以它就不是儒学了。如果是这样的话，中国早就没有儒学了，孔子以后就没有儒学了，董仲舒也不是儒学了，宋明理学也不是儒学了。可见这种说法是没道理的。其实，无论如何，儒学中有某种一以贯之的东西，说起来很简单。我有一个说法，很多人很喜欢引用，就是“人天然是儒家”[③]。这句话的意思是：不管你讲什么，只要你不仅有本真的爱，而且自觉地以此爱来解释一切、阐明一切，而不依靠或皈依上帝或别的什么东西，那么，你就是儒家。所以我经常讲，胡适是一个大儒。当然，这些问题可以讨论。

对我来讲，生活儒学是从最形下的问题意识出发的。其实，我最近几年的文章，所谈的很多都是现代性的政治问题、伦理问题。那么，我就会考虑：这种形下的东西，从理论架构来讲，它需要一个更高的理论支撑。这就是一般的伦理学原理，也就是我刚才提到的“中国正义论”，那是很一般的原理，而不是专门针对现代性的。我有一篇文章，副标题叫作“罗尔斯正义论批判”[④]。

---

① 黄玉顺：《儒学与生活：民族性与现代性问题——作为儒学复兴的一种探索的生活儒学》，《人文杂志》2007年第4期。

② 《孟子·梁惠王上》。

③ 黄玉顺、王开队：《人天然是儒家——四川大学〈儒藏〉学术讲座》，四川大学古籍整理研究所《儒藏通讯》第四期；收入文集《儒学与生活——“生活儒学”论稿》，成都：四川大学出版社，2009年。

④ 黄玉顺：《作为基础伦理学的正义论——罗尔斯正义论批判》，《社会科学战线》2013年第8期。

我对罗尔斯有很多批判，但不是对他的价值观的批判，而是对他的理路的批判，我的意思是说：罗尔斯的正义论其实只是西方的现代的正义论，而不是一般的普遍的正义论，因为他反复讲的那些东西，包括引出这套理论的那些前提性的观念，诸如“自由”“平等”这些观念，全都是现代性的观念。而我想要解决的形下的问题，比如族群的现代转型问题，当然也是现代性的问题，但这里需要的是一种更高的一般伦理学，所以我把“中国正义论”称之为“基础伦理学”。通常认为，政治学或政治哲学需要道德哲学或伦理学为之奠基；而我的看法正好相反，不论是规范伦理学还是其他伦理学，更不消说政治哲学，都必须以这种作为基础伦理学的一般正义论来为之奠基。这个问题，我在这儿没有时间展开。

但是，中国正义论这个原理性的伦理学仍然是形而下学，我需要更高更大的理论来支撑它，那就是“生活儒学”。但生活儒学当中不仅有为形而下学奠基的形而上学，而且还有为形而上学奠基的前形上学的观念层级。大致来讲，生活儒学不是我们两千多年以来的那种“形上—形下”的二级架构，而是三级架构。这确实得益于海德格尔的“存在论区分”。我对海德格尔是有很多批评的，但他的“存在论区分”我是完全承认的。这就是说，不论是形而上者也好，还是形而下者也好，都是存在者，而我们今天哲学最前沿的问题是：存在者何以可能？主体何以可能？这个问题本身，就已经把我们的思想视域带入了前存在者的观念层级，也就是我所说的“本真”层级，这就是“存在”，而我所说的“生活即是存在，生活之外别无存在”就是这个意思。有人曾经问我：你说的“生活”和你说的“爱”之间是什么关系？我说：你这个问题的问法本身就表明你没有明白我的意思，因为你已经把它们处理成了两个存在者之间的关系，其实，它们不是两个东西，而是一回事，就是前存在者的存在。

刚才还有朋友提出：为什么是“生活儒学”，而不是“生活佛学”？其实，儒家在建构理论的时候，是有一种独特的感悟的，那是一种独特的情感领悟，不同于佛教的感悟，也不同于存在主义的感悟。比如说，海德格尔也是从情感切入的，但他是从负面情绪来切入的，诸如“烦”“畏”之类的情绪都是负面的情绪，那就不可能导向儒家想追求的东西。我相信，孔孟选择“仁爱”这样的正面情感，这种轴心文明的突破，它一定有一种强烈的群体生存感悟，就是：群体的生存需要这样一种正面情感体验。关于这个问题，可以谈很多，包括孔子早年的生活情感等，我们这里就不讨论这些细节问题了。大致来讲，孔孟和海德格尔所面临的历史境遇是完全不同的。

这里我也想起一个朋友刚才谈到的舍勒。其实，关于舍勒，我有一系列研究论文，连写了三篇，那是四川省的一个课题，专门讲“儒学与情感现象学的比较”①，我自己觉得已经谈得比较清楚了，就是说：关于情感与认知之间、爱与其他情感之间的优先序列，儒学和舍勒的情感现象学之间是同构的，爱是优先的。当然，舍勒与儒家有很大的区别，舍勒是基督教背景、神学背景的，那就是上帝之下的“爱的共同体”。但是，我想，舍勒跟孔孟有着同样的忧虑，他也感到需要正面情感、正面价值的塑造，所以他强调“爱”的优先性。

总之，诸位所提的许多问题，我没有时间一一回应，只能这么简单地讲一下我的大致的思路，讲一下“生活儒学”的体系怎么来的，包括它的问题意识和大概的内容。简单来讲，整个“生活儒学”的建构，它谈的不是什么现代问题，而是对人类的整个观念世界或意义世界的重新呈现；当然，在我心里，它是有目的的，就是要讲出一套一般性的伦理学原理，也就是我所说的“中国正义论”或“制度伦理学”“基础伦理学”；而这种一般性的伦理学原理的目的，又是指向现代性诉求的。这就是我的全部心路历程。

谢谢各位！

---

① 黄玉顺：《论“恻隐”与“同情”——儒学与情感现象学比较研究》，《中国社科院研究生院学报》2007 年第 3 期；《论“仁”与“爱”——儒学与情感现象学比较研究》，《东岳论丛》2007 年第 6 期；《论“一体之仁”与“爱的共同体”——儒学与情感现象学比较研究》，《社会科学研究》2007 年第 6 期。

当代儒家思想探索

DANGDAI RUJIA SIXIANG TANSUO

论《论语》《孟子》文本之现代性①

李幼蒸

（中国社科院世界文明比较研究中心特约研究员）

《论语》一书为古代读书人人手一册的必读书，现代化以来的今日竟仅成为国学家的专门研究对象。但《论语》与所有其他古籍不同，其内容具有跨越时空的普遍性，本人强烈主张亦应将其视为现代中国人文知识分子（不分中学西学专业）的必读书。其主要作用为有助于树立知识分子的积极人生观与治学观，其看似简单的“学为己”原则实为一切学人提供了精神上“立于不败之地”的座右铭，其意为：学人应仅以自身作为研学中“相对比较高低”之对象，其学其习，均止于以今日之我胜于昨日之我为目的，而非以胜于他人为目的。否则，一则失去学人为学的根本目标，二则亦因“高于己者”不可胜数而必将因此而时时处于心绪颓丧中，卒至失去不断前进之动力。而研习《论语》之所以要“善读”，乃因切实的读解法必须采取结构式或整体式方法来把握诸个别文句及其相关关系，不可孤立求解（历代至今读《论语》者中并非多有悟此理者），而导致读者仅将诸个别文句充作装饰或支持个人意愿之手段。关于《论语》与现代人文科学研习之间的认识论与方法论上的有机关联，尤可显示出其特具的历史独一性。“全盘西化”人士恰因其“西理”知识虽多而不熟，尚领悟不到此一中西关联性或普适性，故虽得其小者（片言只语）而难获其大者（伦理系统）。所以，这部中国思想史上第一次完成的“书本”——《论语》，今日仍应（不仅“仍可”）作为人文知识分子人人必读之

---

① 本文是作者的“新人本主义解释学系列”的第四篇文章，又名《“论语孟子精选”及其含蕴现代性的理由》。

书，而非属仅供国学专家研习之书。我们前文谈到不可在全球化急功近利时代竟以国际跟风作为个人学业有成之标志。那么，要想提升学人自身精神价值选择的独立性或自主性，个人的信念与意志从何处而来呢？根据本人六十余年治学经验可以自信主张，在当前国际人文科学发展的复杂多元生态中，《论语》确为中国人文学者和文化人之最适切的起信立志之宝典。

有趣的是，论语伦理学的价值观显然在于“成人学”或“成君子学”，其宗旨竟然与马克思有关人类未来“完整人”的19世纪畅想不谋而合。马克思人生观的最终目标即追求“理想人”，而作为人之本质的彻底体现，最终必践行于个人创造性精神生活品质之提升上，此与孔子之“成君子”理想，可谓本质上相通，二者均以追求精神创造性实践作为人之所以为人的最高目的。“精神人”是与“技术人”相对而言的，此所以孔子说“君子不器”。（此句自然不可泥解，而须在通篇精神中把握其在不同环境中之确指。）马克思在其想象的人类未来“理想国”中的主要目的之一即消减、免除人类繁重劳务，从而客观上可有时间和条件去进行精神创造性活动，其含义与“君子不器”的深意类同。而孔子本人因出身寒微故亦“多能鄙事”，表明人之所以纠缠于劳务乃因客观的技术性资源短缺之故，非因爱体力实践胜于爱脑力实践也。凡动物皆能实行体力活动而唯人类方能实行高级脑力活动，此乃为精神文化的创造力之根源。

本人在不久前出版的《论语解释学与新仁学》一书中，作为附录刊载了本人所编“论语精选”与“孟子精选”。两部经典文本虽撰于两千多年前（特别是撰于中华文化史上的“学术史”尚未形成的战国时期），其主要内容（即本“孔孟选集”全体）却惊人地相关于、适用于、有益于全球化—人类一体化的现时代。可惜《论语解释学与新仁学》一书目前没有条件译成英文，否则，经再专门阐释后，或可引致国际人文学术主流的一次“认真关注”，即有助于发现西方伦理学传统所失在何处？为什么会这么自信而言呢？因为我们可设法通过解释学的“迂回法”，再现此古典文本的普适人本主义理性伦理学之推理及起信的“归纳逻辑”形态，使之对比于西方“第一因主义”伦理学的“演绎逻辑”形态，以期触发国际学人对人类历史上“多元化理性结构及其伦理学表现”的重新认知。我们都知道，世界上各种主要信仰体系都是最初编成于遥远古代的，而且其话语形态都是充满着超自然的神话及文学比喻的修辞技法的，它们流传千百年后的今日，仍然是世界上众多社群的现代有效信仰基础，并无人责其“过时”。可见有些书本是必须与时俱进的（如科学类），有些书本则否。而我中华精神文明的此“第一书”——《论语》，或说《论语》《孟子》——作为本民族信仰体系，其于古代形成的文本采用着如此直白的日常语言，竟然可以在语义学上直接相通于现代汉语，也就是亦可直接转译为现代外语而并无语义学上的理解窒碍。（除了文字修辞意素上不可避免的损失外）毋庸讳言，正像任何文学类语言作品在翻译过程中必然损失其修辞学上的价值因素一样，《论语》《孟子》自不例外。故只有能够直接读《论语》《孟子》原文者才可能最充分地悟解其丰富意涵并领受其伦理激发力效果。然而，我们现代人要想在新时代人类社会与知识环境内从此古典文本中读出其现代有效的起智力与激发力来，反而须同时扩大增深中国学者自身有关现代化理论知识的了解。这就是为什么我们现代人可能比古人更有条件“读出”其现代性来的原因所在。来自国际的解释学、符号学、现象学等现代方法论可大有助于我们深入把握中国古典文理的结构和功能。这就是我们提出建设作为特殊现代化学科“中国符号学”的理论根据所在。海外新儒家派别对此理由毫无概念，因其百年来一向囿于西方古典哲学推理模式而远远未达当代跨学科理论前沿之故。

三千年的中华文明史素以“文史哲艺”为其文化形态之核心，当其在由古代历史时期转化为现代历史时期的最初演变阶段，曾经有过令全世界惊异的优秀表现，这就是抗战前的所谓二三十年的“文化黄金期”。其中自然以科技工商文化的现代化之成效最为突出，后者近三四十年来的进一步发展尤为显著，此为不言而喻者。此一现象固然表现出中国知识分子的杰出智慧创发力，而亦因科技工商文化的固有功利主义倾向最易为大多数人采行。科技工商活动最为符合人性求利本能，故个人愿望与集体事业相互协恰，相辅相成，此乃人性求物利本能之“顺势而行”成果，亦属自然之理。结果，来自西方文明的科技工商文化形态（其当代发展极致之一可举国外“华尔街之狼”为例）提供了满足国人个人与集体的物利追求目标之“工具”，此原为中华古代文明所欠缺者。相比而言，我们在此历史性的“文化转型”过程中可称作“奇迹”者，反在于人文学术及文化曾经表现出的现代化适应力方面：中华文明特有之精神部分，在接触到来自西方的现代人文社会科学与现代精神文化时所表现出来的悟解与沟通“异文化”与“现代化人文知识”的全面汇通能力，才是足可称奇者。这种潜在能力是从何而来的呢？为什么五四时代知识分子们在拥抱世界新文化的同时会近乎齐声地反对“封建主义旧文化”呢？只有经过现代化科学的反思我们才能更适切地理解此一表面上的矛盾现象：全方位的精神创造力之历史上的长期潜存与此“深厚精神潜力”只能表现于封建主义社会所客观限定的传统人文形态之中！从古代封建主义文化形态转化为现代科学理性文化形态时，必然面临着无数多的领悟困难并产生长期不适应过程，而不想此种“历史精神潜力”竟突然迸发并远远超出了可从其古代具体表现中能够预期的、前所未见的智性深广度。也即为什么一向只读四书五经或经史子集文言文者，会几乎（历史长时段上）瞬时间地（通过清末以来短暂的“前准备期”）绽放出此民族文化精神力之光彩呢？如果我们今日的文化史研究者只限于关注在古代封建帝王主义时期所完成和展现的“三千年文明史业绩”，就会低估了中华精神文明潜力之深广度。我们反而应该注意的是：该历史文化潜力由于古代封建专制主义限制而未能发挥与表现的内容。五四前后起始的黄金时代的意义正在于此。此种精神潜力正是在该现代历史初期片段中表现了出来的，即中华古典文化与西方现代异文化交遇时所迅即迸发出来的特殊精神文化创造力及其客观上可能达成的最佳初步学术文化成果。

这种精神潜力在古代的表现场所为何？“五经”相当于封建主义皇权意识形态产生的“信仰与实践规范”和“精神实践框架”，但它们本身并不是精神实践的“场地”。所以所谓“经学”（其真实核心是纯粹古典实用主义的“礼学”）不过是释经学，是为了方便于此封建意识形态信仰与实行而进行的文字技术性与信仰义理性的“助解学”。这就是人们诟病秦汉以后中国就失去了战国时代的自由思想环境的原因。精神实践的场地，简言之可以说即是（现代分类学所说的）文史哲艺领域，此四类精神实践如再归诸一“大类”，可称之为“广义文学类实践”。不要说古代“文史不分家”“文哲不分家”，艺术（文人画、书法家、文人戏——昆曲、文人建筑——园林）又何尝与文学分家？之所以说今日所谓书法艺术与古代文人书法家之创作不属同一层次，即因古代书法家者必然是指以其书法表现其人之文史哲情操者，而非仅指其任何书写技法本身。因古代书写无不依靠“一般书法技术”，其中自然亦有秀美拙劣之分，但不必相关于书写者之精神境界。而我们的解释学文史哲研究告知，古代文人之精神与行为整体构造可概分为两层——基本个人伦理信仰层与社会集体行为规范层，后者如果以“四书五经”为基础，前者则主要以“论语孟子”为基础。读书人在进入社会前，其精神根基之最基本层即为由《论语》（唐宋以后加入《孟子》）所表达者，此时之五经文本在读书人实际做官前尚未与封建专制主义的“种种规矩”存在行为层面上结合，故尚属于抽象认知与信仰养成阶段。“四书系统”编成于宋代，其中（伪称为孔子及直传弟子亲撰的）《大学》《中庸》作为从“五经”中抽离部分，可作为联系“先秦孔孟”与“秦后五经”间的“中间思想过渡媒介”（跨代转换“档次”之媒介：包括如何展开“移孝为忠之技法”）。此所以我们会特别关注即使是在读书做官论激发下读书为学，在其前为官时期或（暂时或永久）“离官”时期，对读书人精神世界最直接、最有力的伦理信仰体认即来自最具直接激发力的“孔孟文本”；也就是“孔孟思想”在读书人的精神世界构造中占据着一个功能上的相对独立的基础层次，虽可持存其终身，却不同比例、不同程度上会与其他皇权时代思想混杂着其存在与践行形式。这样的学习、信仰与践行惯势，在清代政治制度甫结束后，仍可延存于民国初年读书人的内心（或因家学渊源，或因良性儒家社会风气有效遗存使然），未随“皇权五经系统”而逝去，也就间接证明了“孔孟思想”相对于“皇权五经”的相对独立性存在（指在功能区分上，而非指在具体行为综合表现上）。这也就是为什么五四时代对封建时代思想批判不遗余力者们，唯独对“语孟文本”（至少对《论语》）持宽容与保留态度的原因所在。①

本文意在指出，之所以历史上出现了民国初年阶段的黄金时期（或宽严不同地指其中的“十年”“二十年”“三十年”区间），除了中华读书人所传承的民族文化智慧能力外，主要原因（在我看来）即因读书人无不直接间接受到孔孟思想影响。至少“论语思想”（在此不说“孔子思想”，因该统称词多歧义，往往可将一切儒家创作都称作是孔子思想，而我们所说的仁学则单指《论语》一书中表现的思想，甚至于专指其中四分之三部分的思想），也就是吸纳了《论语》所表现的中华传统原始伦理思想。此种思想在古代环境下，因受到外在封建社会的具体限制而在具体实践中不得独立自主地、无人为限制

① 参见拙著《仁学解释学》《儒学解释学》。

地发挥其“精神生产力”，故只得产生出各种混杂不纯的文化作品形态，并均属泛文学形态；而当此种伦理信仰在摆脱了封建社会限制后的现代环境里，遂可与新的精神创造思想环境及新的学术思想及其技术表达手段相结合而形成新的精神技术“搭配方式”（动力、环境、技术之间诸类因素的重新组合），从而产生了中西融合的新时代精神创造品。尽管由于时代发展限制，各种新型精神创作品尚属于幼稚时期，而其焕发出的“精神创造力”已呈现出大气磅礴之势。为什么一种民族原始伦理思想会有这样有效的现代化融合力呢，会形成这样的“多元精神化合力”呢？首先，此正因为当时积存的孔孟伦理信仰的人本主义理性精神与现代科学世界的理性精神，在最高级的一级理性层上完全一致（宗教是与科学理性完全平行存在，互相“敬而远之”，而经验主义人本主义伦理学信仰则可与之交叉叠合并有机沟通），所以它才可能与新时代文化大方向“一拍即合”。更为特殊的原因在于，孔孟思想作为伦理学，不仅是精神智慧体系，而且是具有内在实践触发力的实践论体系，即其文本系统内部含有根植于中华三千年精神文明史（泛指文化史时虽可泛指“五千年”，而在特指“有史文化史”时至多不过是三千年）的一种精神冲动力。此一产生于两千多年前而锤炼于两千多年中的、此一世界上唯一长存的俗世人本主义伦理学，竟然在义理上完全相合于人类现代人文科学之理性主义宗旨。注意，儒道释学均无法对话于、融通于现代社会人文科学，孔孟学则可。孔孟文本中所“不谈”者，正是其他古代文明道德信仰体系中所多谈者：怪力乱神。况且，就儒学思想史而言，现代研究者应注意到，无论是《论语》还是《孟子》，其中都未曾出现过熊十力宣称的所谓中华第一书的《易经》，即孔孟时代两大师尚不知有此“经书”。占卜祷告之类习俗存在何止千万年，但此与作为经书的后世《易经》为截然不同之“二事”。占卜祷告词的远古千万年存在为一事，它们作为“砖石材料”被插入后世“易经建筑”内为另一事！至今尚不能区分此二者（古砖石和今建筑体）可谓今日海内外儒学研究中之宿疾（顾颉刚一代的辨伪学对此早已辨明），正如人们不能区分存在了百万年的“矿石”和发明了仅两百年的机器（由矿石冶炼为材料制成者）一样。语孟文本以及在其激发下产生的无数文史哲艺精神类作品，才是中华文明史上的第一类民族瑰宝，哪里会是那些本为帝王将相享乐之用而被迫生产出来并遗存于历代权贵继续赏玩的珍宝器物、楼台馆宇之类呢！

之所以将语孟思想称之为人本主义伦理学，因为其立学宗旨仅基于对人性现实和历史现实的观察与思考，其思想内容均属可予经验验证者，并具下列特点：人性评断合理性，求真目标明确性，道德价值标准合乎普遍人性中的自然向善倾向。于是，人性不变，心性倾向即不变，基本价值观亦不变。该学根本宗旨已由其“名目”与“字形”直接呈现：人之学（仁学），人际关系学（由“仁”字所表现的“对人偶”），以及个人价值判断态度学。不过，随着历史发展，孔孟学，主要是孔学，不时会随着社会关系的发展而被权势者或好事者插入于己有利的他意，而幸运的是，不论古人立场如何，凡中土人士均存在一种集体性的“尊古意识”，即轻易不改变传承文本之原状的一种“顽固性”（盲目信古惯习亦可产生正向认知效果，此所以当语孟文本被归入经学系统后，其中与皇权专制不谐的语句仍能照旧存留而不被古代意识形态监管系统加以删除），而所增加的部分则被生硬地插入原始文本（如《论语》上下论之末篇），以期分沾其文本所内含的“古传权威性”。但因秦汉后世插入的部分与先秦原始部分在义理逻辑上（按照现代语言即在认识论—价值观上）明显不合，故不难将其排除于历代传承文本之中。（关于对此二古代文本的选择性判断与删节性读解的“根据性”与合理性问题，请参照前述拙著三书，特别是关于什么是“古代文本”之“真伪正误”判定之标准问题，在三部解释学的书籍中均有论述，此处不容展开。）学者或疑称：无论如何，怎能妄自删改古代历史文本？（有如改造古代传承器物般，必定损害其古朴性。）实际上，我们当然不可能也不必要“消除”思想混杂的传承历史文本，因为那正是两千年来中华文化史上的固有部分（原原本本地保存两千年儒教文化的一切传承物自然为今日治史的第一原则）；我们的精选本是专为现代人文科学重建的读解需要而加以选存者，即仅采纳那些不同程度上可与现代人文科学或现代伦理学融通的部分（而亦均属于语孟文本之主体部分），而在此现代学术研究任务中排除了那些可能“干扰”孔孟伦理学体系系统性之“非相关的部分”（即仅与封建社会皇权信仰或古代社会教育环境相关的部分），以便呈现出一部可供现代人普适人本主义伦理实践学有效读解的“工作文本”。（我们当然不能妄称“复原”了战国原本，而是“选存”了其中与现时代义理可相通者。）

为什么说语孟文本表现的仁学伦理学思想会与今日世界人文科学发展之间存在着积极互动关系呢？当代世界人文科学遭遇的全面危机，实际上是在全球商业化发展中必然会发生者。此因科技工商的发展模式与人文科学的发展模式之间存在内在差异性，前者追求物质利益的无限增扩，后者则追求人类生存现实的认知和关于人及其历史真相的探求。前者的求利本位与后者的求真本位在实践方向上是不同的，在全球物质生产大发展时代，商业化模式的发展自属事态之必然，甚至于人文科学的生存也依赖于科技工商物质性生产的供给。但是与此同时，商业化模式如渗透入人文科学世界内部，人文科学生态将遭遇本质上的蜕变。在我看来。这正是今日人文科学发展受阻的最为根本性的原因。理由很明显：学者以科学求真为实践宗旨为一事，以职场求利为宗旨为另一事，而今日世界主流人文科学界，至少五十年来，其价值观判准已然不知不觉地、普遍地从二战之前仍然坚守着的为学而学的传统人生观、治学观，转换为今日职场和市场机制所决定的功利主义治学观了。学术实践的成功标准则可直接判定于学术权威体系内规定之标准。正当中国人文学术四十年来重新开启其认真研究阶段以来，却又遭遇到世界人文科学潮流正开始全面朝向功利主义的商业化方向蜕变之新世纪。此种全球化时代功利主义世风之渗入，必将进而在技术的低层上即开始阻遏恢复运作不久的中国人文科学生态的健康成长。这正是我本人几十年来不断提到“心术学”应该成为中国人文学者第一关注的理由所在。正是心术学才会关系到治学之根本参量：动机、态度、目标、方法、行动等方方面面。而孔孟学正是相关于心术学的伦理学。西方文明体系因为素来重视法制思想（所以希腊伦理学一直连带思考教育学、政治学与法律学等道德价值之实现技术性方面），反而轻忽了心术学技术（其对立面即为今日俨然成为主流的行为主义与实用主义思维倾向）。西方思想传统一向认为须“以法制心”（由客观条件控制主观条件），故不会产生中国思想史上的第一道德实践学：君子小人二分法。就历史上实际的社会政治建设而言，西方法制主义传统无疑是更为有效的。但对全球商业化的今日来说，法制主义虽然是科技工商文化及其有效运行的不二法门，但就人文科学和精神文化创造而言，却仅能成为其实践的外在规范，无以进入学人的内心世界。对人文科学而言（并非对自然科学与社会科学而言），合法的“科学实践”并非就是合理的实践，俨然有序的教、学、研运行制度，并非就是有助于“真心诚意”学术践行的客观条件。（阳明心学不易为西人领悟，即因此文化传统上的差异性，而今日阳明心学研究被实用主义地还原为“事功学方向”，可谓大失良知学之旨趣！）因为这取决于科学实践的动机与目标为何。今日国际主流人文科学职场在制度上、技术上可谓中规中矩，显为行之有效的规范体系，但其实践生态的结构与功能已然发生了本质的改变：传统的“求真动机”已然彻底替换以“求成动机”，而此一“成”却是由该科学实践之外在权势环境决定的。中西古代思想家作品多为“内心自主活动”之产物，今日人文学者的学术实践则必是瞄准各种外在功利主义制约条件“相向而行”的。“相向”者，符合既定教育就业轨辙之谓也，而最终决定此轨辙之性能的却恰是与人文学术略无关联的科技工商权势。

申论一

本人自高中毕业后即自然而然地与中学时期迷恋欧美俄古典文学的时代告别，同时开始了对（时乃严加禁止的）20 世纪现代派文艺及其理论奥秘之探求，特别是对于现代派之第一特征“排除具象思维”——从现实主义（具象主义）到一切超脱现实主义（抽象主义）创作——的强烈好奇心。（在美期间与现代派电影家及其理论的频频接触以及本人相关译著之发表，即属此一冲动之流露。此一思考冲动自然非关于电影事业，而是相关于一般美学认识论问题。）毫无疑问，这是一个极其严重深邃的认识论问题，也是直接相关于现代派文学意图及其实验作品的意涵问题（本人长期热衷于罗兰—巴尔特的符号学文学理论也是发生于同一背景下的）。然而，最近以来，自从本人在此生行将结束而仍亟思对尚未知者予以“补课”的过程中，渐渐将怀疑主义态度施之于现代派文艺的再思考：对于百年来成为主流的西方现代派艺术潮流的价值与功能，感觉到也应该从更适切的角度，并以更精细的方法，彻底重新思考一下！对此我们也不能盲目跟随国际主流意见亦步亦趋！（不能因“技术上不如人”就满足于被动听信主流意见；同理，不能因不属“文艺界”就满足于接受国际专家们的集体权威意见。）说不定在对现代艺术思潮的理解上，我们都成了“不见皇帝新衣者”！现代派艺术只是一种自然产物，一种应运而生的现象，但何以就成了有效文艺形态的标准和方向了呢？特别是，现代派文艺与艺术家的社会行为抱负之间具有什么样的合理关联呢？（这是我在当初阅读和观看苏联爱森斯坦作品及理论以及意大利未来主义文艺运动时就频生怀疑的课题!）这也是我们应该一起将其纳入自身学术思想设问系列的特大认识论问题之一。任何形式化的作品一旦流行，其形式化风格即会自然地引生一代代追随者（追赶时髦，如今日绝无规律可循的时装秀潮流），因而易于促成一种“艺术流派”的派系传承事实，后者因牵连到其市场化存在方面而自然滋生出一种该派系后来成员间巩固其市场吸引力的共识与合力，并被转化为一种“貌似具有合理性根据的业界宣表”，从而进一步强化了其历史上的延存力。如果这一事实被视作该艺术流派具有其内在美学价值的“准证明”，即将造成人类对艺术品价值判断上的集体偏差（我们可能将派系自身出于功利主义目的而宣表的立场视作艺术上的“权威性认定”）。而如有美学家们进而企图以此市场成功现象作为在其之上建立某种社会哲学的根基（如 19 世纪法国乌托邦社会学家企图以艺术取代宗教的浪漫畅想之类），其多方面的误导性将更趋严重。顺便指出，近日报章报道了 AI 机器人画家的出现，其作品之“艺术性元素”之品质，已足可有意义地与自然人画家的作品相比较。此一最初成果，已可预见，在象棋比赛中人机纯智力较量之后，形式化的艺术品质比赛已然渐渐出现，并对现代人类美学提出了最严峻的挑战!“什么是艺术品的‘美’之本质”这样的设问惯习将被彻底颠覆！我们在此提到作品之一时“流行”及其社会性运作后产生的各种“历时性传承轨迹之积累”还具有一种说明模式的作用：任何学科、学派、作品等都可以在其社会学层面的运作下“积成”为各种跨时空的“文化思想力实体”，它们共同构成的学界共识权力系统就会被习惯地视作自然的（因而合理的）“社会文化环境”，从而成为后人相应模仿学术文化实践的框架、原则和方法的根源。而实际上，此种跨时代积成的知识系统具有双重特性：有效知识性积累（A：真实传承知识）和纯属历史资料性“外表”（B：相关知识系统之学术外制约力的附加影响效果）。此例进一步说明了中国人文学者须在国际学术主流格局之外另行独立构建自身适用的认识论—价值观—实践论框架的理由。A 部分固然是我们所须掌握的，B 部分则可能属于只需加以了解而无须加以接受的。这也就是为什么要“挑剔地”说，文科留学文化。为了具备在知识技术上足以与其应对的条件，方需深化、强化学者主体的态度与心志，并需从中国丰富复杂的文化史—思想史的根源处汲取正向伦理实践论之“动量”。（百年来各地华裔社群无不倡导“国粹”，却大多局限于其小处，而普遍忽略其大处：因物质实为“小”，精神方为“大”也!）

为此，才须克服国际学界商业化日趋严重的竞争求利倾向；为了国内外竞争求利，人文学者必然尽先使用其外语方便和借助中外学术关系学环境，以实行其“治学捷径”。结果，学界公认的“成绩”可能不少均为此类应付实际需要的“急就章产品”，后者虽足以充当职场生涯之手段，却不可能成为未来学术发展之“理论基础”（也不应成为学者个人自我肯定之判准）。更有甚者，如欲通过地域性“集体运作”而将此类产品都人为加持为未来集体向学之基础，其教育学上的后果为何也就不难想象了。盲目趋时的倾向遂易于将A与B两部分均作为一个整体加以接受，从而在国际性压力面前“阻碍”了自身可能具有的独立创造性机会（如我所言，国际人文学术理论主流内倡导的所谓“创造”已经是、必须是内嵌于该现成规定的框架内的）。简言之，对于一切“主流的”“权威性的”“国际公认的”学术方向与格局，对于深具精神创造潜力“基因”的中华士子来说，都是应该首先加以批评性审视的。这样的精神文化性的认识论挑战，当然不是“毛坦厂模式”塑造出的“准机器人”学子能够应对一二的。在研习当代各国人文理论主流过程中我们对于不同国家的学术优点各有侧重，即使对于最为看重的某些当前主流派别的学术成就，也必须是从我们独立设定的选择标准加以相应对待的，而绝不是因其某方面被文化市场权威认定为优秀成果而将其扩大为、拔高为“崇拜”或“鼓吹”对象。而该相关国家学术流派在对外宣传时往往期待“后进国”对其“全盘接受”，甚至于加以“全面崇拜”。

申论二

人本主义、人道主义、人类主义都是彼此意涵大幅重叠的近义性标称，而其共同本质或核心实含“非生物主义”意素，而“生物维”却是人或人类物质性存在之基底。人本主义本身已是基于一种基本二分法：精神与物质；也即，“人”之本质是指其精神维度的存在与发展，而非指其物质维度（物理、生物、生理乃至心理维）的自然存在。进而言之，此精神维复与其另一支撑性基底——心理维部分地重叠，此心理维实为人与动物所同有，彼此不过是量与质上的差异罢了，尽管其差距可能极大。同理，机器人之所以称之为“人”，乃专指物质维中也部分地包含了“心理维”或“准心理维”，此即指其具有各种理智性、判断性、计算性机能。不言而喻，心理维与精神维不能等同，机器人的“人性”部分（心理与行为机能）与真实人的“人性”部分（另加精神机能）彼此具有本质性差异，也就是机器人永远不具有精神性部分（未来可能的“生技人造人”则或有此可能性，那时就有可能瓦解了千万年来“辛苦”形成的现代人类。）因此，人本主义所强调的是人的精神维价值至上性，而此精神维的存在，是一种人类特有的历史性存在，其千万年积累的人类历史或社会文化史是宇宙间独一无二的，是人之所以为人的特有“历史基础”。于是，人或人类就是指其历史性存在。如今那些太空迷们，那些不打算参与千疮百孔的地球之改善经营而打算弃地球而去的太空移民幻想者们，就不仅要在空间上与人类脱离而且要在时间上与人类脱离，也即与人类的独一无二历史积存与记忆脱离，而以其准机器人之身躯去外太空“大沙漠”中建立准机器人的“无精神新世界”。该世界本质上即机器人或准机器人世界，其所延续及发展者为地球上的动物世界中普在的心智机能，而所抛弃者为人类独一历史过程中积存的精神机能。未来的 AI 及其机器人文化也就是去历史、去精神的“准高级动物类”文化。

为什么说人的精神维是以其历史过程为根基的？人类历史是人之间千百年来相互合作、冲突、斗争、共存、创造、梦想的时空整体存在体，在此时空整体内积存的人类经验即人之所以为人的文化性基础。历代哲人思考的“何为人”“人应为何”等问题都是在此历史过程中人类积极探索并陆续丰富其内涵的精神实践。此实践的产物即大量文化遗产的代代延存。人是生存于其“文化遗产”上的。如果排除了人类的文化历史遗产，人将立即演变为失去了其精神维本根的另类“高级动物”。这就是今日机器人迷们所渴望的所谓新人类世界。如今，成年人面临着嵌入晶片来提升其“理智类技能”的等级，以适应全球化时代“唯一物质生产主义目标”，而未成年人自幼儿起即提前习惯于“编程”和与各式电子游戏为伍，二者均一致地朝向于使人脱离人类历史文化经验的目标，以期有朝一日纷纷成为合格的“人机一体之泛生产器具”（与孔子和马克思的理念相反，即均期待使人不成其为“人”，而成其为“有技能会赚钱的机械体”）。而感性的娱乐手段也越来越予以人工机械化发展（机器人性伴侣的日趋成熟，以及未来可能的怀孕、分娩之体外完成的科技新发展）。凡此种种都朝向着一幅未来“人机对立”世界图画的前景。所有这些科技化文化的无限展开都是朝向着去历史文化关切与记忆过程的（试看，今日全世界一代一代文科新青年们还有多少时间是接触历史文化资源的？走进大学图书馆，还有多少学生是在书架前穿梭徘徊、流连忘返的？莘莘文科学子无不捧着电脑，遵循着有限规定的资讯系统，进行着模仿式的标准型“论文制作”。应当看到，电子书时代，不是相关于一个单纯的介质改换问题，而是一个有关人类兴趣中心全面变异的问题）。然而，君知否，所有这一切科技化、商业化的全球化文化革命，都是与现代人文科学的精神大方向背道而驰的。所以，真正的人文科学家们必将是人群中之极少数，此所以劝君必须“善读孔孟”，因其宗旨即在于如何从中华远古经典中汲取精神动力以自建自强独立的精神主体性。

中国哲学所涉的三个基本向度：经典诠释、生活世界、本体探源

——在“中国哲学起源问题的新探索”研讨会上的讲话①

林安梧

（山东大学易学与中国古代哲学研究中心教授）

非常高兴有这样一个会议，这个会议涉及中国哲学起源问题的新探索。当然郭沂教授把中国哲学的起源继续往前推进到西元前11世纪，那么就比雅斯贝尔斯（Karl Jaspers）所提到的文明轴心的时代提前了300年，那我想这是很有意思的。我这篇文章主要探讨的是中国哲学研究所涉及的三个基本向度：经典诠释、生活世界和本体探源。

这是中国哲学必然要涉及的，我之所以会提这样一个论题，是感受到中国哲学界目前的状况，往往忽略对经典本身的深层的理解，而对经典的诠释必须回到历史、社会的整体跟生活世界的，要不然对经典的诠释很可能失之穿凿，或只能在西方汉学研究的问题意识下做诠释，这样就比较可惜。我觉得整个中国哲学的研究不能离开经典的诠释，而经典的诠释不能离开生活世界，而生活世界进一步要有生命的契入，要上溯到整个本体的探源。大概整个文章是谈这样一个东西。

由刚才郭沂教授所提到的内容，我回想到以前读傅斯年的《性命古训考证》，回想到阮元的《性命古训》中讲的话，其实总的来讲，大概是从“帝之

① 这篇文章是林安梧教授在山东大学易学与中国古代哲学研究中心所举办的“中国哲学起源问题的新探索”国际论坛上所做的讲话，他涉及了中国哲学所涉的几个基本向度——经典诠释、生活世界、本体探源——特别是对于中国哲学的传承与研究有深刻的忧心。全文由山东大学儒学高等研究院博士生张春光依据现场录音誊录完成。

令”到“天之命”到“道之德”这样的一个发展。那“帝之令”我想是在商朝（实际上已经很清楚），到“天之命”是殷周之际，就是商跟周。那么跨到周朝就进到一个天命传统，就从一个部落“至上神”开始走向一个普遍义、理想义的“天”的概念。这是整个周朝的人文精神悸动的起点，也就是整个周制，包括《周易》，在这个时候产生的一个基本意义。到了春秋时代，强调“道之德”的传统。很显然，这是一个逐渐地从神话时代，进到宗教与人文的交汇，慢慢走向人文的时代。在整个发展中，中国文化的特性并不是一个神人、物我、人己分而为二的“存在的断裂观”，而是天人、物我、人己通而为一的“存在的连续观”。

我这篇文章也涉及这些问题。我一直在强调，从民国以来，中国哲学界的“哲学”义涵是从西方的主流传统来看哲学，是从巴门尼德（Parmanides）、柏拉图（Plato）、亚里士多德（Aristotle）以来的“存在与思维的一致性”为优先性的原则所定义下的。这样一个哲学观，它基本上跟整个中国哲学观是大相径庭的。相对于“存在与思维的一致性”，我们强调的是“存在与价值的和合性”。因为，如果你通过“存在与思维的一致性”来看中国哲学，那么有很多语句，你会觉得是别扭的。你会觉得中国人用了太多情感投射在存在上。其实不是这样理解，它原先就是天人、物我、人己通而为一的，我们原先主张，（你如果深层去理解），“存在与价值的和合性”是优先于“存在与思维的一致性”。

当我们通过话语去论定，经由主体的对象化活动，使得那个存在物成为一个对象，我们很清楚它应该和存在区隔开来。所以就此来讲，我们并不是用话语去取代认知，用认知去取代思考，用思考去取代那个存在而“以言代知，以知代思，以思代在”这个传统，是把话语、认知、思考、存在拉在一块说了，这是西方的主流传统。我们走的不是“话语的论定”的传统，我们走的是一个“言外有知、知外有思、思外有在”的传统。这是一个“气”的感通传统，“气”的运化传统。流动谓之气，妙用谓之神。

我这些年来感受比较强烈的是，如果要将中国哲学作为一个哲学系统、哲学体系来理解，而不对这些东西做一个比较形态学的区别，直接将中国哲学放在一个西方主流的系统脉络中，那么中国哲学相对于西方哲学会有很多格格不入、不同的地方，但这个不同，我们是需要正视的。我常做一个比喻，就是筷子跟叉子是两个不同的餐具，如果你拿着西方叉子的标准来看筷子，那筷子是一个非常糟糕的叉子。那你努力地要去证成我们这个筷子也具有叉子的功能，我觉得这基本上是削足适履。虽然筷子跟叉子的功能不同，但它们同样都叫餐具。

当我们面对所谓“存在”这个概念的时候，（我想“存在”这个概念）就要回到中文、汉语的语汇去理解，所以这几年我一直强调对汉语要有语感。现在我们用“存在”翻译 Being，但“存在”其实不等同 Being，回到那个“在”，“在”是“从土才声”，“存”是一个“子”加到“在”里头，这样所成的“存在”。这个“存在”基本上是人参赞天地之化育之为“存在”，它不是作为对象物的一个 Being 这样的一个存在。所以就此来讲的话，我们才能够谈“大人者，与天地合其德，与日月合其明，与四时合其序，与鬼神合其吉凶”，否则很难理解这样一个句子。你站在西方，特别是近现代启蒙以来，非常强调“实然”跟“应然”的区隔，把实然跟应然的区隔当成一种当然就是这样，其实它不是。实然跟应然的区隔是人们经由话语——一个主体的对象化活动以后——经由“名以定形，文以成物”的方式，去论定它，使得它成为一个对象物。我们误将这个对象物当成存在本身而说其为实然，其实，这是经过好几个过程之后才成为这样的。借用我们道家的话来讲，“道生一，一生二，二生三，三生万物”，是从不可说，到可说，到说，而说定了它之为何。

我们的话语所论定的对象物当然不等于存在。现在西方哲学的主流传统是把话语论定的存在的对象物当成存在，这本身就犯了一个非常严重的谬误。如果我们以此为基础来探索中国哲学，那就会南辕北辙，现代西方很多思想家开始从非主流的传统中探索解决现代社会问题的途径。从柏格森（Henri Bergson）到海德格尔（Martin Heidegger）都已经处理到了一些相关问题。人们开始留意存在主义的运动与现象学的运动之后，整个人类文明也起了变化。不过，我们整个哲学系统的建制基本上还是在西方的主流传统之下，而在这个主流传统下，现在西方又反省这个主流传统，转过来转过去，很是尴尬。我们忽略了自己的传统是什么。比较严重的问题就是我们现在整个人文学术的建制、学者的养成过程里，基本上都是这样，对古典的熟悉机会是比较少的。我们得把古典的话语通过现代话语去诠释，通过现代学术话语去诠释，目前来讲，这更困难。一个现代性的生活，它的世俗性越来越严重，现代理性越来越严重。

在这样一个过程里面，对于自己原先传统生活的样相、生活的那个世界存在的觉知，越来越微弱。在这种状况之下，就造成很严重的格格不入。或者以西方汉学的，或者以西方哲学的主流概念作核心。如果说在中文系，在原先的国学院，它可能还是以自己的古籍多一些，而哲学系的话往往是会迷于新说，迷于西方现代哪一个新的概念掺进来，然后又说了一套，这便是我常慨叹的逆格义（反向格义）造成的后果。

目前，我们的学术体制的整个建制、奖惩体制的建制，又没有办法让年轻的学者能够好好厚积薄发。他（她）往往薄积就必须要发，而且要薄积多发，结果这个后果就变成了薄积多发到薄积乱发，甚至不积而乱发。这个后果就是论文量一直在增加中，但是回归经典的源头却越来越少，对经典诠释后头的生活世界的体认又越来越薄弱。整个就会变成离得越来越远。以哲学系来讲可以说是这样的。如果以做国学的，以经典为主流的，做学术史的，它又往往不及于哲学，这样一来，在这里就形成了一个断裂，我觉得这就很可惜。我一直觉得只有将经典中的生活世界通过诠释唤显出来，同时通过现代生活话语、现代哲学话语同西方哲学进行交谈和对话，才能使中国哲学焕发新的生机。

这是我非常关心的几个问题。在这样的一个思考之下，我就在想唤醒汉语的语感，所以我在提倡，譬如当你想到“明白”，不会只想到西方的 understanding，你可能应该想到的是“知常曰明”“自知者明”“虚室生白”；当你想到“道德”，你不会只想到 moral 或者 morality，你应该想到的是“道生之，德蓄之”、“志于道，居于德”，道为根源，德为本性（道是讲总体的根源，德是讲内在的本性）。我想当你讲老子《道德经》（《道经》和《德经》）的时候，或者刚才郭沂教授讲“德”的时候，就不会只想到西方意义上所说的道德的德的意义。比如说“为政以德”，其实它强调的是整个政治活动是回到人的本性的生长活动。如果这样理解的话，跟现在所说的道德中心主义就会有很大的不同。这是我在想的这个问题。包括我们讲的“知识”这两个字，你就不会只想到 knowledge，因为中国传统的知识论，它其实是牵涉到整个实践的修养功夫的。我说“识”是了别于物，而“知”是定止于心，而“明”是通达于道。而“识”再往下一层，低一点就是“执”，“执”是“陷溺于欲”。

这些语汇其实在我们中国哲学里面，特别是佛教传进来，中国哲学受到佛教义理之学的冲击之后，到宋明理学，到后来的发展，其实它有一套学问系统。而这套学问系统我们现在常常忽略了，这就是我这篇文章花了很多工夫来谈的问题，因为我们这样思考问题的话，那很多（问题）就会蛮有趣。我记得去年，我们到中山大学开会（就是谈现象学跟易学的会议），刘大均先生为大会题了字，就是《易经》所说“见乃为之象”。当时一些做现象学的学者就觉得《易经》居然有“见乃为之象”，“见象”，那会不会是穿凿啊？也可能，但是如果你好好对《易经》做深层理解，显然它就不是穿凿。而且可能它会有一个非常有趣的意义，而这个新意义的彰显可能会有助于我们现在去理解现象学。也就是说我们对自己的系统如果理解到一定程度，我们在理解西方的哲学、西方的各种学问的时候，可以起到一个交谈跟对话的作用，会产生一些新的可能。这样就不至于一直是以西方的学术主流作为我们的问题意识或者作为我们最主要的参照系统。要是一直以西方学术的主流为核心，一直以人家的问题意识为意识，这样就很可惜了。

我们发现，其实人类的文明已经走到不是欧美中心主义的年代了。但我们自己在国内人文学术的建制、培育的过程中，其实还蛮欧美中心主义的。而且还是比较前期一点的欧美中心主义，是近现代以来的欧美中心主义，其实——西方已经在近现代之后进行了反思——而这个反思，我们往往来不及跟他们同步想到这个问题。也就是说，别人在反思的问题，我们还是拿它作为中心，这样的话就非常可惜了。

这是我一直在关心、一直在想的问题。因为人类文明有了一些新的可能性，这个新的可能性不是呼吁我们怎么样西方化、现代化，而是提醒我们西方现代化之后已经面临着很多全面性的问题难以解决，因此我们要好好地回到经典，做深层的诠释，面对我们的生活世界，回到从古典到整个近代到现当代，这里有很多交谈和对话，这样的交谈和对话里面有一些新生的可能。而这个新生的可能，我们必须想办法在我们现代生活世界里面多做一些调节，包括整个学术的建制上多做一些调节。那么，我们的学术才可能有一些新的契机和新的可能。

人类文明到了一个必须交谈和对话的年代，而不可能一直以欧美为中心。事实上，欧美中心主义已经碰到非常严重的问题。人类已经经过了一个非常严重的困境，目前来讲必须从这里突破而出。我认为我们中国文明在这里必须扮演重要角色，而我们必须回到我们的古代经典里面去想这个问题。所以，我们今天在这里探索中国哲学的起源问题，是很有意义的。我刚才所说的大概是站在一个总的方法论的反思以及文化形态学的对比反思，以及在这个过程中牵涉到的我们的整个制度、整个结构的各方面的种种问题。总的来说，我是期待着我们年轻一辈的朋友多关注我们的经典，因为唯有回归经典、回归生活世界、契入生命的意义、回溯到整个生命的本源，这个世界才会有一个新的可能。我就说到这里，谢谢！

论“儒学传统”与“传统儒学”①

杨虎

（华侨大学哲学系）

【摘要】 汉语“传统”的名词义项包括“既有的事情”和“根本的事情”，后者可以体现在前者当中，前者并不全都属于后者。“儒学传统”不等同于“传统儒学”，前者着眼于儒学的共时性观念——儒学之为儒学的根本所在，集中显示为基础观念“仁”（仁爱领悟）与“内圣外王”（一般性地表达为形而上学为形而下学奠基）的一般性思想结构；后者着眼于儒学的历时性开展，是指前现代儒学历史形态。无论是“传统儒学”还是与之相对而言的“现代儒学”都体现了“儒学传统”，传统儒学不因其前现代性观念而丧失历史价值，现代儒学不因其现代性诉求便不再是儒学。当代儒学的开展，既要体现“儒学传统”，又要走出“传统儒学”，致思于儒学与社会的现代转型。

【关键词】 儒学传统；传统儒学；现代儒学；仁；内圣外王；奠基

本文着眼于儒学的共时性和历时性向度，提出“儒学传统”（Confucianism Tradition）与“传统儒学”（Traditional Confucianism）的区分，借此对“儒学与现代性”议题进行侧面的讨论。当代儒学的开展应当致思于儒学与社会的现代转型，既要体现出“儒学传统”，从而不失其为儒学；又要走出“传统儒学”，从而建构现代性的儒学。

① 原载《宁夏社会科学》2018 年第 6 期。

一、汉语“传统”的名词义项：“既有的事情”和“根本的事情”

汉语“传统”是一个复合语词，它的含义源于“统”字。《说文·糸部》：“统，纪也”；“纪，别丝也。”统的本义是丝的头绪，引申为系统、统领、根本等含义。就其名词用法来说，既有表示事物连续的义类，例如血统、皇统等；也有表示根本、基础的义类，例如《乾·彖传》说：“大哉乾元，万物资始，乃统天。”这里“统”的动词含义是统合、统贯，名词含义是根本、基础，如郑玄注：“统，本也。”① 天地万物之运化以乾元为“统”、为“本”。

古代汉语的传统一词多是动词用法，例如《后汉书·东夷列传》：“倭在韩东南大海中，依山岛为居，凡百余国。自武帝灭朝鲜，使驿通于汉者三十许国，国皆称王，世世传统。”② 这里的“传统”是指国统、王统的传续。再如《明史·席书传》记载的席书奏议：“三代之法，父死子继，兄终弟及，自夏历汉二千年，未有立从子为皇子者也。汉成帝以私意立定陶王，始坏三代传统之礼。”③ 这里的“传统”是传嗣的意思，三代传统之礼即是说三代的传嗣礼法。这些都指向了对过去的、既有的事情之传续，其名词含义可以表达为“既有的事情”，与今天日常语境中的传统文化、传统节日等语词的用法一致。

“传统”的名词含义还包括“根本的事情”。《乾象道》（《古今图书集成》本）有“传统继圣之儒”的说法，对我们颇有启发。在儒学语境中，最能表达“传统继圣”的，莫过于“道统”“圣学”说，例如张载“为去圣继绝学”之说表达的正是“继圣”义，儒家“道统”说则指向了“传统”义。在儒家的言说中，圣学是指儒学的根本义理，例如阳明曾说：“后儒不明圣学，不知就自己心地良知良能上体认扩充。”④ 在阳明看来，圣学即本心良知之学，阳明又把“圣学”与“道统”联系起来：“颜子没而圣人之学亡。曾子唯一贯之

---

① ［唐］陆德明：《经典释文》，北京：中华书局，1983 年，第 19 页。

② ［南朝宋］范晔：《后汉书》卷八十五，北京：中华书局，1965 年，第 2820 页。

③ ［清］张廷玉等撰：《明史》卷一百九十七，北京：中华书局，1974 年，第 5203 页。

④ 王阳明著，吴光等编校：《王阳明全集》（新编本），杭州：浙江古籍出版社，2011 年，第 34 页。

旨传之孟轲终，又二千余年而周、程续。自是而后，言益详，道益晦，析理益精，学益支离无本，而事于外者益繁以难……而圣人之学遂废。”① 道统说是宋明理学的重要议题，各家说法稍有出入，例如朱子的道统说就与阳明有所不同：“盖自上古圣神继天立极，而道统之传有自来矣。其见于经，则‘允执厥中’者，尧之所以授舜也；‘人心惟危，道心惟微，惟精惟一，允执厥中’者，舜之所以授禹也。”② 其实“继天立极”除了传嗣之义，还可以有另外一种解释，那就是易学阐发的继天道（“太极”）以“立人极”之意，由“继天立极”而有“道统之传”，换言之便是“传承道统”，这也是一种“传统”，表达了传承儒学根本义理之义。姑且不论儒学史上各种道统说的差异，“道统”不仅是对儒家传道谱系的概括，而且是对儒家根本之“道”的提炼，一般性地说即儒学的根本义理、根本原理。

因此，从其名词意义来看，传统一词的“既有”义侧重于历时性向度，表示曾经发生过的历史形态，而“根本”义侧重于共时性向度，表示那决定“某事物之为某事物”的根本所在。当然，根本的事情可以体现在既有的事情当中，但既有的事情并不全都是根本的事情，“根本”之传统可以体现在“既有”之传统当中，但“既有”之传统并不全都是“根本”之传统。

本文提出，“儒学传统”不等同于“传统儒学”，“儒学传统”侧重于儒学的共时性观念，用以描述“儒学之为儒学”的“根本”所在，是指儒学的根本原理；“传统儒学”侧重于儒学发展的历时性向度，用以描述儒学的“既有”形态，是指前现代的儒学历史形态（与“现代儒学”概念相对应）。“儒学传统”既不等同于“传统儒学”，又有内在的关联：“儒学传统”显示在“传统儒学”当中，反过来说，“传统儒学”作为一种儒学形态必然体现“儒学传统”，但并非“传统儒学”的所有内容都是“儒学传统”即儒学之为儒学的“根本”所在，例如皇权专制时代儒家的政治哲学、伦理学、价值论等形而下学观念（三纲、四德、五常、六纪等）绝非儒学的“根本”所在，更非“亘古不变”“万世不易”的事情。

---

① 王阳明著，吴光等编校：《王阳明全集》（新编本），杭州：浙江古籍出版社，2011 年，第 245－246 页。

② 朱熹：《中庸章句序》，《四书章句集注》，北京：中华书局，1983 年，第 14 页。

人们常说，当代儒学的开展应当对传统有所继承，这固然不错，但需要弄清楚所谓的“传统”之意谓，究竟哪些东西才是儒学的根本传统，哪些东西并不是根本的，甚至是我们今天必须要解构的。为此，我们首先明确“儒学传统”之意谓，以期赢获儒学之为儒学的根本所在。

二、“儒学传统”：儒学根本原理——仁爱领悟与内圣外王的思想结构

为了从观念上赢获，并确切、极致地展示“儒学传统”，我们只能采取思想的“还原”（借用胡塞尔语）或者某种“抽象继承”（借用冯友兰语）方法。如果我们视历史上某个别儒家的，尤其是某些具体的形而下学观念为儒学之根本所在，很难不陷入庄子所谓“我与若与人俱不能相知”① 的理解悖论。因此，我们不是而且也不可能对迄今为止儒学发展过程中的所有理论内容进行整理，而恰恰是把它们“悬搁”（借用胡塞尔语）起来，还原到不能再还原，才能剥离出、揭示出“儒学之为儒学”的根本所在。

如果说，我们可以把儒学的其他所有理论内容都还原掉，那么，儒学的基础观念“仁”（仁爱领悟、仁爱的存在领悟）及“内圣外王”的思想结构却是不能被还原的，否则便没有所谓儒家和儒学。“内圣外王”（《庄子·天下》）一语虽然出自道家，但可以用来揭示儒学的一般性思想结构，借此对“儒学传统”进行“抽象继承”。

（一）儒学的基础观念与一般性思想结构

为了赢获“儒学传统”，前面提到的宋明儒家“圣学”“道统”说只能权作参考，还是要回到孔子儒学的语境来揭明儒学的根本所在。我们并不囿于孔子的具体理论内容（否则还是要陷入无谓的争端和悖论），而是借此引示儒学基础观念及一般性思想结构。

一般地说，一个学理系统的建构首先要有它的基础观念（Foundational Idea）。所谓基础观念，是指为一系列概念、范畴系统奠定基础的观念。关于基础观念及其奠基作用，康德曾经打过一个比喻：“在对一门科学进行长期的探讨

① 《庄子·齐物论》，［清］郭庆藩：《庄子集释》，北京：中华书局，1961年，第107页。

之后，当人们对其中已经得到如此长足的发展而惊叹不已时候，有人却想到提出这样一门科学究竟是否以及如何可能的问题，这并不是闻所未闻的事情。因为人类理性如此爱好建设，它不止一次已经建造起一座塔，然后又拆掉，以便查看地基是怎么样的。”[①] 这里的“科学”是指传统形而上学，康德意图通过纯粹理性的批判工作来为整个形而上学系统奠定“合法”的基础，就像是为一座塔、一座大厦打下一个牢固的地基。

一种思想系统的基础观念，不仅能够支撑起它整个的观念系统，而且能够使它与其他思想系统相区分。拿东方思想的儒、道、释系统来说，如果分别用一个语词来概括儒、道、释的基础观念并借此标识出三者的不同，那么可以说，在佛家就是“空”，在道家就是“无”，在儒家无疑就是“仁”。尽管在儒、道、释思想系统的发展当中，对于“仁”“无”“空”可以有不同的理解，但显然不讲“仁”“无”“空”则必然非儒、道、释无疑。

儒家之“仁”，即仁爱领悟、仁爱的存在领悟，这是儒家哲学那“吾道一以贯之”的本源事情。《论语》中说“仁”多达百余条，其中最根本的含义便是爱，仁爱领悟是儒学之根本，正如梁漱溟先生所说：儒家教化“以情感为其根本”[②]。有人认为爱的情感并不足以充当基础观念，如程颐所说：“爱自是情，仁自是性，岂可专以爱为仁？”[③] 程颐是在形上与形下区分的语境下来谈仁和爱，在一般语境中，仁爱都被理解为道德情感、伦理精神，就此而言，程颐的批评是对的，但是，爱的情感领悟并不仅仅是形而下的对象化的情感意识，也可以描述无分别的、非对象化的本源情感显现（例如宋明儒学的“仁体”“一体之仁”说便是朝着这一方向的理解和阐释），即本源之“仁”或者说“本源性的生活情感”[④]。

从孔子儒学的思想结构可以看出，本源的仁爱领悟并非形而下的伦理德目，而是形而下伦理德目的基础。在孔子看来，本源之“仁”对于形下之“礼”（伦理规范、制度）具有奠基性作用：“人而不仁，如礼何？人而不仁，

---

① ［德］康德著，李秋零译：《未来形而上学导论》，北京：中国人民大学出版社，2005 年，第 257 页。

② 梁漱溟：《中国文化要义》，上海：学林出版社，1987 年，第 198 页。

③ 程颢、程颐：《二程集》，北京：中华书局，1981 年，第 182 页。

④ 黄玉顺：《爱与思——生活儒学的观念》，成都：四川大学出版社，2006 年，第 57 页。

如乐何?”(《论语·八佾》)这里的观念层序是：仁→礼乐，“→”表示观念的奠基方向。从仁与礼的关系语境推开来看，孔子儒学的基本思想结构就是本源之“仁”为其他诸观念奠基。如果说，源于仁爱的存在领悟所挺立之主体性属于“内圣”层面，那么，礼乐建构则属于“外王”层面。在孔子儒学，虽然没有出现后世那种形而上、形而下截然分明的道器论、性情论、本末论等，“仁”观念尚未形而上学化，但儒家哲学的基本思想结构已初具雏形，形式化地表达就是基础观念→其他诸观念及其逻辑联结。后世儒学则把这种思想结构加以形而上学化，而形而上学又诉诸内圣论，主要表现为心性论形而上学（即一种主体性形而上学形态），形而下的伦理学、政治哲学等属于外王学，所以内圣论为外王学奠基、形而上学为形而下学奠基成了儒学的一般性思想结构。

儒家的仁爱领悟及“内圣外王”或者一般性地说为形而上学为形而下学奠基的一般性思想结构，是儒学的共时性观念结构和儒学之为儒学的根本传统。为了印证这一点，以下将论证这一“儒学传统”毫无例外地体现在儒学的历时开展中。

（二）“儒学传统”的历时显示

根据以上论述，某种思想体系是否为儒学，就可以从其是否体现“儒学传统”来判断，反过来说，“儒学传统”必然显示在儒家哲学的历时性开展当中。就后世儒学的开展而言，儒学基础观念“仁”显示在不同的观念系统中，例如易道生生论（易学系统）、天理本体论（理学系统）、良知本体论（心学系统），这些观念系统都体现了“内圣外王”、形而上学为形而下学奠基的一般性思想结构。

孔子浑沦地说仁，孟子则从恻隐、不忍出发，展开了“尽心、知性、知天”的思想进路，以本源之“仁”（不忍、恻隐）为思想的起点，以内圣论（心性论）为外王学（王政、王道）奠基，奠定了“儒家心性学的宏规”①。到了《周易》大传，“形而上”为“形而下”奠基正式成为儒学的思想典范：“形而上者谓之道，形而下者谓之器。”孔颖达疏：“凡有从无而生，形由道而

① 杨虎：《心性的牢笼——儒家心性形上学根本传统的一种阐明》，《当代儒学》2016年总第10辑。

立，是先道而后形，是道在形之上，形在道之下。”[①] 孔颖达从王弼哲学的本末论视域出发，从观念的“先后”来解释是对的，一般性地说，“形而上者”即形而上存在者、存在者整体，它在观念层序上先于一切形而下存在者，相应于此，关于形而下存在者的知识、伦理、价值等形而下学也奠定在形而上学的基础之上。后世儒学便在这一思想进路中开展以“仁”为基础的思想观念系统，这里例举迄今为止儒学历时开展中三种代表性的观念系统。

其一，易道生生论系统。《周易》大传哲学形而上学的核心观念是易道生生，故谓：“生生之谓易。”（《周易·系辞上传》）仁爱的存在领悟被表达为天地万物的生生与变易，《周易》大传说：“天地之大德曰生”（《周易·系辞下传》）、“易简之善配至德”（《周易·系辞上传》），这里所谓“大德”“至德”不是形而下伦理层面的德目，而是指生生创造，易道生生即仁，正如程颢所说：“天地之大德曰生。天地细缘，万物化醇。生之为性，万物之生意最可观，此元者善之长也，斯所谓仁也。”[②] 易道生生即“仁”（仁体、性体）的观念显示。《周易》大传通过乾坤并建证立本体，通过阴阳运转说明形而下世界的开显，展开了易道生生论的形上与形下观念系统。[③] 其后，汉唐儒学接续开展了以形而上的天道为形而下的伦理学、政治哲学观念奠基的理路，其中最有代表性的就是董仲舒的易道阴阳论：“君臣、父子、夫妇之义，皆取诸阴阳之道。君为阳，臣为阴；父为阳，子为阴；夫为阳，妻为阴。”[④] 君臣、父子、夫妇的伦理、政治秩序奠基于易道阴阳论。

其二，天理本体论系统。首当指出，形上与形下的区分及其内在奠基关系是宋明理学开展的基本思想架构。程颢说：“《系辞》曰：‘形而上者谓之道，形而下者谓之器’……惟此语截得上下最分明。”[⑤] 也唯有“上下分明”，才能把握形上与形下的内在奠基关系，例如形而上的“理”和形而下的“礼”既是上下两层区分，又具有内在的奠基关系，形而下之“礼”奠基于形而上之

---

① 《周易正义》，影印十三经注疏本，北京：中华书局，1980 年，第 71 页。

② 程颢、程颐：《二程集》，北京：中华书局，1981 年，第 120 页。

③ 杨虎：《论〈周易〉大传的本体论建构》，《周易研究》2018 年第 1 期。

④ 董仲舒：《春秋繁露》，北京：中华书局，1992 年，第 350 页。

⑤ 《二程集》，第 118 页。

"理"："礼者，理也，文也。理者，实也，本也。文者，叶也，末也。"[①] 形而下之"礼"为末，形而上之"理"为本，礼奠基于理，但又可以说是理的形而下显现样式，故又说"礼者，理也"。作为形而上学本体观念的"理""天理"其实也是"仁"（仁体）的观念显示，例如朱子说："仁者，爱之理，心之德也。"[②] 朱子所说的仁之为理，不是指形而下的德目，而是就形而上的仁体、性体来说。将天理与仁爱领悟贯通的主体性形而上学原则发端于程颢的仁体说，程颢说："仁者，浑然与物同体，义、礼、智、信皆仁也。识得此理，以诚敬存之而已，不须防检，不须穷索。"[③] 这里需要注意，当程颢说"义、礼、智、信皆仁也"时，这里的"仁"便不是指作为"五常"之一的形而下伦理层面的德目，而是形而上的仁体，一切形而下的伦理德目皆是仁体的显现样式，故说"皆仁也"。在程颢的仁体观念中，仁既是本体（天道、天理）又是主体（仁体、心体）。

其三，良知本体论系统。在宋明理学中，心学一系更为凸显本体论的主体性原则，从主体说本体，良知、仁心即天道本体。阳明说："盖良知只是一个天理，自然明觉发见处，只是一个真诚恻怛，便是他本体。"[④] 阳明这里强调知（良知）、性（天理）、情（恻隐）不二，良知即天理，又即仁心显现，良知之真诚恻怛即是仁心感通无妄，故感通于天地万物则有一体之仁的呈现："大人之能以天地万物为一体也，非意之也，其心之仁本若是，其与天地万物而为一也。岂惟大人，虽小人之心亦莫不然，彼顾自小之耳。是故见孺子之入井，而必有怵惕恻隐之心焉，是其仁之与孺子而为一体也；……见瓦石之毁坏而必有顾惜之心焉，是其仁之与瓦石而为一体也；是其一体之仁也，虽小人之心亦必有之。是乃根于天命之性，而自然灵昭不昧者也，是故谓之'明德'。"[⑤] 阳明这里特别强调一体之仁"非意之也"，这并非某种所谓的"应当意识"，见孺子、草木、瓦石之恻怛，不是说"应当"恻怛，而是说呈现了恻怛，故"致良知"于天地万物，即通过我们的仁心呈现出天地万物一体共在

---

① 《二程集》，第125页。

② 朱熹：《四书章句集注》，第48页。

③ 《二程集》，第16－17页。

④ 《王阳明全集》（新编本），第92页。

⑤ 《王阳明全集》（新编本），第1015页。

的本源存在情境。在良知论系统中，关乎形而下存在者的知识、伦理、价值等形而下学观念都奠基于形而上的良知本体论。现代新儒家唐君毅先生、牟宗三先生等人以儒家心学传统为主要的思想资源，重建仁心感通论、良知本体论为基础（牟宗三先生所谓“基本存有论”），以建构新的形而下学（现代性的伦理学、政治哲学等），即所谓“内圣开出新外王”，也典型地体现了以仁爱领悟为基础的儒学“内圣外王”的一般性思想结构。

要而言之，“儒学传统”集中体现为儒学以“仁”（“仁”有不同的观念显示样式，例如生生、天理、良知等）为基础观念与“内圣外王”的一般性思想结构（并不囿于某个时代或某个别儒家的具体理论内容），这在儒学的历时开展中是皆无例外的。

三、“传统儒学”：前现代儒学历史形态

在“传统”与“现代”相对的语境中，“传统儒学”就是指前现代的儒学历史形态。从哲学系统的观念层级来看，传统儒学理论涉及本源的仁爱领悟、形而上学基础以及伦理学、政治哲学、价值论等形而下学。着眼于儒家哲学的现代转型，可以说传统儒学在伦理、政治方面的基本价值取向是“前现代性”的，而现代儒学之为现代儒学正在于它的现代性诉求。

虽然有关“现代性”的定义非常多，涉及哲学、社会学、政治学、经济学等众多学科和视角，但着眼于社会主体的角度，则可以说“现代社会转型的本质就是社会主体的个体性转向”[①]。现代社会生活诸领域无不透显着个体性观念，包括家庭生活形态、社会政治主体、社会组织形态等。现在的家庭形态不再是过去的宗族或家族，社会政治的主体是公民，而公民概念显然是以个体性观念为前提的，今天的社会组织也不再依托于宗族或家族，而是由独立的个体所组成的社会活动共同体。正因此，现代儒学倡扬现代个体性观念，着力建构现代性的政治哲学、伦理学等“新外王”，并重建儒家形而上学来为之奠基。

显然，传统儒学并不具有这些现代性观念。从其相应的社会主体及社会生

① 杨虎：《论易学哲学的现代转型》，《中州学刊》2017年第8期。

活样态来说，传统儒学可以分为两个大的历史阶段，轴心时代的原始儒学和秦汉之后中华帝国时代的儒学。着眼于观念史与社会史的相应发展角度，这并不是一种外在的谈论，而是一种内在的印证关系。如果我们能够不对社会生活作出形而下的理解，而作出本源性、基础性的理解，即理解为本源的存在显现、生活显现，那么可以说儒学理论正是对存在领悟、生活领悟的理论化表达。从哲学存在论的层面看，儒家仁爱领悟所揭示的也是本源的生活境域，例如我们前面提到的“一体之仁”说，仁心感通所呈现的正是本源的生生共在之境。

儒学的原创期正处于中国社会第一次大转型时代，从社会主体来看，这次社会转型的本质特征就是从宗族社会转变为家族社会。关于“宗族”与“家族”的区别，学界有所争议，笔者认为：“家族和宗族最主要的区别在于：宗族既是一种家庭形态，同时也是整个社会的政治组织和政治结构；而家族并非如此，社会政治结构也已经不再是按照家族血亲来安排的。”① 周代社会“家国一体”的社会结构到了秦汉之后便出现了“家”与“国”的分离，从社会政治结构的变化来说，“周秦之变”就是从“宗法封建社会”② 走向君主专制时代，家庭和政治实现分离。这里举一个典型的例子，在宗法封建社会，孝、忠本是一体，而秦汉之后之所以强调“移孝作忠”观念，正是由于家庭和政治的分离所导致的“孝”“忠”之分离。③

众所共知，“三纲”是秦汉之后君主专制时代的核心政治哲学观念，相应于这次社会转型，最迟从《周易》大传开始，儒学便为后世“三纲”观念作了铺垫，如《周易·序卦传》所说“夫妇然后有父子，有父子然后有君臣，有君臣然后有上下，有上下然后礼义有所错”，由《周易》的“阳尊阴卑”观念大体可知夫妇、父子、君臣的伦理安排，只是它并未把“君臣”置于首位并明确提出三纲的说法，我们前面提到了董仲舒儒学也是这一思路，到了《白虎通》则明确地提出三纲说：“君为臣纲，父为子纲，夫为妇纲。”

相应于家族社会生活方式，中古时代的儒学在形而下学层面建构了以三

---

① 杨虎：《左氏易传——〈左传〉〈国语〉易学研究》，山东大学博士学位论文，2017 年，第 177 页。

② 晁福林：《夏商西周的社会变迁》，北京：中国人民大学出版社，2010 年。

③ 杨虎：《〈左传〉的“孝”观念：从祭祀义向“养”“敬”义的转换》，《中国社会科学报》2018 年 2 月。

纲、四德、五常、六纪为核心价值观念的伦理学、政治哲学，这些都凸显了以家族为社会主体的生活方式。为此，中古时代的儒家建构了不同的形而上学系统来为之奠基。例如周敦颐建构了“诚”本体论来为以“五常”为核心的社会伦理奠基：“诚，五常之本，百行之源也。五常，仁、义、礼、智、信，五行之性也。百行，孝、弟、忠、信之属，万物之象也。”① “诚”贯天道与人道，五行源于太极之阴阳动静，周敦颐把五常归为五行之德，以“诚”为本源即以太极之道为本源，由此，形而下的伦理便获得了形而上学的奠基。不惟“五常”，“三纲”“四德”“五伦”等中华帝国时代核心的伦理、价值观念都被纳入宋明理学的论证当中，例如朱子说：“仁莫大于父子，义莫大于君臣，是谓三纲之要，五常之本。”② 为了给这些形而下的伦理奠基，朱子视它们为“天理”的显现：“仁义礼智，岂不是天理？君臣、父子、兄弟、夫妇、朋友，岂不是天理？”③ 其实，四德、五伦都是形而下的伦理观念，都属于“礼”的层面，朱子之所以把它说成是“天理”，严格说来是“天理”在形而下层面的显现样式，这样它们便获得形而上学的奠基和“合法性”说明。

从价值取向上看，传统儒学在轴心时代和中古时代的开展，显然不可能具有现代性观念，这是由当时的社会生活方式所决定的，传统中国社会以宗族或家族为主体的生活方式，决定了传统儒学缺乏个体性观念，相应地也不会有彻底的个体自由、民主政治等现代性伦理、政治、价值观念，这些价值观念是由现代个体性的生活方式所铸就的。直到阳明心学及其后学，儒学才开始明显地出现个体性观念倾向，为社会主体的个体性转向作了观念上的准备，这也是现代新儒家推崇阳明学的学理因缘（从阳明心学出发整合儒学资源更易走向建构现代性之路），20 世纪现代新儒家学派和现代新儒学的建立，标志着儒学从“传统儒学”开始转型为“现代儒学”。当然，儒学的现代转型，正如中国社会的现代转型一样，仍然“在路上”。

传统儒学相应于当时的社会生活，建构了一系列的思想理论系统。这其中，有些观念是需要解构的，有些观念则可以经过形式化、抽象化之后进行创

---

① 《周敦颐集》，北京：中华书局，1990 年，第 14－15 页。

② 朱熹：《朱子全书》第 20 册，合肥：安徽教育出版社，2002 年，第 633 页。

③ 朱熹：《朱子全书》第 23 册，第 2837 页。

造性的现代诠释和重建。例如20世纪现代新儒学对传统儒家形而下学观念（三纲、五常等中华帝国时代的伦理价值观念）进行解构，力图建构现代性的政治哲学、伦理学，并重建儒家形而上学来为之奠基，便是朝着这一方向的努力。

四、结语

在现代生活语境中，儒学的开展应当清晰地意识到“儒学传统”和“传统儒学”的关系问题，当代儒学既要体现出“儒学传统”，避免历史虚无主义；也要走出“传统儒学”，避免原教旨主义。

首先，当代儒学的开展应当继承“儒学传统”。任何一种儒学理论形态，它要么整全性地体现儒学根本原理，要么层面性地体现儒学根本原理。举例来说，宋明理学和现代新儒学的主要儒学理论系统都整全性地体现了儒学根本原理，不仅包括对儒学基础观念“仁”的阐释（“仁体”“天理”“良知”等），而且有其“内圣外王”的形而上学、形而下学系统建构。这些都是整全性地体现了儒学的根本原理，还有一些是层面性地体现了儒学的根本原理，例如政治儒学、社会儒学等儒家形而下学层面。但不论是哪种情况，它都应当具有儒学根本原理的整全性视野。对于“内圣外王”的思想结构，如果我们能够理解它是主体性形而上学的一种表达方式，而非仅仅把它看作是一种道德修养和社会实践理论，那么我们便可以理解今天仍然需要这种思想模式。我们今天仍然需要某种基础主义的思想进路，重建形而上学的基础势在必行。①

其次，当代儒学的开展应当走出“传统儒学”。在现代生活语境中，当代儒学的建构要致力于儒学和社会的现代转型，为此就要走出“传统儒学”。当然，“走出”并不意味着决裂，而是要避免原教旨主义的倾向，儒学并不会故步自封，儒学是不断地“与时”“变易”的，当代儒学应当解构传统儒学当中那些前现代性的价值观念，而积极地对现代性的价值观念体系有所担当。也唯

① 杨虎：《哲学的新生——新基础主义道路：传统基础主义与反基础主义之“后”》，《江汉论坛》2016年第10期；《从无生性原在到有死性此在——重读海德格尔的“存在论区分”》，《河北学刊》2015年第4期。

其如此，才能够真正地对传统儒学有所安置，使它不丧失历史价值。

最后指出，本文关于“儒学传统”与“传统儒学”的一般性思考，对于“儒学与现代性”问题的思考或有裨益。不无遗憾的是，时至今日还有很多人习惯于把儒学和现代性对立起来，其中最为常见的理解就是把儒学与现代性分别等同于中国文化与西方文化，而当说到中国文化与西方文化时，他们所说的却是“前现代”的“传统儒学”与“现代”的“西方文化”。于是，一系列看似很强有力但实则非常荒谬的推论便自觉、不自觉地形成：（中古时代的儒家形而下学有维护皇权专制的观念）儒学是维护皇权专制的；（现代西方文化是倡扬自由、民主的）西方文化是倡扬自由、民主的；所以，儒学与西方文化是对立的，西方文化是现代性的，儒学是反现代性的。当我们明白了标识儒学之为儒学的“儒学传统”并不等同于标识儒学历史形态的“传统儒学”，便不难理解儒学与现代性并不必然对立，相应于传统生活方式有传统儒学，相应于现代性生活方式也可以有现代性的儒学形态。当代儒学可以在继承“儒学传统”的同时，避免“传统儒学”的前现代性观念，植根于当下的生活建构现代性的价值观念体系。

当代儒家理论建构

DANGDAI RUJIA LILUN JIANGOU

现代中国哲学的情理学派①

胡骄键

（山东大学儒学高等研究院）

【摘要】随着传统中国社会的现代转型，传统中国哲学也必然发生现代转型，最突出的表现就是现代新儒家的哲学。现代新儒学最典型的两条转型进路是熊十力所开创的心性进路和冯友兰所开创的情理进路。冯友兰所开创的其实并非“理性”的进路，而是“情理”（情感—理性）的进路。从冯友兰的“新理学”，经蒙培元的“情感儒学”，到黄玉顺的“生活儒学”，以及与黄玉顺同辈的蒙门弟子和若干黄门弟子，师徒四代一以贯之的致思中心乃是“情理”，由此形成了一个拥有相同致思中心的现代中国哲学的“情理学派”。

【关键词】中国哲学；现代转型；情感；理性；情理学派；新理学；情感儒学；生活儒学

随着传统中国社会的现代转型，传统中国哲学也必然发生现代转型。儒家哲学亦然，其现代转型最突出的表现就是现代新儒家的哲学。毫无疑问，现代新儒学最典型的两条转型进路乃是熊十力所开创的心性进路和冯友兰所开创的情理进路。然而对于后者，人们囿于其“新理学”之“理”，而忽略了其“情”的维度，因而没有意识到：冯友兰所开创的其实并非“理性”的进路，而是“情理”（情感—理性）的进路。事实上，从冯友兰的“新理学”，经蒙

---

①【基金项目】教育部人文社会科学重点研究基地重大项目“儒家哲学现代转型研究”（批准号：16JJD720010）。

培元的“情感儒学”，到黄玉顺的“生活儒学”，和与黄玉顺同辈的蒙门弟子任文利（国民宗教儒学）、余治平（性情形而上学）、宋大琦（良知礼法学），再到若干黄门弟子，师徒四代一以贯之的致思中心乃是“情理”，由此形成了一个拥有“家族相似”论旨的现代中国哲学的“情理学派”。

一、冯友兰“新理学”的情理观

众所周知，冯友兰的“新理学”是受新实在论（New Realism）的影响，自觉运用逻辑分析法，将程朱理学的核心范畴改造为一个纯粹逻辑的、形式化的“真际”世界，并将其视作“实际”的现实世界的根据，即事物之所以然之理；哲学的任务就是研究此“真际”世界，否则就是拖泥带水而不纯粹。不过，冯友兰在完成关于“真际”的《新理学》之后发觉，必须超越“真际”与“实际”二分平行的观点，才是“中国哲学”，否则就是“西方哲学在中国”[①]。因此，他又写了《新原人》《新原道》等著作。如果说了解“真际”需要的是理性的、逻辑的方法，即“正的方法”的话，贯通“真际”与“实际”、达致人生的最高境界的话，需要的则是将“正的方法”与“负的方法”即体验的、直觉的方法结合起来。而“负的方法”实质是以情感体验、生活体验为中心的方法。所以，冯友兰一方面将理性的逻辑分析法带入中国哲学，“用逻辑分析方法解释和分析古代的观念”[②]，使传统中国哲学概念准确、明晰并讲究严格的逻辑推理；另一方面又继承传统中国哲学的生活情感体验的方法，尝试弥合“真际”与“实际”的鸿沟，避免“哲学在中国”的尴尬局面。由此观之，新理学之所以为现代中国哲学情理学派的开端，关键在于将“理性—情感”作了贯通性的思考。

学界有人批评冯友兰的新理学，认为是受维也纳学派和新实在论的影响，以致新理学之“理”和程朱理学之“理”相去甚远，不过是“新实在论在中

---

① 郑家栋：《“中国哲学”的“合法性”问题》，《中国哲学年鉴》（2001 年），转载于《中国社会科学文摘》2002 年第 2 期。

② 冯友兰：《中国哲学简史》，涂又光译，北京：北京大学出版社，2002 年，第 284 页。

国”而已，而不是真正的“中国哲学”。[①] 但批评者其实并未深入以全部“贞元六书”为整体的新理学内部，因而忽视了以下两点：

（一）新理学之“理”观念

新理学与新实在论有一点根本的不同：新实在论认为逻辑事实完全和经验事实无关，而新理学整个逻辑分析的起点乃是对“实际”的肯定，《新理学》的第一个命题就是“事物存在”。虽然新理学的整个推导过程是“一片空灵”，但其起点确是从对“实际”的肯定开始的。

这其实正是传统中国哲学“理不离气”的传统。朱熹指出：“天下未有无理之气，亦未有无气之理。”[②] 不仅如此，中国哲学还有“理在气中”的传统。王廷相说：“理载于气，非能始气也”[③]，“理根于气，非能独存也”[④]。王夫之更指出：“天人之蕴，一气而已；从乎气之善而谓之理，气外更无虚托孤立之理也”[⑤]，“言心言性，言天言理，俱必在气上说，若无气处则俱无也”[⑥]。

固然，《新理学》之“理”要剔除程朱之“理”所粘连的伦理内容，还“理”以应有的洁净空阔，让每一个范畴、命题以及推演之则都符合逻辑的规则，将理学转变为一种新的哲学形态。所以，除了第一个命题“事物存在”对“实际”作了一种形式的肯定之外，《新理学》里的其余范畴、命题都是独立于“实际”而存在的一个“真际”的理世界。然而，尽管《新理学》之“理”是纯粹形式的、逻辑的，但毕竟是“理气不离”的。

不仅如此，其实，“新理学”的中心及其思想方法不在《新理学》一书，更在冯友兰后期著作之中，如《新原人》《新原道》《新知言》以及《中国哲学简史》等。事实上，冯友兰的工作是：既要以逻辑分析的方法来改造传统

---

① 劳思光就认为《新理学》“书中确有哲学，但不是中国哲学……冯书中所有的哲学成分，主要只是新实在论的观点与早期柏拉图的形上学观念”。见劳思光：《新编中国哲学史》第一卷，北京：三联书店，2015年，第299页。此外，牟宗三批评冯友兰没有能够把握传统中国哲学的核心精神，认为“新理学”体系“其言十九与中国传统学术不相应”。参见牟宗三：《中国哲学的特质》，上海：上海古籍出版社，2007年，第3页。

② 黎靖德编：《朱子语类》卷一，北京：中华书局，1986年，第2页。

③ 王廷相：《慎言·道体》，见侯外庐等编：《王廷相哲学选集》，北京：科学出版社，1959年，第3页。

④ 王廷相：《横渠理气辨》，见侯外庐等编：《王廷相哲学选集》，第54页。

⑤ 王夫之：《读四书大全说》卷十，北京：中华书局，1975年，第660页。

⑥ 王夫之：《读四书大全说》卷十，第718页。

中国哲学的范畴，又不能造成新实在论那种逻辑与实际相分离的西方特征，即须保留“理气不离”的中国风格。因此，撰写后期著作期间，冯友兰有相当的理论自觉，其目的就是要突破《新理学》一书那种“真际”与“实际”相分离的倾向。

如何突破“真际”与“实际”的鸿沟？冯友兰以贯通《新理学》的逻辑终点“大全”与“天地境界”的方式来实现的。从逻辑分析的角度说，“天地境界”就是“大全”，但“大全”无法再用逻辑的方式进行言说，“因其既是至大无外底，若对之有所言说，则此有所言说即似在其外”①。运用逻辑分析所得到的“大全”是外在于人之生活实际的空概念，但哲学的目的“不但是要知道它，而且是要体验它”②。也就是说，对于“大全”，不能只是理智的了解，还必须获得如斯的生活境界，这才是“极高明而道中庸”，才是中国哲学。

获得最高的“天地境界”，需要最高的觉解。觉解首先是理性的认知与反省，但是，当认知反省抵达“大全”时，最后得到的不过是一个空概念。要真正步入“天地境界”，需要将概念与实际的经验结合起来。

> 经验与概念联合而有了意义，此名言与经验联合而不是空底。得此种印证底人，对于此经验及名言即有一种豁然贯通底了解……此种豁然贯通底了解，即是所谓悟。此种了解是最亲切底了解，亦可以说是真了解。③

这就是说，单有逻辑分析的方法，并不能达到哲学的顶点；要达到哲学的顶点，还需要直觉的方法，即“负的方法”。“一个完整的形上学系统，应当始于正的方法，而终于负的方法。如果它不终于负的方法，它就不能抵达哲学的最后顶点。但如果它不始于正的方法，它就缺少作为哲学的实质的清晰思想。”④

而“负的方法”与情感有着密切的关系。

---

① 冯友兰：《贞元六书·新理学》，北京：中华书局，2014 年，第 38 页。

② 冯友兰：《中国哲学简史》，第 9 页。

③ 冯友兰：《贞元六书·新原人》，北京：中华书局，2014 年，第 567 页。

④ 冯友兰：《中国哲学简史》，第 295 页。

（二）新理学之“情”观念

“负的方法”既是情感的方法，也是消解主体性的方法。消解掉主体性，获得“内外合一”“天人合一”的境界，冯友兰采用的正是情感的进路。冯友兰论情感，有两个层面：一种是“有我之情”，一种是“有情无我”即“无我之情”。

“有我之情”“起于人对于事物底不了解”[①]。如小儿走路为石所绊倒，小儿必大怒于此石，但成人遇此情况则不会怒于石，因成人对石有了解。按此，“有我之情”乃是一种对事物无了解所造成的盲目情绪。此“有我之情”一方面昧于对事物的了解，另一方面则是因有对“我”的执着，对我自身的觉解不够。

冯友兰认为，随着觉解程度的提升，中国哲学史上处理情感的态度有两种：一种是道家的办法，提升对事物的了解，以达到一种无情的状态。“对于事物有了解底人，应付事物，可以使自己无情。此即所谓以理化情，或以情从理。”[②] 但是，通过对事物之“理”了解的方式使自己进入“无情”状态，这“是不是可欲？”[③]“事实上是否可能？”[④] 冯友兰表示极大的怀疑。即使对事物有了了解，而如果对“我”的执着依旧，如何能使我无情呢？因此，问题的关键其实在于破除对“我”的执着。于是，冯友兰进一步提出了新理学所主张的“情”的观念——“有情无我”。

冯友兰认为，“有情无我”并不是消除了人的情感，而是“有情而不为情所累……此所谓无情，是有情而‘无我’。亦可说是，虽有情而情非‘我’有”[⑤]。此种情感观“最重要的一点是不要将情感与自我联系起来”[⑥]。冯友兰引证大程子《定性书》所言：“圣人之常，以其情顺万事而无情，故君子之学，莫若廓然而大公，物来而顺应……圣人之喜，以物之当喜；圣人之怒，以

---

① 冯友兰：《贞元六书·新世训》，北京：中华书局，2014 年，第 498 页。
② 冯友兰：《贞元六书·新世训》，第 504 页。
③ 冯友兰：《贞元六书·新世训》，第 506 页。
④ 冯友兰：《贞元六书·新世训》，第 507 页。
⑤ 冯友兰：《贞元六书·新世训》，第 508 页。
⑥ 冯友兰：《中国哲学简史》，第 245 页。

物之当怒。是圣人之喜怒，不系于心，而系于物也。"① 他以这段话来说明"有情无我"的状态，点明此种"情"由于对"我"、对主体无执着，而达到了"不迁怒，不贰过"② 的超然洒脱状态。冯友兰也把此称之为"真风流"："真正风流的人有深情，但因其亦有玄心，能超越自我，所以他虽有情而无我……他的情与万物的情有一种共鸣。他对于万物，都有一种深厚的同情。"③

这一"有情无我"的境界，从"理"的层面言即是"大全"，从境界言即是"天地境界"，三者实为同一个所指，不过言说之角度方式不同而已。"天地境界"其实就是"仁"。冯友兰指出："仁，不是泛指任何一种精神境界，而是确指最高的境界——天地境界。"④ 故"有情无我"实为"仁爱情感"。可以看到，作为逻辑分析之最后概念的"大全"的实现，乃是一种无我的"仁爱情感"状态。此情感状态并非静止不动，"人的境界，即在人的行动中"⑤；即是说，仁爱情感乃是人的生活的实情。由此，新理学通过"仁爱"情感实现了"真际"与"实际"的贯通。

基于前述新理学之"情"与"理"观念的理解，新理学之"情感"与"理性"的关系亦可分为两个层次：在"有我之情"的层面，冯友兰是主张"以理化情"的，他说："一个人若没有无益的感情，可少受许多累，多做许多事。"⑥ 这一点与程朱理学处理情感的方式是一致的，尽管程朱是以全善无恶的"性"，即以一种道德理性来克制主体性的"有我之情"，而新理学则偏重于以认知性理性来克制有我之情。故笔者以为，在对待"有我之情"这个层面，新理学与旧理学的方式是一致的。从唐代李翱开启的"性善情恶"之"性→情"架构，通过"以性制情""以理化情"的"复性"来克制"有我之情"的修养模式，贯穿了整个程朱理学的始终。对应于新理学的四重境界来说，处于自然境界之人毫无觉解，自可不论；对处于功利境界的人，即执着于有我之私的人来说，"以理化情"或"以情从理"其实是必要的；处于道德境

---

① 程颢：《定性书》，见《二程集》，北京：中华书局，2004 年，第 460－461 页。
② 程树德：《论语集释》第 2 册，北京：中华书局，2008 年，第 365 页。
③ 冯友兰：《南渡集》，上海：东方出版社中心，2017 年，第 94 页。
④ 冯友兰：《三松堂全集》第十三卷，郑州：河南人民出版社，2001 年，第 492 页。
⑤ 冯友兰：《贞元六书·新原道》，北京：中华书局，2014 年，第 615 页。
⑥ 冯友兰：《南渡集》，第 235 页。

界的人，似乎实现了“以理化情”，但因其仍有“我”之累，故不能达致物我一体的天地境界；而在“天地境界”即“有情无我”层面，此时“情”恰恰是理性的完成与实现。从方法上来说，由于“负的方法”的运用，剥落掉坚硬的主体，进入无私我之情累的境界，才使“正的方法”的理想能够得以实现。

总起来看，新理学之所以“新”，不仅在于剥落了旧理学之“理”的伦理内涵，以严格的逻辑方式将理学的范畴做了精致的逻辑推导，使理学实实在在地演变到了一种新的形态；更在于通过对情感的回归，贯通了“真际”与“实际”，使传统中国哲学“极高明而道中庸”的风格继续存在于新理学之中，从而保证其为“中国哲学”的现代形态。

二、蒙培元“情感儒学”的情理观

蒙培元正是继承了冯友兰新理学的以情感沟通“真际”与“实际”的思路，才建构了他的“情感儒学”。蒙培元对中西方哲学有一个宏观判断，即“西方是情理二分的，中国是情理合一的；西方是重理的，中国是重情的”①。那么，问题的关键就在于：中国哲学的“情”与“理”是如何合一的？蒙培元的观点很明确：中国哲学里的“情”并非一般的情欲，而是一种普遍化的道德感情；中国哲学的“理”也并非西方式的纯粹形式，而是以情感为具体内容的“性理”，是一种“具体理性”，亦可谓之“情理”。易言之，中国哲学之“情理合一”乃是因为情中有理，理中有情，故而言“合”。而在此“情理合一”中，中国哲学尤其是儒家哲学又是偏重于情的，中国哲学的特质在于以情感为起点，贯穿人之存在的各个方面，“以情感为核心而将知、意、欲和性理统一起来，这就是儒家哲学的特点”②；故“人的情感才是人的真实存在”，“真情才是人之所以为人者”。③ 因之，学界将蒙培元的哲学体系称为“情感儒学”。

---

① 蒙培元：《情感与理性》，北京：中国社会科学出版社，2002年，第16页。

② 蒙培元：《情感与理性》，第14页。

③ 蒙培元：《情感与理性》，第5页。

（一）情感儒学之“情感”观念

蒙培元首先承认，情感是人的“自然情感”。这种“自然之情”，一方面对于人的存在来说具有“直接性、内在性和首要性”和“最初的原始性”①，显示的是人的情感与真实存在之间的紧密性；但另一方面，“自然情感”是人与动物所共有者，它是人的“原始性”存在方式，没有将人的独特性标识出来，即未能揭示人之所以为人者、人之异于物者。但蒙培元又认为，此“自然之情”又是“人的德性的心理基础”②，因为“自然之情”（如“孝悌”之类的情感）与人的真实存在紧密相连；换句话说，此“自然之情”若经“推”与“扩充”之后，就能取得普遍化的效果，成为一种理性化的情感、道德情感。所以“自然情感”才能“成为人的最高德性即‘仁’的真正基础”③，才能“是道德理性的发端、端绪”④，但仅仅是“端”。

在蒙培元这里，情感有两个层面，即“情感”可以“上下其说”：“往下说，是感性情感，与欲望相联系。”⑤ 也就是人的自然之情，这个层面强调的是人作为情欲主体而存在的现实性维度，这也是现代性的一个重要特征；“往上说，是理性情感或者叫‘情理’，与天道相联系。”⑥ 正是这往上说的“理性情感”，才是人之所以为人者。蒙培元“人是情感的存在”这一命题中的“情感”，指的就是这种“理性情感”或说“道德情感”；“儒家最关心的，正是具有‘普遍有效性’的道德情感，并且形成与此相关的所谓宇宙论、本体论哲学。”⑦ 因此，以儒家哲学为核心的传统中国哲学主要就是一种“整体论的德性之学，这其中，道德情感居于重要地位，甚至可以说，居于中心地位”⑧。

以情感为中心建构起一个关涉天人关系、形上形下的庞大哲学体系，这是情感儒学最富有特色的地方，也是对传统中国和西方既有哲学体系的最大突

---

① 蒙培元：《情感与理性》，第 24 页。

② 蒙培元：《情感与理性》，第 28 页。

③ 蒙培元：《情感与理性》，第 27 页。

④ 蒙培元：《情感与理性》，第 136 页。

⑤ 蒙培元：《人·理性·境界——中国哲学研究中的三个问题》，《泉州师范学院学报》2004 年第 3 期，第 18 页。

⑥ 蒙培元：《人·理性·境界——中国哲学研究中的三个问题》，《泉州师范学院学报》2004 年第 3 期，第 18 页。

⑦ 蒙培元：《情感与理性》，第 14 页。

⑧ 蒙培元：《情感与理性》，第 15 页。

破。对于中国哲学来说，情感儒学突破了秦汉以来整个帝国时期儒学对情感的理解。帝国时期儒学主要都是把情感看作是对理性、道德的阻碍和污染而需要克制和净化的东西。情感儒学突破性地认为，“情感”不但不是需要克制的东西，反而是需要培育扩充的起点，是道德的根基。正如黄玉顺所评价的那样，情感儒学实际上“颠覆了孔孟以后出现的那种‘性→情’的形而上学结构”①。从这个意义上说，情感儒学超越了秦汉已降的整个儒学思想架构，直接孔孟原典儒学，以一种“返本开新”的姿态重建了中国哲学传统。对于西方哲学来说，情感儒学也突破了整个西方哲学对情感的理解。尽管西方哲学里也有重视情感的思想（如亚当·斯密、休谟等），但西方哲学家大多都是从情感对伦理学、政治学的意义上来谈论的，并没有依托情感建构起整个哲学思想体系。在西方哲学里，情感最多“只是作为哲学中的一个部分或一个分支来处理的”②；而情感儒学则是以“情感”为中心范畴建构全方位哲学体系。

关于蒙培元的情感儒学，陈来教授指出：

老蒙讲的“情感儒学”，它有三个特点，跟一般的讲情感问题的恐怕是不太一样的。

第一个特点是：这个情感，我觉得他主要强调的是“仁爱情感”，而不是讲的一般的情……

第二个特点就是：他讲的“情”……是“理性情感”……或者说，是“理性化的情感”……

第三个特点是：我觉得他之所以要提炼理性的情感，是因为他看到了西方哲学，特别是像康德哲学这类哲学的弊病……

首先，他突出的是仁爱的情感；其次，他讲的是理性的情感；然后，他强调的是情感的具体性。③

---

① 黄玉顺：《存在·情感·境界——对蒙培元思想的解读》，见黄玉顺、彭华、任文利主编：《情与理——蒙培元先生七十寿辰学术研讨集》，北京：中央文献出版社，2008 年，第 2 页。

② 蒙培元：《情感与理性》，第 10 页。

③ 陈来：《蒙培元学术发展的路向与情感观念的特质》，见黄玉顺主编：《“情感儒学”研究——蒙培元先生八十寿辰全国学术研讨会实录》，成都：四川人民出版社，2018 年，第 18 - 19 页。

简要地说，西方哲学的现代转型无疑主要是以理性为中心展开的，这被归纳为众所周知的“认识论转向”；而传统中国哲学在现代转型这一历史大势面前，既不能照搬西方那种以理性为中心的转型模式，也不能步牟宗三那种以“德性”为中心的转型道路之后尘，因为后者事实上不管是“内圣”还是“外王”两个层面都不能说是成功的。从这种角度来看，蒙培元以情感为中心建构的“情感儒学”思想体系，可以说是开辟了一条传统哲学现代转型的新的道路，即哲学的“情感论转向”。

（二）情感儒学之“理性”观念

在对情感的颠覆性理解的基础之上，蒙培元对“理性”也有创造性的理解。蒙培元在一般的“理论理性”（或“认知理性”）、“实践理性”（或“道德理性”）、“工具理性”等范畴之外，创造性地运用了一个概念：“具体理性”“性理”“情理”。这种理性之所以是具体的，乃是因为这种理性不是抽象的形式的空壳，而是以情感为其内容的。这实质上就是情感“往上说”的结果，因此这种理性又称“性理”“情理”。他说：“性理就是德性，也就是理性；不过不是‘理论的’理性，而是‘实践的’理性。但是，又不同于康德所说的‘纯粹的实践理性’，而是和情感联系在一起并以情感为内容的‘具体理性’。这才是儒家理性学说的真正特点。”① 这种理性在情感儒学里又称“良知”：“良知……是具体理性，而不是抽象理性，更不是超绝的实体。”②

那么，情感，特别是“自然之情”，何以能够“往上说”而成为普遍的“性理”呢？在蒙培元看来，情感内蕴着一种理性能力，只是这种理性能力并非西方的纯粹形式化的理性而已，这种情感内蕴的理性能力可以名之曰“思”。情感“通过‘思’而获得了理性的形式，具有普遍性……它不必通过另外的理性形式使自己具有普遍有效性，它本身就在‘思’的形式下成为普遍有效的”③。按此，“人是情感的存在”一方面肯定了人的自然情欲的正常需求，另一方面也因情感内蕴的理性力量而使人自身获得超越；而超越的力量并不来自自身外，就在情感自身之内。

---

① 蒙培元：《情感与理性》，第 19 页。
② 蒙培元：《情感与理性》，第 147 页。
③ 蒙培元：《情感与理性》，第 20 页。

因此，性理之所以是性理，乃是因为理中有情。情感之所以能是普遍的道德情感（即“性”），是因为情中有“思”（“理”）。一句话，“性是不能离开情而存在的……情只能是性之情，而不是无性之情。这就是‘性理’与情感的关系”[①]。这也就是蒙培元反复强调的中国哲学的特征在于“情理合一”。因为“情”与“理”是合一的，所以“情”才有力量与可能往上走而成为“性”；“性”也就并不是一个超然的绝对者，而是“情”自身上扬的结果，并以“情”为内容。对应于牟宗三“道德的形上学”的说法，“情感儒学”亦可以说是一种“情感的形上学”。

如果说冯友兰“新理学”的“情”与“理”的关系还是比较外在的，多少还有点裂缝的话，蒙培元则是想尽力消除新理学中“情”与“理”还不够圆融的那一面，将“情”与“理”合起来讲。但是，蒙培元认为，情感与理性的合一还是要坐落到一个主体的“心”那里，认为真正的“情理合一”状态乃是心灵的超越境界，这似乎很有宋明理学“心统性情”的味道。因此有学者认为，情感儒学对情感本源性的揭示并不彻底，更多地强调的还是一种道德情感，没有将情感进抵存在论的层面。[②] 此批评不能说没有道理，蒙培元对道德情感的强调，确实使其哲学显示出了一种明显的主体性特征。但这种批评也不能绝对化。蒙培元同时也认为，“情之往上说”的“性理”并非一种实体化的形态。在他看来，“性不可‘言’，亦不可‘见’”[③]；见“性”只能从“性”的发用流行处见性，即在情中见性。可见，蒙培元不仅仅是将情感作了形而上学化的解读，也开启了将情感引向存在本身的可能。只是由于“情感儒学”思想体系确实十分强调“情理合一”的状态乃是一种心灵境界，以致情感主要还是被当作一种主体性的道德情感来看待，淡化了“情感”通向存在的向度。而这正是黄玉顺“生活儒学”要解决的问题。

① 蒙培元：《情感与理性》，第112页。

② 崔发展：《儒家形而上学的颠覆——评蒙培元的“情感儒学”》，见黄玉顺、彭华、任文利主编：《情与理——蒙培元先生七十寿辰学术研讨集》，第77页。

③ 蒙培元：《情感与理性》，第123页。

三、黄玉顺“生活儒学”的情理观

黄玉顺在思想视域上主要通过与海德格尔哲学进行对话的形式，伸展开了一种更为彻底的思想视域。一般对“情感”与“理性”的理解总是一种主体性的把握，即总是把握为某个存在者、某个主体的“情感”或“理性”，甚至理性本身就是一个主体，如笛卡儿的“我思”、黑格尔的“绝对精神”等。而黄玉顺通过发问“主体是何以可能的”将其“情理观”带向了一个更深的观念层级。

生活儒学有一个基本的思想视域：现实人生（形而下的存在者）需要形上观念来奠基，否则，现实人生就会有“踏空”感；但这种具有奠基能力的形上观念本身又何所来呢？前现代的德性主体哲学和现代西方的理性主体哲学，其形上观念其实都是先验的、独断的。蒙培元的情感儒学，也并未阐明拥有道德情感的主体性的人是何以可能的，从这个意义上说，情感儒学也还是一种独断性哲学。因此必须进一步追问：这种先验独断的主体究竟是如何可能的？

在生活儒学看来，能够为现实人生奠基的观念（形而上的存在者）其实来源于生活，不过这种“生活”不是主体性的某种“人的生活”，而是生活本身，亦即存在本身。作为存在本身的“生活”为形而上的观念奠基，此形而上的观念又为形而下的现实的人的生活奠基，使人的生活获得一种“踏实”感。但若从观念的生成角度说，在生活中，人得以成为形而下的主体性的人；此形下主体之人有一种形而上的追求，要为自身的存在寻找一个形而上的根据，于是运用自身的理性能力替自己构造了一个形而上的本体，来安顿自身的现实存在。黄玉顺将观念的“奠基”与“生成”关系作了一个简洁的对比：

奠基关系：存在（生活本身）→形而上存在者→形而下存在者

生成关系：存在（生活本身）→形而下存在者→形而上存在者[1]

---

① 黄玉顺：《时代与思想》，济南：山东人民出版社，2017年，第240页。

在这种视域下，古今中外的哲学几乎都因为遗忘了作为存在本身的生活，而进入一种独断的主体性哲学形态。生活儒学就是要消解这种独断的主体性哲学；不过，消解不是目的，消解的目的是为了“复归生活，重建儒学”①，即重建中国哲学的形而上学和形而下学。

在生活儒学的思想体系里，“生活即是存在，而首先显现为情感”②。不过，此情感并非形而下的主体性的人的情感，而是孔孟原典儒学的本源性的“仁爱”情感。实质上，黄玉顺是把情感带向了存在论的观念层级，或者说是通过情感的颠覆性理解来通达存在。由此，我们来看生活儒学思想体系里“情”与“理”的关系。

（一）生活儒学之“情”观念

生活儒学的“情”，可以说是在蒙培元情感儒学的基础上对既有情感观念的更彻底的一种颠覆。

1. 对传统“性→情”架构的颠覆

帝国时期的儒学认为，“情”是形上本体“性”之所发，又会对“性”有摇撼、污染，故须以性制情，或曰以理制情。西方哲学的主流则认为人是理性的存在，作为感性欲望的情感也必须要有理性来指导、克制。蒙培元突破性地认为“人是情感的存在”，但此情感却又是一种道德情感，这就意味着：蒙培元虽然突破了以往对情感的贬抑性理解，但不过是用主体性的道德情感去取代了传统中国哲学以“性”为主体或西方以“理性”为主体的地位而已，其哲学的整体形态还是一种主体性哲学，从观念框架来看，还是在旧有的“性—情”架构之中。

而黄玉顺认为：“在儒家的真正本源性观念中，‘情’乃是存在本身，而不是存在者的事情；‘情’乃是先行于任何存在者的‘事之情’。”③ 作为存在本身的“事之情”也就是“生活本身”，亦即存在本身。存在者之所以存在，乃是在“在生活”中使自身获得规定性，成为一个相对的形而下的存在者。

---

① 黄玉顺：《儒学与生活——“生活儒学”论稿》，成都：四川大学出版社，2009年，第192页。

② 黄玉顺：《儒家思想与当代生活——“生活儒学”论集》，北京：光明日报出版社，2009年，第168页。

③ 黄玉顺：《爱与思——生活儒学的观念》，成都：四川大学出版社，2006年，第58页。

对此，黄玉顺在其著作中常引王夫之“性日生日成”[①] 一语作说明。有了众多相对的形而下的存在者之后，才有他们对形而上存在者的诉求。黄玉顺说：“存在的实情并非形而上者为形而下者奠基，而是我们从形而下者中抽绎出了形而上者。”[②] 然后，此形而上者才能为形而下者奠基，有了形上观念奠基的形而下存在者才能“踏实”地作为情欲、情绪主体“去生活”。这就是生活儒学所擘画出来的“情→性→情”三重观念层级。这就大大突破了其师蒙培元将“情”作为一种形而上的道德情感的视域。从这个意义上说，到黄玉顺“生活儒学”思想的创立，才真正彻底突破了传统的“性→情”架构，并突破了中西方既有的主体性哲学的框架。

2.“生活情感”的观念

在生活儒学看来，作为一切东西的大本大源的生活本身，首先会显现为生活情感，而生活情感就是孔孟原典儒学所强调的“仁爱情感”。黄玉顺认为，“仁爱情感”并非一般所认为的是宗法血缘观念的一种产物。黄玉顺说：“学界普遍地存在着对儒家思想一种严重的误解，即以为儒家所倡导的仁爱仅仅是宗法血缘观念的产物。”[③] 诚然，西周的封建制度确实建基于宗法血缘观念，但“这种血缘宗法关系，正是生活本身的一种显现样式”[④]，即仅仅是本源性“仁爱情感”的一种显现样式。如果将“仁爱情感”仅仅视作血缘宗法之情，儒学就永远不可能走向现代，而只能是走向消亡，这显然不是历史与生活的事实。

那么，本源层级的仁爱情感究竟如何呢？黄玉顺常引证《孟子·公孙丑上》所讲的“乍见孺子将入于井”的情境来说明：在此情境中所呈现出的“怵惕恻隐之心”“不忍之心”，就是本源性的仁爱情感，因为此“心”、此“情”乃是自足的，“此心此情”的呈现并非因为“内交于孺子之父母”，亦非因为“要誉于乡党朋友”所使然，完全是当下生活本真情境的呈现。[⑤] 因此，本源层级的情感并非主体性的某个人的情感，亦非血缘宗法之情，不是为了什

① 王夫之：《尚书引义·太甲二》，北京：中华书局，1976年，第63页。

② 黄玉顺：《时代与思想》，第240页。

③ 黄玉顺：《儒学与生活——“生活儒学”论稿》，第192页。

④ 黄玉顺：《儒学与生活——“生活儒学”论稿》，第194页。

⑤ 黄玉顺：《儒学与生活——“生活儒学”论稿》，第193页。

么所使然的情感，而是“情不知所起”①，这一点很接近于前述冯友兰的“有情无我”，呈现为一种“无我之情”。简言之，“仁爱情感”乃是前主体性的存在状态，任何主体都是在此本源情感状态中生成。因此，“仁爱情感”才是“本源”而不是形而上的“根据”，即不是“支撑着某个存在者的另一个存在者”②。

3. “正义情感”的观念

黄玉顺认为，完整地理解儒家的“仁爱情感”观念，有两个缺一不可的方面：一个方面是表现为首重血缘亲情的“差等之爱”；另一个方面则是体现博爱精神的“一体之仁”。③ 而不管“差等之爱”还是“一体之仁”，都是“仁爱情感”的显现。这就开启了生活儒学思想体系中的一个形而下学向度，即制度规范的建构，具体来说就是“中国正义论”的情感观念。

黄玉顺指出，“差等之爱”必将带来利益冲突，因为“爱一个对象，就希望为它带来点好处……争利也可以说是常情、生活的实情”④。争出于爱，这是一个毋庸置疑的事实，也是一个必须予以肯定的事实。但这种事实必须运用人的理智将其控制在一定范围内，否则社会就会无序，丛林法则就会成为生活的准则，一切制度规范就会缺乏正义。那么，凭借什么来克服因爱而争呢？西方哲学主要是以在理性的正义原则下所制定的制度规范来解决因爱而引发的争端。以康德哲学为例，其制度规范的根据都是一些不在生活之内的纯形式的法则，甚至可以说是教条。这种理性化、形式化的制度规范并非化解争端之道。而在“中国正义论”里，解决因爱而争的问题，所凭借的并非理性，而是仁爱情感之中的超越了“差等之爱”的“一体之仁”。换言之，正义的寻求不是“以理制情”，也不是传统的“以性制情”，而是“以情制情”“因情称义”。情感引发的问题还得靠情感来解决，这可以说是中西方正义理论的最大区别，也是传统中国哲学在现代转型中所应当走的一条既与西方对话、又继承传统中

---

① 汤显祖：《牡丹亭·题记》，北京：人民文学出版社，2005年。

② 黄玉顺：《面向生活本身的儒学——“生活儒学”自选集》，成都：四川大学出版社，2006年，第32页。

③ 黄玉顺：《从“生活儒学”到“中国正义论”》，北京：中国社会科学出版社，2017年，第143页。

④ 黄玉顺：《生活儒学：黄玉顺说儒》，贵阳：孔学堂书局，2014年，第121页。

国哲学风格的道路。

对此，黄玉顺说："我们在进行'礼'的建构的时候，我们在进行社会规范及其制度的建构的时候，必须出于仁爱的动机，出于仁爱的精神，出于仁爱的情感；而且，这种仁爱是超越了差等之爱的一体之仁。它不是差等之爱；它是一体之仁。这就是儒家正义论的第一条原则——正当性原则——它的基本精神。"[①] 此"一体之仁"并不是与"差等之爱"不同的另一种情感，而是"仁爱情感"的另一种显现样式，也可以说是"差等之爱"的"推扩"。

（二）生活儒学之"理"观念

生活儒学的"理"观念，一以贯之地坚持"情感"中心立场，详细阐明了从本源性的"情感之思""良知"分别向"认知之思"和"工具理智"的"由爱生知"的生成过程。

1. 从"情感之思"到"认知之思"

在黄玉顺的生活儒学中，"理"对应于一种"思"，但不是情感性的"情感之思"，而是认知性的"认知之思"。关于"思"与"仁"或"爱"的关系，他说："'思'与'爱'（或'仁'）是儒家思想中两个并行的核心观念。"[②] 黄玉顺认为，"思首先是情感之思，是爱之思"[③]，因为有"爱"才会有所"思"；"思"乃是一种"想"，故谓之"思→想"[④]。在这种情感之思的"思"与"想"中，又会怀有某种希望、向往、意愿、意欲，这就从情感之思转到了"意欲之思"；而"正是在这种意欲之思当中，主体性被给了出来"[⑤]。进而，主体性的"想"中会有"相""象"，因为主体的行为总是一种对象化的行为，总是有所指的行为，这就有了认识论的"主—客"架构。而且，当"意欲之思"发生的时候，主体对本来是"混沌一体"的共在存在者就有了"表象"；而"所谓'抽象的'思维其实就是表象式的把握"[⑥]，"形而上学的思维方式乃是表象的方式……认知性的思维，西方哲学意义上的'思'，包括

---

① 黄玉顺：《从"生活儒学"到"中国正义论"》，第143页。

② 黄玉顺：《爱与思——生活儒学的观念》，第89页。

③ 黄玉顺：《爱与思——生活儒学的观念》，第98页。

④ 黄玉顺：《爱与思——生活儒学的观念》，第100页。

⑤ 黄玉顺：《爱与思——生活儒学的观念》，第100页。

⑥ 黄玉顺：《爱与思——生活儒学的观念》，第115页。

神学，都是以表象的方式去把握存在者”[①]。这就从“意欲之思”转到了“认识之思”。至此，我们看到了从“情感之思”经“意欲之思”再到“认知之思”的认知理性的生成过程。

2. 从本源感悟之“知”（良知）到工具理性之“智”（理智）

在黄玉顺那里，源于“爱”的“思”不仅表现为“认知之思”、认知理性，还表现为对本源性存在的一种领悟，即“一种生活感悟”[②]。此种生活领悟实质是对自身仁爱情感能力的一种直觉，即对“能爱”的情感能力的直觉，故曰“良知”，亦称“良能”。这种本源性的“良知”乃是一种“反身自明的智慧”[③]，是向“本然的‘恻隐之心’、‘羞恶之心义之端’的‘反身而诚’”[④]；而此“能力”乃是一种本源性的情感能力，故曰“良能”。这种“良知良能”“能够直觉地、直截了当地判断是非”[⑤]，其实就是孟子所说的“是非之心”[⑥]。不过，此“是非之心”仅仅是“智之端”，而还不是“智”。孟子所说的由是非之心扩充出来的“智”，有两种表现：一种是直觉的正义感，即“良知”，而所谓“正义原则”其实就是“将这种内在感受性的正义感加以自觉化、理性化”[⑦]。

仅有内在的正义感，并不意味着就有一套正义的制度规范；将内在的正义感实现为正义的制度安排，还必须由理智能力来达成。这种理智能力的重心在于能辨知利害关系。这种理智能力在荀子处是有精细的阐述的：“诉诸利害，这是荀子思想乃至包括其认识论和正义论的一个基本特征。”[⑧] 黄玉顺认为，这种“智”是与“虑”密切相关的，故又称“智虑”；而“虑”乃是“由情生欲，由欲生虑”[⑨]。这就是说，明辨是非、熟知利害的智慧和理智乃是由良知转化而来的，仍然是源于情的，并非先天先验的东西；进而，源于“仁爱

① 黄玉顺：《爱与思——生活儒学的观念》，第117页。
② 黄玉顺：《从“生活儒学”到“中国正义论”》，第242页。
③ 黄玉顺：《从“生活儒学”到“中国正义论”》，第239页。
④ 黄玉顺：《中国正义论的形成》，北京：东方出版社，2015年，第429页。
⑤ 黄玉顺：《从“生活儒学”到“中国正义论”》，第239页。
⑥ 焦循：《孟子正义》，北京：中华书局，2011年，第234页。
⑦ 黄玉顺：《从“生活儒学”到“中国正义论”》，第241页。
⑧ 黄玉顺：《中国正义论的形成》，第431页。
⑨ 黄玉顺：《中国正义论的形成》，第432页。

情感”的理智才是服务于正义的制度建构的一种工具理性。

可以看到，生活儒学不但在“情感”方面对既有哲学有一种颠覆性的理论效果，而且在“理性”方面也同样具有颠覆性。在西方哲学中，理性总是在所谓“目的理性”与“工具理性”之间纠缠不清。黄玉顺明确指出：“理性只是工具，而绝非建构伦理规则的动因、根据。理性尤其是所谓纯粹形式的理性，远远不是建构伦理原则的绝对基础。”① 不仅如此，生活儒学明白地阐明了理性的生活情感渊源，从而彻底克服了西方哲学之“思”（“理性”）的先验性、独断性。从这个意义来说，生活儒学实际上是指出了“人是情理的存在”这一生活的实情。

四、情理学派之情理观的其他样式

在冯、蒙、黄这一现代中国哲学情理学派的传承主轴之外，蒙培元弟子任文利、余治平、宋大琦等也在蒙培元“人是情感的存在”这一基础命题的指引之下，在各个不同领域拓展着情理学派的论域。

（一）任文利“国民宗教儒学”的情理观

任文利主要把儒家视作一种宗教来看待，但又不是一般意义上神学性质的宗教，而是一种类似于“公民宗教”的文化意识形态系统。这个系统一方面能划定现实人生的生活秩序（包括国家制度和伦理秩序），另一方面又能为人的生活提供意义安顿。所以他认为儒家是一种“人文主义宗教”“道德宗教”。② 任文利并未正面哲学地讨论情感与理性，但我们可以通过“国民宗教儒学”来窥见其思想中内蕴的情理观。

任文利十分看重人的形而上的宗教情感。他之所以视儒家为一种宗教，主要就是认为儒家能实现“对于个体人的宗教情感的安顿”③。他认为儒家的婚丧冠祭等礼都体现了儒家的宗教向度，都“与安顿人们的宗教情感息息相关”④。任文利之所以如此看重个体的这种宗教性情感，乃是因为他坚持一种

---

① 黄玉顺：《走向生活儒学》，济南：齐鲁书社，2017 年，第 355 页。

② 任文利：《儒家哲学中关于“教”的学说》，《中国哲学史》1998 年第 4 期。

③ 任文利：《儒教作为“国民宗教”的向度考察》，《原道》第 23 辑。

④ 任文利：《儒教作为“国民宗教”的向度考察》，《原道》第 23 辑。

宇宙论式的思维方式。他认为每一个个体都各有所本、所始，在儒家主张的各种“报本反始”的祭祀中，实现了一种神人之际的“感格”[①]，从而为现实的人生提供意义安顿。显然，任文利的“国民宗教儒学”主要凸显了一种形而上学化的道德情感，这种情感实际是要把人引向个体德性提升至圣贤人格的状态。而在此过程中，“涵养”“体察”个体内在情感与理性的因素乃是必不可少的修养工夫。“涵养本心就必然包容情感与认知心的涵养，而对心体的直接体察，情感体验也是其重要内容，察识物理则是发明心性本体的必要准备。”[②]可见，任文利的情理观主要是沿着其师蒙培元的思路在讲，是沿着情感可以“上下其说”中“往上说”的维度在讲，而且是将情感的“往上说”挪至宗教领域在讲；同时，他认为“理”则仅仅是助成情感之“往上说”的基础与工具，是“发明心性本体的必要准备”。

（二）余治平“性情形而上学”的情理观

余治平的哲学思考主要从中西方哲学的对比入手，旨在追求一种“中国哲学的本土化叙事”。所谓“中国哲学的本土化叙事”意指“中国哲学主体性的自觉与醒悟”[③]，这种自觉与醒悟既不是让西方哲学说中国话，也不是一种民族主义情愫的表达，而是哲学之“普遍性在具体情境中的有效落实，是普遍真理在被充分吸收、消化并融合进族群社会与历史的深层结构之后的智慧结晶”[④]。简言之，就是要在中西方哲学对话中呈现出中国哲学的独特性来。

余治平认为中西方哲学最大的区别就在于，“性情在西方哲学中却始终处于被拒斥、被压制和被冷落的状态。在一定程度上，主流的西方哲学是一种无情的知性形而上学”[⑤]。而在中国哲学里，“情才是知、理、义、道的领导力量和决定因素”[⑥]。进而，余治平认为，“没有了性情、没有了态度的形而上学一定会发展成为奴役人、扼杀人的恐怖哲学，同样，知性成分太淡、情实因素太多的形而上学则容易导致出专制或独裁的社会统治结构”[⑦]。因此，“性情形而

---

① 任文利：《儒教作为“国民宗教”的向度考察》，《原道》第23辑。
② 任文利：《儒家哲学中关于“教”的学说》，《中国哲学史》1998年第4期。
③ 余治平：《“中国哲学”本土化叙事的展开与生成》，《哲学动态》2008年第2期。
④ 余治平：《“中国哲学”本土化叙事的展开与生成》，《哲学动态》2008年第2期。
⑤ 余治平：《性情形而上学——儒学哲学的特有门径》，《哲学研究》2003年第8期。
⑥ 余治平：《性情形而上学——儒学哲学的特有门径》，《哲学研究》2003年第8期。
⑦ 余治平：《性情形而上学——儒学哲学的特有门径》，《哲学研究》2003年第8期。

上学”之“性情”实际是指情感与理性的合理均衡状态，而且此合理均衡状态就是人的生活应该有的状态，过与不及都会对生活构成戕害。这里，明显可以看到蒙培元先生对余治平的影响，故其“性情形而上学”之情理观可称之为情理交织的情理观。同时，“性情形而上学”明显也有一种强烈的生活关怀，这一点应该予以高度肯定。“性情形而上学”反对理性概念来牢笼生活的实际情形，也反对主体性的情绪因素来支配生活。但余治平未能就主体性的情感与前主体性的情感在观念层级上作出有效区分，即未能阐明生活、存在以及仁爱情感之间浑然无别的关系，致使其整个思想体系中未能就情理如何交织、情感与理性各自的本源等问题进行阐明。

（三）宋大琦“良知礼法学”的情理观

宋大琦自陈“良知礼法学”思想体系不但有冯友兰、蒙培元师门传承之影响，还有其师兄黄玉顺“代师传艺”的影响。[①] 宋大琦的雄心在于追求传统中国法哲学的现代转型，改变“目前中国的法哲学不是中国法哲学，而是西方法哲学在中国”[②] 的情形。

宋大琦首先站在现代性立场重新审视传统中国的法哲学传统，认为古典法哲学体系都是基于形而上学的思想框架，要求现实生活统一在一个绝对至上者之下，其实质是以形而上学的至上本体作为生活正当性的唯一解释根据，这就使古典法哲学传统具有普遍的专制性格。在现代社会中，个体才是社会主体，现代法哲学必须是基于个体的自由意愿进行立法，必须充分考虑与尊重每一个个体的生活意愿。因此，现代法哲学的特点就是“个人主义和拒斥形而上学，这不仅仅是学理的演变，更重要的是生活的改变，只有返回生活、面对生活本身，才能建立起能够解决生活问题的学问”[③]。而在宋大琦看来，渊源于传统并且凸显了个体主体性色彩的观念就是阳明的“良知”概念，这个概念一方面凸显了个体的独立自主性；另一方面“与西方的个人主义相比，它是有儒家特色的道德个人主义”[④]，这就是他所主张的“良知学”所具有的现代法哲

① 宋大琦：《学派标准与大陆新儒家流派分析》，《原道》第25辑。

② 宋大琦：《儒家道统中的法哲学体系传承及其现代转型》，《原道》第32辑。

③ 宋大琦：《明儒礼法学的心性论基础及其现代启示》，合肥：安徽人民出版社，2014年，第263页。

④ 宋大琦：《明儒礼法学的心性论基础及其现代启示》自序，第6页。

学意义。也就是说，传统中国法哲学的现代转型就是通过“良知”来立法，即所谓“良知礼法学”。

宋大琦认为，“良知”是“先验道德情感、先验道德理性和先验道德律令三合一的不可分析的整体”[①]。在这三者之中，“情感有自发性、直觉性，理性有工具性、自觉性，律令有确定性、普遍性……规范人们行为的道理是以情感为基础的、是情的产物，而并非先验的规定”[②]。又说：“良知……是道德理性与主体先天仁爱情感上培育起来的知性。良知概念的最大作用就是合内外之道，将理性与情感、主观与客观统一起来。”[③]“良知的内容一个最大的共相，也就是给出人际相处的最基本的原则的话，他只能是孔子的‘仁’：爱人、己所不欲勿施于人。礼法如果还能称之为礼法，而不是被理性固化的教条或被利欲主宰的工具，那么它要体现仁的精神……如果具体内容是先验的，即便它在最初的时候符合仁的精神，也很快会变成异己的天条。总之，良知立法因情立制，拒绝制度崇拜。”[④]

依据上述宋大琦的阐述，“良知礼法学”的情理观呈现了这样几个面向：一是肯定礼法的生活指向性，反对以抽象的理想概念来制裁生活；二是明显受黄玉顺影响，认为生活与仁爱情感有关，礼法要体现仁爱精神，但又没有明确承认生活是个体生成的大本大源；三是认为良知里还有先验的道德情感，“良知”乃是儒家色彩的道德个人主义的概念表达，这明显受蒙培元思想的影响，但又不是纯粹“情理合一”的思路。所以，“良知礼法学”之情理观可称之为“情—理—德”三位一体的情理观。但是其“情感”“理性”“道德”三者之间的逻辑关系还有待进一步的梳理与澄清。

五、情理学派的最新拓展

从新理学、情感儒学，到生活儒学所形成的以仁爱情感切入存在本身、生活本身的这样一种思想方法并不是为了阐释历史上的中国哲学和儒学，而是为

---

① 宋大琦：《明儒礼法学的心性论基础及其现代启示》，第245页。
② 宋大琦：《明儒礼法学的心性论基础及其现代启示》，第235页。
③ 宋大琦：《明儒礼法学的心性论基础及其现代启示》，第242页。
④ 宋大琦：《明儒礼法学的心性论基础及其现代启示》，第245页。

了让传统中国哲学、儒学的真精神获得一种现代性重建。黄玉顺的若干弟子明显就是在“生活儒学”所开掘出来的这一“解蔽—重建”思想方法基础之上，将论域扩展到政治哲学、伦理学、诠释学、历史哲学、心灵哲学等领域，这些哲思展现了现代中国哲学情理学派最新的思想态势。

（一）郭萍“自由儒学”的情理观

从“解蔽—重建”思想方法来看，如果说黄玉顺通过“中国正义论”解构了传统儒家制度伦理学的旧体系，并指明了情理学派的现代政治学建构新方向的话，郭萍的“自由儒学”正是情理学派在现代政治领域的儒家式重建。

“自由儒学”阐明了三个观念层级上的自由：本源自由、形而上的本体自由和形而下的政治自由。在郭萍看来，任何形而下的自由都需形而上的本体自由来为其奠基。但前现代政治哲学和现代西方政治哲学的最大问题就在于都被框定在这样一个“形上→形下”的结构中，缺乏对主体性的自由（尤其缺乏对本体自由）何以可能的追问。因此，“自由儒学”在理论上最超过前人之处在于其提出了“本源自由”的概念，据此为一切主体性的自由奠基。郭萍指出，“本源自由”并非某种主体自由，而是一切主体自由的渊源，因此毋宁说是“自由的本源”，而“自由儒学”对自由本源的理解，继承了“生活儒学”的本源观念，认为生活本身就是自由的渊源，“本源性的生活总是敞开着新的可能性，给出新的主体性，因此而产生新的自由”[①]，而儒家又总是“将生活本身理解为仁爱情感，将生活的川流不息理解为仁爱情感的不断涌现”[②]。显然，这实质就是将仁爱情感视为一切自由的渊源。也正是以仁爱情感为渊源，“自由儒学”在形上层面提出了“良知自由”，以此确立现代性主体的存在状态，并为形下的“政治自由”奠基；而其所论的“政治自由”是“良知自由”在现实生活中的展开，而且同样渊源于仁爱情感。在这个意义上，“自由儒学”乃是对“生活儒学”的“接着讲”。在“生活儒学”里，作为存在本身的生活本身首先显现为本源性的仁爱情感。故“自由儒学”其实乃是儒家之真精神——仁爱情感——在现代政治学领域的呈现，在这个意义上，我们可以

---

① 郭萍：《自由儒学的先声——张君劢自由观研究》，济南：齐鲁书社，2017年，第40页。

② 郭萍：《蒙培元“情感儒学”对“自由儒学”的启发意义》，见黄玉顺编《“情感儒学”研究——蒙培元先生八十寿辰全国学术研讨会实录》，成都：四川人民出版社，2018年，第174页。

说，作为现代儒家政治哲学的“自由儒学”乃是孟子“仁政”的现代性回归，一种以仁爱情感为中心的情感政治哲学，一套现代性的儒家仁政思想体系。

当然，现代情感政治哲学的建构也少不了理智的参与。“自由儒学”从契约角度思考制度建构问题时，已充分肯定了理性的重要作用，其中不仅强调要理性掌握和运用“制礼”的知识，而且认为更要理性地把握不同时代的主体诉求，将制度与主体诉求相吻合才是“明智”。[①] 可以说，这是“自由儒学”在继承“生活儒学”“由爱生知”的基础上，进一步阐明了一种“情为政源”“智为情用”的现代儒家政治哲学路向。

（二）崔发展“儒家诠释学”的情理观

在崔发展看来，伽达默尔的哲学解释学与实践解释学，从人能够达成相互理解的“善良意志”这一鲜明设定出发，试图重新释放情感或尊德性的独立性。不过，这种本体论方案却缺乏现实性关怀，尤其是，在诠释实践或交往行为中，这种善良意志很可能异化为权力意志或意识形态，而视域融合的结果，也容易沦落为一方对另一方的强行同化或吞噬。在解释学语境中，学者多注重于“同情之了解”，却因此导致了将“同情之了解”混淆为“情感的满足”，二者乃是不同层面的表述。

崔发展认为，在古典解释学意义上，基于“理智之了解”之上的“情感的满足”，才是“了解之同情”，虽是情感性的价值判断，但毕竟基于理智；而“同情之了解”则是移情式的理解手段，仍归属于“理智之了解”一层。但若是从哲学解释学来讲，上述关系则可视为本体论层面上解释学循环的另类表述。由此，陈寅恪所说的“其言论愈有条理统系，则去古人学说之真相愈远”[②] 的话，尽管值得警醒，但我们仍应将“理智的了解”置于“情感的满足”之先。不过，这绝不意味着，我们否认情感解释学的优先性，恰恰相反，情感是理解生成的存在论基础，否则，理解现象就无从解释。

（三）崔罡“儒家历史哲学”的情理观

崔罡的情理观可简要表述为“理性是情感的工具”。他的思考沿着两个向

---

① 郭萍：《儒家的契约观念——基于“自由儒学”的解读》，《齐鲁学刊》2019 年第 3 期。

② 陈寅恪：《冯友兰中国哲学史上册审查报告》，《金明馆丛稿二编》，北京：三联书店，2001 年，第 200 页。

度展开：

其一，历史地看，西方理性主义传统存在着自身难以克服的困难。特别是近代以来，伴随着理性主义的扩张，形成了技术主义和科学至上主义的状态，并造成了灾难性的后果。而西方的情感主义传统，则逐渐淹没于其理性主义的传统之下，成为理性主义的分支和特殊样态。其二，就现实处境看，理性主义传统难以回应20世纪以来人类面临着的种种复杂的政治冲突。其处理方式基于某种先验式的假定，最终导向的是人的同一化、归约化。

因此，崔罡认为，儒家的“情理”传统能够提供与此完全不同的思考方式。理性（logos）就其本质而言，是话语，意即人与人之间彼此沟通与合作的共在方式。而话语乃是情感的显现样态。这意味着，基于情感显现样态的不同，人天然应当是个体的、自足的、独特的和不可归约的。人的共在固然是理性的，但其根基是情感性的。崔罡致力于探索一种可能性，即扭转在一个漫长的传统之下形成的情感与理性之间的关系，重新提出问题，正本清源。也就是说，从探求真理（truth）转向探求意义（meaning），从追寻权力（power）转向追寻自由（freedom），从诉求权威转向诉诸共识。

（四）李海超“心灵儒学”的情理观

李海超认为，新世纪以来的儒家学者们整体呈现出一种有意绕开宋明心性儒学的倾向，但儒家学者们对于这种绕开之后“走向何方”又缺乏共识。因此，他认为应该建构一种超越宋明心性论的新的儒学形态，而不是绕开。“若不建构一种有别于宋明心性儒学的新型心灵哲学，儒学现代转型的任务将不能圆满，甚至一切现代性的政治儒学、制度儒学、社会儒学、公民儒学建构都会受到制约。”① 因此，他的哲学追求就在于建构一种超越宋明心性论的——心灵儒学。

在李海超看来，情感和理智是心灵中十分重要的两大功能，“情感本源、情理互用”是两者关系的理想表达。情感是心灵中“有导向的引擎”，它推动认知和理智的运转，并提供一个基本的方向。在此运转中，本源性情感会转化为理智化情感，心灵修养的重要任务是减少本源情感被压抑的可能性，使之稳

① 李海超：《心灵儒学导论——儒家心灵哲学的新开展》，见黄玉顺、杨永明、任文利主编：《人是情感的存在》，北京：北京大学出版社，2018年，第335页。

定地作为意义心灵的本源，从而彰显出人是一种情理的存在。

（五）情理学派的其他拓展

在上述几名学者之外，杨虎提出新基础主义思想进路，通过“观法之切转”的思想方法，对本源生活运作机制予以揭明（包含“返源—立相”双重向度），在此基础上建构源论、体论和用论，进而提出生活本身“自观自现”观点；刘宏认为“情理”乃是对一切存在的表达，而情理之关系可表述为“情理不二”“情理一元”；孙铁骑主张“情与理乃合一于生命，发用为表里”的情理观。情为生命之内在本然（里），理为生命情实之外显准则（表）。故“理”唯有合于生命之情实方为“真理”，而“情”亦唯有合于生命本然之理方为“真情”；杨生照提出的“易道儒学”认为情理关系乃是“由感而生情，理寓于情中”。即是说天地交感而有生生变易之事情，万物之道理即寓于生生变易之事情中。男女交感而有亲亲仁民之爱情，人事之义理即寓于亲亲仁民之爱情中；赵立庆认为情由己发，理由己用。“发”和“用”是主体在生活的具体境遇中的“权”，即权衡。于“理”，自由是自我立法，于“情”，自由是“为仁由己”；张新尝试以“生活儒学”对传统儒学中仁爱情感的本源论阐发为基础，着重对传统儒学中的恻隐之心及其相关情感进行当代重构，进而在比较哲学的视域下揭示儒学中的恻隐及其情感对西方德性伦理学以及政治哲学等问题的启示；张小星则试图以“生活儒学”之“生活本源论”为理论视域，通过重新梳理中国传统“小学”即文字、音韵、训诂之学，从而阐发一种以“诚以修辞，言以辨物”为核心观念的哲学训诂学。

可以看到，“情理学派”第四代已呈现出一种以“情理”为中心的多元发展格局。其中特别值得聚焦的是从黄玉顺、宋大琦到郭萍的思想推进。若把“生活儒学”与宋大琦、郭萍的研究结合起来看，现代中国哲学情理学派就呈现出了一个“由仁到礼”的思想流动。即是在打通了仁爱情感与存在、生活浑然无别的关系之后，如何重建人伦生活秩序，重建礼教的问题。在“由仁到礼”的逻辑进展中，“中国正义论”已经给出了制度规范建构的两条原则：正当性原则和适宜性原则。正当性原则要求制度规范的建立必须出于仁爱的动机；适宜性原则要求制度规范还必须与特定时空的生活方式相适应，《中庸》所谓：“义者，宜也。”而寻求适宜性的过程必须有理智能力的参与，而理智也源出于情。因此，可以看到，中国正义论追寻的乃是一种“情义”正当，情为正当之本源，情亦为适宜能力之本源。现代中国哲学情理学派建构新礼教的基本思路显然就必须基于“人是情理的存在”这一实情，以“情义”为依据，进行现代新礼教建构，让人过一种有情有义的生活。

事实上，从“情理”视角来阐释中国哲学并追求其现代转型，在学术界其实已有一定共识。杨国荣就指出：“在中国哲学中，合理性（rationality）……以理与情的交融为其内在特点。”① 赵法生也认为，“情”在先秦儒家哲学中是居于核心地位的，孔子的“仁”本来是一个情理兼备的概念，“情”的地位下降是在秦汉大一统帝国形成的背景下逐步开始的事情。② 或许正如雅斯贝尔斯所说的那样，任何文明的复兴无不是对轴心时期的一种回溯。中国哲学的现代转型，儒家哲学的复兴，或许都需要我们以“立足现代生活方式，面朝中国文化轴心期”的思想姿态来寻求出路，这条路显然是一条“情理”之路，而且以“情理”为致思中心已经构建了系统哲学体系的毫无疑问当属“冯—蒙—黄”为传承主轴的现代中国哲学“情理学派”。

---

① 杨国荣：《中国哲学二十讲》，北京：中华书局，2015年，第57页。

② 赵法生：《性情论还是性理论——原始儒家人性论义理形态的再审视》，《哲学研究》2019年第3期。

超越“超绝的心灵学”①

——探索儒家心灵哲学开展的新路径

李海超

（南京大学马克思主义学院）

【摘要】 儒学现代转型的任务，不仅是要超越宋明儒学之伦理学与政治学，更根本的是要超越宋明儒学之心灵哲学，实现儒学心灵哲学的新开展。新型儒家心灵哲学的开展应在“显相论（本源论）摄实相论（本体论和广义知识论）”的思想视域下展开，以显相观（本源观、真情观）为根本思想方法，主张“知识出于真情，用于真情”。这种新型的儒家心灵哲学将不再是以先天德性为基础、以实现心灵超越为目标的“超绝心灵学”，而是以本真情感为基础，注重研究常人经验心灵之性质及其伦理、政治应用的经验心灵学。

【关键词】 心灵哲学；宋明儒学；本真情感；超绝心灵学；经验心灵学

新世纪以来，中国大陆的很多儒学家们有意绕开心性儒学的讨论，将儒学研究的重心转向政治制度建构和社会治理方面，从而扭转了宋代以来儒家偏重心性修养方面的传统，恢复了先秦以及汉唐儒学强调社会伦理和制度规范建构的传统。这是一千多年来，儒学传统的一次重要转型，也是儒家自我解放和重建的一次重要机遇。如今，“走出宋明儒学”已成为诸多前沿儒学理论的标识。然而，何谓“走出”？“走出”通常有两种理解：一种是超越，即建构一种比原有理论更为完善、合理地解决问题的理论；一种是绕过，即避开既有理

① 该文原载于《云南社会科学》2018 年第 6 期。

论，另辟新径，重新谈起。应该肯定的是，当代大儒新儒学的开展，对宋明儒学以及延续宋明儒学道统的20世纪现代新儒学是有所超越的。但这种“超越”，在一些注重政治制度建构和社会治理的新儒学中，主要表现为对宋明儒学之“外王”局限性的认识，而不是对宋明儒学之“内圣”缺陷的认识。例如在蒋庆先生之“政治儒学”中，他虽指出宋明儒学不适用于解决政治制度建构问题，但他亦承认宋明儒学擅长解决人的修养问题，并认为以宋明儒学为代表的“心性儒学是儒学传统中的第一义谛之学”①。由于对宋明儒学所关注之核心问题——心灵的认识与安顿问题——没有做出根本的批评，亦没有提出更完善的构想，因此这些新儒学理论对宋明儒学传统之“超越”，在某种程度上，亦确实只是“绕过”。②

以上所要说明的是，尽管今天“走出宋明儒学”的浪潮波涛汹涌，但宋明儒学之心性论并未被真正撼动，它在儒家心灵哲学上的阵地——这才是其主要阵地——并未失守。本文将要指出的是，若不在超越宋明儒学之政治学、伦理学之外进一步超越其心灵哲学，儒学现代转型的任务将不能圆满，甚至一切现代性的政治儒学、制度儒学、社会儒学、公民儒学建构都会受到制约。在此基础上，本文还将着重探讨儒家心灵哲学新开展的基本路径。事实上，关于儒家心灵哲学的新可能，蒙培元的“儒家心灵哲学”研究和“情感儒学”以及黄玉顺以仁爱情感为本源的“生活儒学”，已提供了很多有价值的思想资源，本文实是在借鉴两位学者思想的基础上作出的进一步探索。

一、超越宋明儒学之心灵哲学的必要

当下，现代性价值观念的构建、制度规范的制定、社会治理的举措、公民意识的培育是中国社会亟须解决的问题，它们也因此成为儒学研究的热点问题。对这些问题的密切关注，是儒学扎根当代生活、实现自我转型的一个重要突破口。在这种情况下，欲回答走出宋明儒学之心灵哲学、建构新型儒家心灵哲学的必要性，需阐明两个问题：第一，必须阐明心灵哲学对伦理学与政治哲

① 蒋庆：《王道政治优胜于民主政治》，儒家网：http://www.rujiazg.com/article/id/5088/。

② 李明辉等：《首届“两岸新儒家会讲”》，《天府新论》2016年第2期。

学的意义；第二，必须阐明宋明儒学之心灵哲学的根本缺陷，特别是其与儒家现代道德哲学、政治哲学建构之间不可消弭的鸿沟。

先来看心灵哲学对伦理学与政治哲学的意义。需要指出的是，讨论心灵哲学对伦理学（或道德哲学）、政治哲学的意义或必要性，并不是坚持“内圣开外王”的思路。心灵哲学对伦理学和政治哲学的意义主要体现在两个方面：一是心灵修养对道德规范与制度规范之实践的意义；二是心灵认识对伦理道德观、政治观之建构的意义。而“内圣开外王”的内涵则是心灵修养对伦理道德观、政治观之建构的意义。可见“内圣开外王”的思路正好将心灵哲学对伦理学、政治哲学之意义的两个方面交错、混淆在一起，从而对两者的关系产生了错误的认识。事实上，心灵修养直接关系的是人们对伦理道德观、政治观之实践，而与伦理道德观、政治观之建构没有直接的关联。正因如此，“内圣开外王”的思路是不可取的。

虽然心灵修养与伦理道德观、政治观之建构没有直接的关联，但心灵认识却是伦理道德观、政治观建构的必要前提。一切伦理学与政治哲学的建构都是为了人更好地生存，为了给人提供和谐、幸福的社会环境。所以一切伦理学、政治哲学都是以对人或人性的认识为基础的，即人性论是伦理学和政治哲学的基础。当然，这里所谓的人性论，是广义的人性论，指的是对人的需求、特性、能力等多方面的认识，而不单纯指人性善恶问题。这种广义的人性论与心灵哲学之间有着密切的关系。所谓心灵，顾名思义就是指人的灵明，也就是指人心。王阳明曾问弟子：“人又什么教做心?”他的弟子说：“只是一个灵明。”① 当然在阳明心学中，“心”有时候专指本心或良知，此时作为人之灵明的心，是一种超越的“虚明灵觉”。但人心不仅有超越的一面，也有经验的、世俗的一面，如人有欲望、有情感、有理智、有意志，这些都是灵明的体现。所以在儒家文化中，心灵就是指人的一切能动性的能力，或者说，心灵就是人的主体性的体现。如此说来，人的一切特性、需求皆可通过心灵得到表现，真正了解人的心灵，便可了解人，便可建构圆满的人性论，从而建构真正合乎“人性”的伦理学与政治哲学。有人或许会说，人除了具有心灵，还有身体，人的身体的特性亦是“人性”，心灵哲学能够包含对身体特性的探讨吗？当

① 王阳明著，吴光等编校：《王阳明全集》，上海：上海古籍出版社，2015 年，第 109 页。

然，无论在中国传统哲学还是在西方哲学中，身心关系都是心灵哲学的重要议题之一，而身心关系的探讨必然要求对身体特性有深入的了解。所以，心灵哲学并不会忽视对人的身体的认识。正因如此，心灵哲学是人自我认识的理论，是伦理学和政治哲学开展的重要基础。相反，缺乏心灵哲学奠基的伦理学和政治哲学则是非常危险的，因为它们很有可能坚持违反“人性”的原则和教条。

既然如此，儒家欲实现现代转型，建构合乎现代人和现代社会需要的伦理学与政治哲学，必然需要完善的心灵哲学的奠基。不可否认，当代儒学确实缺乏深入的心灵哲学探讨。那么，宋明儒学之心性论作为儒家心灵哲学发展的一个高峰，能否用来做儒家现代伦理学和政治哲学建构的人性论基础呢？不能。之所以不能，是因为宋明儒学对人的心灵的认识与现代人的自我理解之间有着极大的分歧。例如，宋明儒学对人的理智一面的轻视，对人的基本欲求的压抑，体现了其对人的理智与情感在心灵中之地位的认识不足，而这显然会妨害现代主体观念（即个体主体性）的建构。① 以牟宗三为代表的现代新儒家，试图在保留宋明儒学基本范式的前提下，修正其心灵哲学的缺陷，使之正视理智的地位，从而开出现代性的个体主体。先不说大多数现代新儒家们大都像宋明理学家、心学家一样，没有真正重视情感在心灵中的地位，从根本上来看，宋明儒学的基本范式与现代个体主体性之间有着不可逾越的鸿沟。现代主体的一个最基本的特征，就是人与人之间拥有平等的人格，并且人格的平等是现成的、而不是现实上“可能”的。这在心灵哲学中，就体现为心灵的现实平等。宋明心性儒学虽然肯定了人心中之“性”（先天德性）在本体上的平等，却不可能许诺其在现实上的平等。因为宋明心性儒学将人之为人的“性”，赋予道德的含义，因此在现实上，不可能承认现实人格在道德上的无差别。所以，只要保留“德性”在心灵哲学中的绝对优先性，就不可能肯认现实上人之为人的平等心灵，也就不可能以此为基础建构出现代性的个体主体。

有学者认为，阳明心学的“凡圣平等”，是儒家人格理论的根本变革，具有现代人格平等的影子。② 但阳明心学中所谓的“凡圣平等”，从来都是良知

---

① 李海超：《阳明心学与儒家现代性观念的开展》，山东大学博士论文，2017 年 5 月，第 135、159 页。

② 刘同辉：《王阳明“凡圣平等论”的人格心理学解读》，《上海师范大学学报》（哲学社会科学版）2008 年第 2 期。

本体的平等，而不是现成良知的平等，现成良知的平等到了泰州学派才真正实现。而泰州学派，正是由于提出了“良知现成”说，才真正成为中国早期启蒙思潮的先行者。如果我们深入研究泰州学派的理论就会发现，“良知现成”说的提出，在根本上消解了“先天德性”的地位。因为，人们不必再考虑“性”，而可以直接依现成的心而行，这使人的现实的、经验的心灵而不是形而上的超越心灵，真正成为人们行为的根据。这实际是对宋明儒学心灵哲学论理论范式的根本颠覆。这是泰州学派成为“启蒙”先行者的根本原因。由此反思20世纪的大多数现代新儒家，便知道他们保守宋明儒学心灵哲学范式的儒学现代化方案是行不通的。

所以，当代儒家学者在构建现代儒家伦理观、政治观、治理观、公民观的同时，决不能忽视为现代性个体主体奠基的新型儒家心灵哲学的建构。

二、新型儒家心灵哲学的思想视域

新型儒家心灵哲学的建构，一定要在最广阔的思想视域下开展。关于儒家哲学的思想视域，唐君毅先生的“心通九境”说论述最为细致。不过，唐先生对心灵境界的阐发贵在精细，其视域之广度，并未出宋明儒学之外。即心之九境，约而言之，亦不过形而上之道境（本体境）与形而下之器境（现象境）。新世纪以来，黄玉顺的生活儒学又在形而上学之本体境与形而下之现象境外，提出本源观念（可称为本源境）①，可谓当今儒学最为前沿、最为广阔的思想视域。本文对新型儒家心灵哲学之思想视域的讨论，实是对生活儒学思想视域的发挥。

形而上之本体境、形而下之现象境与本源境三者之间究竟有什么不同呢？其实，三者的差别皆因我们看世界的方式不同而产生。以对象化的方式看世界，则世界便显现为万物并存的殊相境；以万象归一的方式看世界，则世界显现为如如不变的本体境。这两种看世界的方式有一个共同点，即都是为了展现

① 生活儒学将一切观念分为三个层级，即本源层级、形而上学层级和形而下学层级；并讨论了三个层级的观念之间的奠基与生成关系；指出，生活（本真生活感悟）是一切观念的大本大源。参见黄玉顺：《生活儒学讲录》，合肥：安徽人民出版社，2012年，第35页。

世界之真相或实相——以佛家思想言之，前者为俗谛，后者为真谛。除了以真相或实相的方式看世界之外，还有一种看世界的方式，即以“显相”的方式看世界。以这种方式看世界，并不呈现世界之真相，而是呈现世界之所从来的机缘或渊源。本源境所显示的正是万物所从来之最终的源泉。

探讨世界之真相或实相的学说可称为“实相论”，它包含两个分支，即作为形而上学的本体论和作为形而下学的广义知识论（包含自然科学之知识与人文社会科学之知识），其最根本的观念是本体。探讨世界之显相的学说可称为“显相论”，其最根本的观念是本源。实相论与显相论都包含着生成论，但两者关于“生”的理解有很大的不同。以湖为喻，从实相论之本体论的角度言之，此湖由水生成；从形而下的知识论角度言之，湖水之形状、深浅由所在地貌和水的性质生成；从显相论言之，此湖由湖底之泉眼生成。水是湖之本体，泉眼是湖之本源，湖水之方圆、深浅是湖之殊相。所以实相论探讨的是本体与现象之间的体用关系和现象之间的经验因果关系，而显相论探讨的是一切相（本体与现象）与其显现源泉之渊源关系。

实相论与显相论是可以互摄的，以实相论摄显相论，则本源论便化作对万象生化（本体生现象、现象生现象）的机制的探讨；以显相论摄实相论，则本体论与广义的知识论皆化作对本源生成物的研究。从实相论看来，本源不过是本体的一个功能或属性；但从显相论看来，本体乃是本源的生成者，无本源亦将不会有本体。试举一例：

庄子与惠子游于濠梁之上。庄子曰：“儵鱼出游从容，是鱼之乐也。”惠子曰：“子非鱼，安知鱼之乐？”庄子曰：“子非我，安知我不知鱼之乐？”惠子曰：“我非子，固不知子矣；子固非鱼也，子之不知鱼之乐，全矣。”庄子曰：“请循其本。子曰‘汝安知鱼乐’云者，既已知吾知之而问我，我知之濠上也。”①

庄子与惠子的这段对话，表面看来，只是一个答非所问的语言游戏，但其中蕴含着丰富的意义。就语言的含义来说，“安知鱼之乐”的确有两重含义，

---

① 《庄子·秋水》。郭庆藩：《庄子集释》，北京：中华书局，1985年，第606－607页。

即“怎么（以什么方式）知道鱼的快乐”和“在哪里知道鱼的快乐”。前者是惠子之所问，后者是庄子之所答。问与答似乎毫不相关。但若深入分析，就会发现，此对话中蕴含着庄子对两种探讨问题方式的不同态度。显然，惠子之所问，属于实相论范畴，追问到最后，必将论及本体，通过本体对认识之可能做出究极的保证；而庄子之所答，则属于显相论范畴，即“鱼之乐”这一情景的显现，乃渊源于庄子游于濠上或者从濠上观鱼的行为。庄子对这一问题的回答，与王阳明“你未看此花时，此花与汝心同归于寂。你来看此花时，则此花颜色一时明白起来。便知此花不在你的心外”①的说法有很大的相似性。在王阳明看来，花的显现皆因人的观看，人不来到山中观看，此花便不会显现。庄子的意思亦是如此：他若不站到濠上，此鱼以及此鱼从容的形态皆不会显现。所以，濠上之观，是庄子知鱼之乐的本源。

此外，庄子不从实相论而是从显相论的角度回答惠子，体现了庄子肯认显相论优先的态度，即他支持以显相论摄实相论的态度。正因如此，他才迅速结束了与惠子的辩论，没有扫了游玩的兴致。若顺着惠子的问题一直讨论下去，恐怕游玩的兴致早没了。游玩固是一件小事，但若由此引申到人的生存，则庄子的态度实能保住人生的意义，而惠子的态度会使人的生活沦为“真理”的奴隶。这并非否定求真，而是要明白求真的意义，要使求真服务于人的生存。若明白这一点，便知道在人的生活中，并非时时要求真、事事要求真。这才是生活的智慧，也是中国哲学的根本精神。

既然中国哲学倡导以显相论统摄实相论，也就是以本源论为一切哲学的基础。因此，人们在生活中的最大智慧，就是要守住本源、疏通源流。本源就是阳明所说的“寂”的开口，万事万物从此开口源源不断地流出，这开口里面有什么，我们什么都不知道，我们所知道的一切，都是从此开口流出者、显现者。一切显现者皆有体、有用，但体、用之显现皆因有源。

那么什么是一切的本源呢？就儒家而言，仁爱是一切的本源。②从本源的意义上讲，仁爱即本真的爱。本真的爱有两个维度：在程度上，仁爱包含从微弱的关注、关心到热烈、深沉的挚爱（爱有差等）；在方向上，仁爱包含对自

---

① 王阳明著，吴光等编校：《王阳明全集》，上海：上海古籍出版社，2015年，第94页。

② 黄玉顺：《生活儒学讲录》，合肥：安徽人民出版社，2012年，第29页。

我的爱（自我伤害亦是不仁）与对他者的爱。因为本真的爱，人们才有兴致去感受世界、认识世界，主体与事物才能显现在世界中。若一个人生无所爱，他必将视而不见、听而不闻，他的生活必将是灰暗的。因为本真的爱，人们才去爱护自己，爱护世界，才能化解利益的冲突。所以，人的一切其他情感与认知，甚至行为，皆因本真的爱才有可能、才能维持长远，人类的生命和世界才能永葆生机。

仁爱是本真的情感，而不是先天的德性；是本源，而不是本体。孔子曰："仁者，爱人。"[①] 这是"指爱为仁"。而宋明儒却严别仁、爱，以仁为形而上之性，以爱为形而下之情。[②] 这样一来，仁被塑造成先天的德性，成为本体，而作为本真情感的本源却成为被压制的对象。原来的生生不息的本源，在本体论的视野下，已经变成了本体的一个功能，即生化现象的机制："仁是造化生生不息之理"，"这性之生理，便谓之仁"。[③] 但我们知道，在本体论的视域下，仁作为本体之"生理"，乃是体用关系之生，而不是渊源关系之生。因此，真正的本源，在本体论中是被遮蔽的。正因如此，宋明儒学家们以为本体即是本源，殊不知他们正遮蔽、扼杀了本源。这正犹如，人们以为水即是湖之本体和本源，保住现有的湖水就可保住湖的生机，他们由此甚至将泉眼之水对湖水的更换看作是对湖水的伤害，于是扼杀其真正的源泉，从而使此湖真正变成一潭死水。所以，宋明儒学家们自以为守住了宇宙生机，却最终造成了戴震所谓的"以理杀人"[④] 的结果，并险些使儒家文化丧失了随时代而自我转型的生命力。

可见，以实相论摄显相论将会导致本源视域的遮蔽，只有以显相论摄实相论——以本源论摄本体论和广义的知识论，才能保证思想观念的鲜活和生存意义的永驻。因此，新型儒家心灵哲学研究一定要在显相论（本源论）、实相论（本体论和广义的知识论）的广阔视域下展开，并以显相论为根本。

---

① 《论语·颜渊》。朱熹：《四书章句集注》，北京：中华书局，2007 年，第 139 页。

② "仁义礼智信，于性上要言此五事，须要分别出。若仁则固一，一所以为仁。恻隐则属爱，乃情也，非性也。"程颢、程颐：《二程遗书》，上海：上海古籍出版社，第 215 页。

③ 王阳明著，吴光等编校：《王阳明全集》，上海：上海古籍出版社，2015 年，第 23、32 页。

④ 戴震：《戴震集》，上海：上海古籍出版社，1980 年，第 188 页。

三、新型儒家心灵哲学的思想方法

以显相论摄实相论，也就是使一切关于“实相”的探索服务于本源的生生不息。本源的生生不息是一种原初的创生活动，但原本不是一种“实相”。一切实相皆因原初的活动而呈现，但原初的活动却无“相”可见。这种原初的活动并不神秘，它时时发生在我们的日常生活之中。例如，上文提到的庄子的“濠上观鱼”，王阳明的“南镇观花”，皆是这样的活动。由于他们的“观看”，鱼以及鱼的快活、花以及花的颜色才得以显现。所以这“观看”的活动就是创生性的原初活动。当然，如果换一个视角，将此“观看”看作是一个认识对象的行为，此时花与鱼便成为先于此观看活动存在的存在者，观看活动就不是本源了。这里涉及两种观看的方式，一种是认识事物的实相观，一种是使事物显现的显相观。上文讲过，实相观的问题在于对本源的遮蔽，而本源的遮蔽也就意味着原初活动之意义的丧失。依实相观，庄子之观鱼的活动总有一个原因，比如为了散心。但事实上，心中总有一个“散心”的念头，观尽所有的鱼也达不到散心的目的。因为“散心”实质上是“换心”，即换一种心情，使心能够随所遇而变化，而心情之转换，贵在忘掉曾经的心，重建崭新的心。只有这样，心才能如实地反映生活，才能与生活紧紧相连。这里，心情的转换，正是通过显相之“观”实现的。通过显相之观，那个要“散心”的“我”被遗忘，才能无先入之见的、充分地感受当下的情景——“儵鱼出游从容”。由于原有的“我”被遗忘，这个观鱼的我便成为崭新的“我”。所以，若没有一个原初的活动发生，则“散心”的目的将永不能达成，一个人的心情必将永远陷于曾经的某个时空，不能随生活境遇的变化而转换。

因此，新型儒家心灵哲学的根本思想方法，就是以显相的方式去看事物，即显相观或本源观。那么如何才是以显相的方式看事物，而不是以实相的方式看事物呢？两者的区别就在于，前者必须契入事物显相的原初活动，而后者则是对既成事物做认识与解释活动。比如，对于经典的学习。依实相观，学习经典就是要如实地了解经典中字、句的含义，并去把握这些字、句所体现的义理。但依显相观，我们必须契入经典的创作活动，体会圣贤创作经典之心情。

这与陈明所说的“把握”“圣贤之用心”[1] 很相似。然而，这里必须指出，“把握”圣贤之用心，很容易被看作是实相观之认识与理解。若从显相的视角看，说成“感受圣贤之用心”更为准确。感受圣贤创作经典之心，实际就是感受圣贤当时本真的情感。唯有如此，才能契入本源，深刻把握圣贤创作经典的意义。同时，我之所以能够契入圣贤之心，是因为我以真情去感受圣贤的感受；我之所以将圣贤的文字视作经典，是因为我对生活的感受与圣贤之感受相契，而不是经典中的原本观念能很好地解决当今的问题。所以，显相观就是真情观，就是去真诚地感受事物，感受他人的感受，以情絜情。

可见，一个活动之所以被看作是原初的显相活动，乃是因为其中包含着本真的情感体验，当然在儒家看来，最重要的情感体验就是仁爱的体验。在现实生活中，情感体验并非都是令人愉悦的，也有很多是令人痛苦的。令人愉悦的，人们想要使之延续；令人痛苦的，人们想要使之消失。总之，要使发于真情的意愿得到满足，人们便要去改变世界，而改变世界就需要知识，即需要实相观。尽管我们需要知识，但知识乃是满足真诚的情感需要的手段，而不是相反。由此可以得出新型儒家心灵哲学的另一个思想方法，即知识出于真情、用于真情。由于儒家最重视的情感是仁爱，因此也可以说：“知识出于仁爱、用于仁爱。”知识出于仁爱，才能保证求知的意义；知识用于仁爱，才能实现知识的价值。这里，本真的情感或仁爱并不是一个道德的准则，不是一个对象化的事物，本真的情感永远是一种发生的状态，是发生着的感受，是最为原初的感受活动和显相活动。所以确切地说，本真的情感首先是一种实践活动，而不是一个理论观念。因此“知识出于情感、用于情感”，亦可以理解为“理论出于实践、用于实践”。这和马克思主义的思想方法有很大的相似性，但马克思主义的“实践”特别强调的是物质生产实践，而本文所谓的实践，乃是具有原初显相意义的活动，即本真的情感活动。

四、新型儒家心灵哲学的理论特色

新型儒家心灵哲学的理论特色是与西方心灵哲学和宋明儒学之心灵哲学对

---

① 陈明：《文化儒学：思辨与论辩》，成都：四川人民出版社，2009 年，第 18 页。

比而言的。

当前，心灵哲学是西方哲学界，特别是英美哲学界比较热门的研究领域，成果非常丰硕。新型儒家心灵哲学的建构需要吸收西方心灵哲学的研究成果并与之进行深度的对话。不过，由于文化传统的不同，英美心灵哲学与中国传统心灵哲学有着不同的理论特色。用高新民的话说，英美心灵哲学与中国传统心灵哲学正好代表了“广义心灵哲学”的两大研究领域：

一是以心灵之“体”为对象的心灵哲学。它主要从“体”的方面研究心理语言的本质特征、所指的对象及范围、表现形式及其特殊本质，各种心理现象的共同本质、不同于物理现象的独特特征，心与身的关系等。这一领域是关心心灵的科学精神的体现。二是以心灵之“用”为研究对象的心灵哲学。它主要从“用”的方面研究人类心灵在其生存中的无穷妙用，从幸福观、苦乐观、价值观、解脱论等角度研究人的心态与人的生存状态的关系，心理结构、感受结构对生活质量高低、幸福与否、苦与乐、价值判断与体验、解脱与自由的程度的作用等。这一研究是心灵研究中的人文精神的张扬。①

显然，英美心灵哲学侧重对心灵之“体”的研究，而中国传统心灵哲学侧重对心灵之“用”的研究。事实上，心灵哲学的这两大研究领域是相互补充的：没有对心灵之用的渴望，对心灵本身的认识活动就会失去意义；而没有对心灵的客观认识，心灵亦难以恰当地发挥其功用。因此，一种健全的心灵哲学理论应该将两者结合起来。

新型儒家心灵哲学的建构，当然要将这两大领域的研究有效地结合在一起，但就理论特色而言，儒家心灵哲学的新开展依然会延续传统，即偏重心灵之功用的探讨。这是因为，儒学之为儒学，一定要以人的幸福生活为归旨。“老者安之，朋友信之，少者怀之”②，这是孔子的志愿，也是儒家矢志不移的理想。因此，儒家心灵哲学作为儒家思想的一个方面，也应该以儒家永恒的理想为导向，以探讨心灵的功用为重心。

---

① 高新民：《广义心灵哲学论纲》，《华中师范大学学报》（社会科学版）2000年第4期。

② 《论语·公冶长》。朱熹：《四书章句集注》，北京：中华书局，2007年，第82页。

同是以心灵之功用的探讨为导向，本文所探索的儒家心灵哲学与宋明儒学之心灵哲学有什么区别呢？从根本上说，宋明儒学之心灵哲学以先天德性为根本，以追求心灵的超越为目标，是一种“超绝的心灵学”①。而新型儒家心灵哲学以人的本真情感为本源，以解决人的本真情感需求为目标，因而不仅仅是，甚至在很大程度上不是“超绝的心灵学”，而是现实的、经验的心灵学。②本真情感是人们对自身生存境遇的最原初感受，这些情感所包含的欲求由于尚未经理智的反思，因此是人在具体的情境中表现出的最真诚的生存动机。就大多数人所面对的情境而言，本真的情感欲求可能只是远离饥饿、远离孤独、远离漂泊、远离疾病、远离无辜的伤害。如果这些欲求没有得到满足，心灵超越的欲求对他们而言可能只是一闪而过的念头，或人生某一阶段的渴望，而不会成为他们一生执着的追求。当然，这并不是说，心灵超越的需求一定是建立在基本生存需求的基础上的。有些人由于特殊的境遇，可能毫不在乎外在的生存条件，唯有精神的超越能安他们的心。就像颜回，粗食陋巷不足忧，唯心灵之安乐是求。但这样的人毕竟只是少数。

所以，新型儒家心灵哲学虽然不拒绝心灵超越问题的探讨，但对经验心灵之性质及其现实应用的研究应更为优先。如前文所说，儒家的目标是要建立一个人人各得所安的社会，而对人类社会的建设而言，伦理规范和制度规范的建构——义与礼的建构——是最重要的。一个社会的伦理和制度规范的设计，是为了满足大多数人最本真的情感欲求，即荀子所谓的“养人之欲、给人之求”③，因此需要对常人的心灵需求和心灵功能有充分的认识，即需要以常人的经验心灵为研究对象。特别是在今天，中国社会乃至全世界最需要的是新秩序和秩序准则的构建，这是儒学现代转型需要完成的任务。因此，现实的、经验的心灵学是现代社会和儒学的当代开展所亟须的。而作为超越心灵学的宋明心性儒学并不适合解决上述问题。

---

① 牟宗三语。转引自蒙培元：《心灵超越与境界》，北京：人民出版社，1998年，第6页。

② 以情感为本解决人的存在以及人与世界的关系问题，是合乎儒家，特别是先秦儒家的传统的。蒙培元指出：“将情感作为真正的哲学问题来对待……将其作为心灵的重要内容，成为解决人与世界关系的主要话题，则是儒家哲学所特有的。”他还指出：“孔子也从另一种意义上谈论人的存在问题，即人作为人而言，首先是有情感的动物，就是说，人是情感的存在。”见蒙培元：《情感与理性》，北京：中国社会科学出版社，2002年，第9、24页。

③ 《荀子·礼论》。王先谦：《荀子集解》，北京：中华书局，1988年，第346页。

另外，即便对于心灵的超越，宋明心性儒学亦不是没有问题。宋明心性儒学以为本体即是本源，故以悟本体作为实现心灵超越的方式。参悟本体固然是对万象流变的一种超越，能够得到某种光风霁月的体验。但以本体为本源，必然将人视作本体之用，视作万象流变之一环。人的喜，不过因为物之当喜；人的怒，不过因为物之当怒。人的一切努力，初看来是自由的争取，是真诚惨怛之不容自已，但到头来，不过是天地流转的安排，不过是随顺了自己的宿命。在宋儒之中，对本体体悟最深者，莫过明道。我们看明道给横渠的《定性书》，其所谓“定性”（即悟体），亦不过是“情顺万事”“物来而顺应”。[1] 所以，通过参悟本体所实现的心灵超越，所获得的那点自由和喜悦的感觉，就和一个下级总能猜透上级的安排并主动完成任务所获得的自由和喜悦的感觉一样。这样的境界是“顺天地化育”的境界，不是“参天地化育”的境界。前者无需将迎，后者却需要在必要时帮衬一下；前者要听天由命，后者能应时造命。前者以天地化育之原则为至善的，以人为天地化育之一环，故无所谓帮衬；后者以天地之化育为自然的，固应在生灵陷溺时扭转乾坤。从心灵的自由与无限而言，后者是一种更为自由的境界。

须知，在本体论的视域下，一切现象皆由本体来支撑，有用必有体。如果本体蕴含着至善的原则，则一切现象都不可能不善。如果天地是至善的，一切自然灾害都不应该发生，因为遭遇灾害的人并非都是恶人，天地何以对其如此不仁？但天地确实“不仁”。老子曰：“天地不仁，以万物为刍狗。”[2] 孔子曰：“逝者如斯夫，不舍昼夜。”[3] 万物皆自然地生、自然地灭，天地并未对谁有特别的怜惜。可见，“仁”并不是天地之“生理”，而是人与其世界在相互遭遇时得以相互呈现的渊源。万物皆有其本体，在人未与其照面时，它们都在自然地生化。当人与之照面，仁心发露，便会因其丰茂、活泼而喜，枯萎、惨死而悲，从而养护它们，使之欣欣向荣，不致灭绝。所以，仁是人与天地万物并生之本源（渊源、机缘），而不是天地万物之本体。培育仁心，不离仁心，与万物共生，赞天地之化育，这或许才是孔子所赞成的心灵的“超越”境界吧？

---

① 程颢、程颐：《二程集》，北京：中华书局，2016 年，第 460 页。

② 《道德经》第五章。王弼注、楼宇烈校释：《老子道德经注校释》，北京：中华书局，2018 年，第 13 页。

③ 《论语·子罕》。朱熹：《四书章句集注》，北京：中华书局，2007 年，第 113 页。

无论如何，对于心灵的超越问题，孔子是很少谈的。所以，新型儒家心灵哲学的建构，亦不以超越的心灵学为主体，而是以研究常人的经验心灵及其伦理、政治的应用为主体。这是新型儒家心灵哲学与宋明儒学之心灵哲学的一个重要区别。

关于新型儒家心灵哲学开展的路径，还有很多问题值得讨论，在此不能一一尽述。不过，就致力于超越宋明儒学之“超绝心灵学”的心灵哲学建构而言，上面的论述也算初具规模了。

“儒学下行”：通向儒学社会学[①]

赵浩

（东南大学人文学院社会学系）

【摘要】 在“儒学下行”的思想趋势与社会背景之下，本文尝试提出“儒学社会学”的构想，既是儒学研究的方法革新，又是导向儒学规范性建构的过程策略。儒学社会学的基本理念是从自我思想独白与形上观念缠绕中挣脱，将着力于诠释儒家人物及其经典文本的研究惯式转向关注儒学与社会之间的深层互动，借助社会学方法，重塑儒学范式型构的逻辑。儒学社会学以对“是”的深描为前提，以对“应当”的构建为目的，以进入和参与大众的日常生活为旨归，从心灵、自我与社会三个层面展开，建立一种对话式和开放式的公共儒学。

【关键词】 儒学下行；儒学社会学；心灵；自我；社会；公共儒学

当代中国，儒学何为？儒学何以为？本杰明·史华慈（Benjamin I. Schwartz）1985年在《古代中国的思想世界》开篇导言提出一个令人深思的问题，“我们今天对孔子还可以再说点什么？”[②] 换一种表述为“我们今天对儒学还可以再说点什么？”比史华慈稍早的汉学家列文森（Joseph R. Levenson）

① 【基金项目】本文系中央高校基本科研业务费专项资金资助（项目代码：4013009101）的研究成果。

② ［美］本杰明·史华慈：《古代中国的思想世界》，程钢译，南京：江苏人民出版社，2003年，导言。

甚至断言儒学已经失去现代价值，被迫成为博物馆中的“收藏品”[①]。自20世纪90年代至今，中国大陆儒学方兴未艾，“诸神之争”格局已经形成，从事实上消除了史华慈的担忧和否定了列文森的判断，当下儒学不是“无话可说”，而是“说得太多”，儒学绝非陈列于博物馆中的藏品，但也未能真实有效地发挥期待中的社会作用。繁荣表象之下亦不容乐观，从当代中国学术发展格局来看，儒学一直是“潜流和支流”[②]，即便在儒学内部，纷争不断，共识难以形成，“今日儒学唯一的‘共识’，就是大家都自称‘儒家’”[③]。推动儒学的当代转型并发挥儒学对中国社会健康转型的促进作用依然任重道远。

本文缘起于2018年11月在南京大学参加由李海超博士发起的“濬源讲会”，主题是“当代儒学应‘承继’还是‘走出’宋明理学?”笔者借此尝试对当代儒学（特指当下中国大陆的儒学）现状进行知识社会学批判，并通过分析“儒学下行”的思想趋势和社会背景，提出“儒学社会学”的方法与理念，以期为儒学未来发展提供跨学科、多视角的思考与参照。

一、当代儒学的话语分析与知识批判

处于“诸神之争”的当代儒学尚未形成公认的内在统一的范式（paradigm，宋明新儒学、现代港台与海外新儒学已具有范式意义），而是呈现为不同理论类型（type）之共存，反思诸类型的内在特质和外在形式，它们有一些共通的有待商榷之处。

（一）当代儒学通过构想“他者”与“敌人”完成自我识别，缺乏充分的理论依据和现实支撑

不同儒学类型之间的边界与差异出自各自不同的观念前提、理论预设与知识分类，借用知识社会学“话语—权力”的分析框架，这些互异互斥的类型并非基于儒学内部相互交融、平等对话的结果，而是通过构造对象化的“他者”甚至意识形态的“敌人”得以完成，致使当代儒学之论争往往为虚假的

① 参看［美］列文森：《儒教中国及其现代命运》，郑大华等译，桂林：广西师范大学出版社，2009年。

② 樊浩：《论“新儒学理性”与“新儒学情结”》，《中国社会科学》1999年第2期。

③ 黄玉顺：《儒学之当前态势与未来瞩望》，《孔子研究》2018年第4期。

表象，而非实质性的内容之争，诸多争论的主题与当代中国社会现实无关，“儒学已沦为各派思想斗争的话语工具，人们是在用儒家的话语来表达截然不同，甚至截然相反的价值观念和价值立场”①。甚者，对中国儒学传统的阶段划分与类型研判不可避免是一种“知识—权力”的型构而非事实，用以服务各自的理论建构。此次“濬源讲会”主题潜在地预设了理学与心学、宋学与汉学之间的藩篱，非此即彼的二分法在当代儒学中亦普遍存在。例如，政治儒学认定港台与海外心性儒学不关心政治建构与制度设计，事实上后者深度影响了港台政治转型，其中不乏对如何造就“新外王”与接引民主政治的讨论；生活儒学设定前现代儒学与现代儒学之分，对现代性的理解主要集中于个体自由、社会公正、政治民主，而对多元现代性的研究进展及对现代性观念之局限性的批判研究关注不够；自由儒学预置帝国儒学的非自由，宗教儒学认定儒学的世俗化现实等，不一而足。通过对“他者”的批判和对“敌人”的否定完成的自我建构，其前提有待反思存疑，有时“他者”不过是想象中的“他者”，“敌人”并非是水火难容的对立面，近代以来的儒学研究在中国与西方、传统与现代、落后与进步、断裂与连续、启蒙与救亡等相对概念中修筑城墙，人为制造各种形式的区隔，本质上是为了确证自身的一种话语策略形式，儒学需要一面镜子，以观看镜中之“我”，而镜子本身不过是临时借用的工具。

（二）囿于儒学的诠释性发展，而非实质性发展

受东南大学徐嘉教授的研究启发，所谓诠释性发展，即对儒学基本理念的重新阐释不过是“一种精致的辩护……不是实践意义上的‘现代转化’”②，阐释的介入资源可能来自西方哲学理论的启示或对经典文本论述重新排列组合，但远非创造新的理论，这是当代儒学未能形成新范式的主要原因。借助于学者自身体悟或精细化的文本解读形成的新观念在与对同一观念之不同阐释的对话之中各据其理，不分伯仲，最后彼此消解、相安无事，它导致的现实后果是当代儒学的多元是一种互不相干、不相往来的并存状态，而非“同桌吃饭”“同枕共眠”的多元主义。例如，对“儒学是不是宗教”的争论，从经典文本出

---

① 黄玉顺：《儒学之当前态势与未来瞩望》，《孔子研究》2018年第4期。

② 徐嘉：《儒家伦理的发展方向：人伦之理与内在超越》，《南京师范大学学报》（社会科学版）2017年第6期。

发可以查找到同样多的论据证明儒学既是宗教又不是宗教，无助于对问题本身的求解；儒家的礼仁关系，究竟哪个更重要，以谁为本体，借用不同的儒家论述或侧重不同的典籍可以推导出相反的结论，因而仁学本体论和礼学本体论同样理由充分。

诠释性发展往往通过思辨哲学的方式确立一个新的本体（存在）概念，难以批判也无法检验，它更像是一种理论立场或自我主张，当代儒学内部看似多元实则封闭，原因在于彼此的基础性概念无法通约，失去了对话交锋的可能性。以生活儒学的“生活本源论”或“生活存在论”为例，运用海德格尔的存在论区分，生活儒学先将传统儒学（自秦汉以来帝国时代的儒学）判定为形而上的“心性本体论”和形而下的“伦理政治学”两个层级，进而认为“不论是‘形而下者’还是‘形而上者’，都是存在者（存在着的东西——物，即 Beings）”，而一切物、存在者的观念的本源是仁爱情感（生活情感）：

> 这样的仁爱情感，其实就是存在，就是生活，或者说是生活存在的原初显现。但此所谓“生活”并不是说的某种具体的“生活方式”，因为生活方式只是生活的具体显现样式；而此所谓“存在”说的也不是某种具体的存在者之存在、具体的物或人之存在，因为一切存在者都是由存在给出的。在这个意义上，生活即存在，存在即生活……综上所述，在原典儒学的观念中，爱即存在，存在即爱；爱即生活，生活即爱。①

据此生活儒学建构起三级观念架构的思想体系：第一层级是生活存在/生活感悟，第二层级是形而上的“变易本体论”，第三层级是形而下学的“中国正义论”与“国民政治儒学”。② 从理论的构造来看，生活儒学可谓精致，创造了很多“生僻”概念，然而需要商榷的是自秦汉以来的儒学有着多重面向，通过两个层级加以简单总结未免失之笼统。其次，由“仁爱—生活—存在”的推导过程不免跳跃性过大，论断性过强，对儒家之爱的理解笔者认同姚新中教授的观点，“它只是一个工具性价值，可能算不上一个本体的价值……它一

---

① 黄玉顺：《论“生活儒学”与“生活的儒学”》，《中州学刊》2016 年第 10 期。

② 参看黄玉顺：《回望“生活儒学”》，《孔学堂》2018 年第 1 期。

定要和具体的东西相联系，我们才能把儒学的这个‘爱’说清楚”[①]，而生活确是“存在”，但不是与具体的生活方式和存在者无涉的抽象存在，它就寄居于具体性之中。笔者曾论证过“道德生活”概念，认为道德生活的本质是以“具体性存在的人（即现实生活中的人/人群）为主体以及以历史性、时间性、场域性的道德实践活动为中心”[②]，反观生活儒学借用的海德格尔思想，“存在”虽然说出了西方形而上学史遮蔽的“Sein”，但对存在之“是”（并非是什么，而是“是”什么样的“是”）却无所言说，它是形而上学式的反形而上学。

进而，诠释性发展对中国现实的观察和研究以理论先行的眼光切分社会实践，以规范性陈述引导事实性判断，对当代中国社会理解不够，由此也难以提出有助于社会发展的建设性意见。如果说港台新儒家的心性之学是“凌空蹈虚”，其“良知坎陷”并未如愿开出科学与民主的话，当代儒学既未实现儒学对现实政治的实质干涉，也未能让儒学真正地进入公共生活，有效发挥儒学对当代中国社会健康转型的促进作用。

（三）当代儒学是远离公共哲学的儒学

它尚未构成公共生活的实质组成部分，也未广泛参与到公共场域的话题讨论中，各式的儒门会讲、对话、学术研讨局限于学院或儒学圈，反倒是一些公共话题在大众传媒的污名化过程中被莫须有地推给儒学，如近年来的读经热、女德班争论，网络话语开始将“封建荼毒”与儒学联系起来，儒学疲于应对。美国社会学家罗伯特·贝拉（Robert N. bellah）如此定义“公共哲学”：

> 公共哲学之所以是公共的，并不只是说研究结果是对众人普遍适用的，或者说是对学者圈以外的团体、机构有用。它之所以是公共的，是因为它力图使公众参与到它的对话之中。[③]

---

① 姚新中：《爱、思与存在——对生活儒学基本概念的商榷》，《社会科学家》2018 年第 1 期。

② 赵浩：《回到“道德生活”：当代伦理学研究的主题变奏》，《道德与文明》2018 年第 4 期。

③ ［美］贝拉等：《心灵的习性：美国人生活中的个人主义和公共责任》，翟宏彪等译，北京：三联书店，1991 年，第 455 -456 页。

当代儒学研究能推及至对众人普遍适用和对学者圈以外的团体、机构有用已是重要突破，而让公众参与其对话远非易事，这取决于儒学研究者的主观目的与思考重心，也依赖于社会大众的关注焦点及教育程度等因素。万花筒一般的当代中国社会，难以以前现代、现代、后现代等规范性词汇给予定性，而是多重要素在这同一个时空场域内缠斗交织，不能深入理解社会生活的样貌，不能理解社会大众的所思所想所为，当代儒学在理论建构上无论如何精致，也只是对自身的把玩观赏，一旦进入社会其影响力就变得微乎其微，造成思想与实践的错位。公众参与不是让公众都来思考、讨论儒学的哲学问题，学习儒家经典和伦理道德规范，正如乡村儒学在实践中所做的那样，而是儒学自身以谦卑的姿态真正介入社会生活，潜移默化地影响大众的日用常行，助益于人的良善（成己）和社会的健康转型（成物），借此推动儒学自身的发展，毋宁说这是儒学与社会大众之间的相互成就。

二、“儒学下行”的思想趋势与社会背景

如果上述以供商榷的观点是可取的，其中已经包含了笔者对当代儒学前途的基本看法，即走出纯粹的理论玄想与诠释发展，从自我思想独白与形上观念缠绕中挣脱，将着力于儒家人物及其经典文本的研究惯式转向关注儒学理念与社会结构的深层互动，重塑儒学范式型构的逻辑。需要申明的是，对儒家人物及经典文本的诠释解读永远是基础性的工作，不可废止，而是在这一努力之外，儒学研究应当注入“源头活水”，诠释解读的方式与参照系也需要更新，儒学是在回应时代现实社会问题中形成并发展的。一方面是否定性的自我批判，反思自身内在理路的不足，另一方面是建设性的自我生成，更新理论建构的方法与过程策略。这并非冥想思辨的结果，而是基于对自明清以来尤其是近现代儒学的发展方向与对当前中国社会状况的观察思考，可以“儒学下行”述之。“下行”意味着传统儒学的理论建构和实践应用是“上行”的，现如今世易时移，“下行”已成为不容否认的事实，不得不由“上”转“下”，儒学研究也需要适应这一转变，主动“眼光向下”。

从思想趋势来看，“下行”是自明清至近现代以来儒学自身演进的方向。得益于余英时先生的判断，儒学已成“游魂”，“游魂”不是贬义词，而是表

达其失去具体的托身之所的事实描述。仅限于从思想层面看待儒学，未免失之偏狭，对中国传统社会来说，“儒学不只是一种单纯的哲学或宗教，而是一套全面安排人间秩序的思想系统，从一个人自生至死的整个历程，到家、国、天下的构成，都在儒学的范围之内”[①]，这一特征可以用杨庆堃先生的“建制化”(institutional) 概念予以表述[②]，通过与制度之间的耦合，传统儒学完成了“上自朝廷的礼仪、典章、国家的组织与法律、社会礼俗，下至族规、家法、个人的行为规范”[③] 之建构，儒学也主动借助制度的力量将自身的原则贯注到自上而下的一切建制之中，此即儒学的“上行”，可以说儒学是“官方哲学”，儒家思想是绝对的意识形态价值体系。自近代以来儒学遭遇的最大困局并非西方思想的挑战，而是儒学“建制化”的破灭，帝制崩塌，使其失去了制度根基，科举制废除，儒学人才再生产与经典传播途径难以为继，再至社会主义改革和建设对中国社会基层的重新布局，儒学扎根的土壤被翻转，儒学意图再建制化的尝试被证明是“异想天开”。成为“游魂”对儒学来说不一定是坏事，儒家思想对中国社会的影响是方方面面的，它不会随着制度化的破灭而消失，毋宁说这是与“建制化”相对的“弥散化”(diffused)，即成为整个社会构成（意识和行动）的“毛细血管”，成为大众根深蒂固的文化集体记忆，作为“游魂”的儒学像一个幽灵遍布于社会的角角落落，此即儒学经过漫长的历史演绎与文化浸润“下行”于社会。

自明清以来，儒学发展开辟的“下行”新方向渐渐明晰，余英时先生称之为“日用常行化”或“人伦日用化”，从社会和民间出发，从私领域出发，儒学仍能为当代社会供给精神寄托和价值资源。一方面“儒学下行”改变了儒家知识人的致思方向，从“得君行道”转向“得民行道”，从“帝师”转为“人师”，从修、齐、治、平通达政治的理想抱负转向促进个体成人与社会至善；另一方面“儒学下行”改变了儒学存在的样态，我们很难再轻易从典章

---

① ［美］余英时：《现代儒学的困境》，收录于《现代儒学的回顾与展望》，北京：三联书店，2004 年，第 54 页。

② “建制化”和“弥散化”概念参看［美］杨庆堃：《中国社会中的宗教》，范丽珠译，成都：四川人民出版社，2016 年，第十二章。

③ ［美］余英时：《现代儒学的回顾与展望——从明清思想基调的转换看儒学的现代发展》，收录于《现代儒学的回顾与展望》，北京：三联书店，2004 年，第 178 页。

制度、礼仪规范、社会集体行为中辨识儒学，转而需要深入社会结构和社会现实的肌理之中，寻找儒学思想的踪迹，也需要深入大众心灵的习性，分辨属于儒家思想的组成部分。反之，意图建构一套规范性的儒学思想体系并全面应用于当代社会的努力无异于缘木求鱼，只是一些学者的南柯一梦。

从当前中国社会背景来看，“下行”是儒学的现实处境。事实上，儒学只是社会及公众思想构成中的一部分，只有极少数学者自我认信（self - confess）为儒家，更多的儒学研究者并未有这样的身份认同。在社会层面，儒学要接受来自意识形态领域中国化的马克思主义与西方诸思想体系的挑战，大众对儒学的信仰不如对基督教、佛教、民间信仰等更为虔诚，他们大多不知道何谓儒学，处于“日用而不知”的状态。东南大学道德发展研究院在 2017 年进行的全国道德国情大调查中有两个问题：“您认为当前我国社会道德生活中最重要的内容是什么?”与“您根据什么来判断某种行为是否符合伦理或道德?”统计结果如下①：

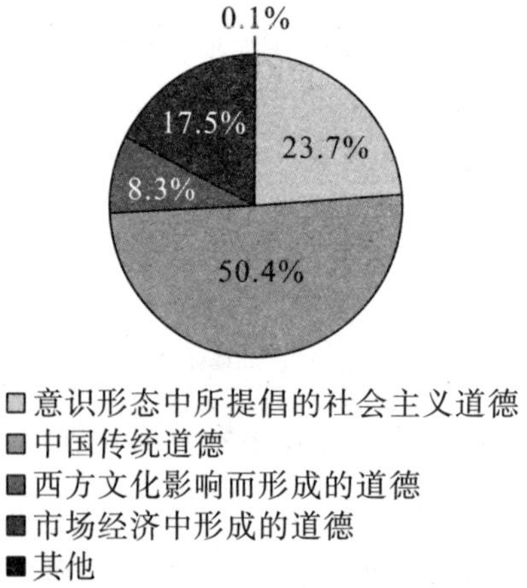

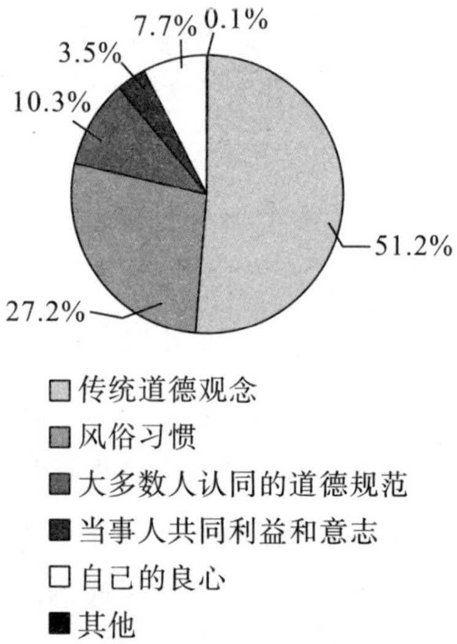

可以看出，当前社会道德生活的内容是多元的，大众对道德行为判断的依据也是多元的，儒学在其中的地位如何?在社会道德生活中，儒学仅属于“中国传统道德”的构成部分，而在个人道德判断中可能属于“传统道德观

① 原数据两题均为限选三项的多选题，此处只统计被访者认为的最重要的选项，即第一选项，数据来自东南大学“中国道德国情大型数据库”，全国随机抽样样本量为 8755。

念”“风俗习惯”与“良心”等因素的混合，与传统社会儒学所处的地位大相径庭。这两题足以说明当代社会生活远比我们想象的复杂，当前中国正处在急剧的社会转型期，多种思想资源并行交织，传统思想的地位面临挑战，但它又在社会生活中客观存在，发挥着重要的作用（均超过50%）。“儒学下行”描述了儒学在当代社会结构和社会生活中的现状，提醒我们儒学研究也要“眼光向下”，关注社会的真实状况，以谦卑的姿态在与现实社会的互动中促成当代儒学的转化，再以规范性方式建构一整套安排各项制度和安顿个体心灵的精致的形而上的儒学体系，可能只具有“审美”的意义，而不具有实践的意义。

基于“儒学下行”的思想趋势与社会背景，当代儒学应当知其不可为而不为之，知其可为而尽力为之，黑格尔说，“哲学的任务在于理解存在的东西，因为存在的东西就是理性。就个人来说，每个人都是他那时代的产儿。哲学也是这样，它是被把握在思想中的它的时代”①，儒学要做时代的同路人先要“理解存在的东西”，余英时先生提醒我们“儒学基本上是要求实践的，无法长期停留在思辨的层次，从个人的心性修养到制度化显然都是归宿到实践……没有社会实践的儒学似乎是难以想象的”②。当代儒学研究纠缠于儒学内部争辩及与西方诸种思想争夺话语权，以儒家伦理研究为例，无论认为儒家伦理更像康德意义上的规范伦理学，还是麦金太尔意义上的美德伦理学，或者比规范伦理和美德伦理更为高明的德行伦理、角色伦理，足以与西方最精致的道德哲学相抗衡，如果它不能造就当下中国社会个体人格的良善，不能促进社会诚信、社会公正等问题的改善，儒学就失去了它被称之为儒学的名义，有名而无实。

三、通向“儒学社会学”

在对当代儒学评述与“儒学下行”分析的基础上，尝试提出“儒学社会学”的构想，既是儒学研究的方法革新，又是导向儒学规范性建构的过程策

---

① ［德］黑格尔：《法哲学原理》，范扬、张企泰译，北京：商务印书馆，2009年，第12页。

② ［美］余英时：《现代儒学的困境》，收录于《现代儒学的回顾与展望》，北京：三联书店，2004年，第54页。

略。儒学社会学以对“是”的深描为前提，以对“应当”的构建为目的，以进入和参与大众的日常生活为旨归，从心灵、自我与社会三个层面展开，建立一种对话式与开放式的公共儒学。

（一）从性质上看，儒学社会学区别于社会儒学、“儒家的社会学”

谢晓东教授等倡导的社会儒学从“儒学在现代社会到底还能扮演什么样的角色？儒学究竟应当在什么领域发挥自己的作用？”开始发问，批评了心性儒学、政治儒学、制度儒学等的不足之处，认识到当代儒学诸形态忽视儒学境遇、罔顾社会真实状况的缺陷，阐释了“社会”概念的内涵与外延，总体上社会儒学有三重含义：第一，“从儒学视角对社会生活进行反思与总体把握的含义，因而是一个哲学概念”，以区别于“儒学社会”的社会学含义；第二，“建立在对人类群体生活的基本转型的认识、对传统儒学的基本价值和缺陷的认识、对儒学在现代的基本限制的认识基础上的一种反思性儒学”；第三，社会儒学“是一种后共同体时代的、以市民社会为基本立足点的、以非政治化为基本特征的、以人伦日用为基本关注点的儒学形态”。[①] 尽管社会儒学的反思性切中当代儒学的要害，但它本质上还是一种意图从整体上建构当代儒学体系的“哲学形态”，黄玉顺教授认为其思想方法是先验论的[②]，同时它又将自己的范围从时间上缩小为“后共同体时代的现代社会的儒学”，从空间上（存在的领域）缩小为“以市民社会为活动空间，从而通过社会的形式发挥作用和实现价值的儒学”，无论“社会”的概念主要出自滕尼斯还是当代社会学的论述，它的根源来自黑格尔《法哲学原理》对“市民社会”的阐释。在黑格尔看来，市民社会是实体的阶段性的存在，终究要在走向国家的伦理实体中被扬弃，“后共同体时代”“市民社会”并未真切把握当代中国的特征，也无法回答“后共同体时代”“市民社会”之后社会儒学何去何从。儒学的“内圣”面向，即个体的修养、功夫论、人性论，无论在任何时代都是儒学不可缺少的本质特征，儒学社会学恰恰强调儒学在当代社会对个体成人的重要作用，放弃这一观念儒学难以自我识别。笔者认为，儒学与社会之间的互动，致力于建构

① 谢晓东：《“社会儒学”何以可能》，《哲学动态》2010年第10期。后文对社会儒学的引用均出自此文。

② 参看黄玉顺：《社会儒学与生活儒学之关系》，《学术界》2018年第5期。

良好的社会秩序，是儒学自诞生以来的重要特征，并非到了当下才将其作为一种新的儒学形态提出，社会儒学的出发点是好的，但立足的基点（“社会”概念）和基本方向（“外王内圣”路径）有待商榷。

台湾著名社会学家林端教授一生致力于“儒学的社会学”思考①，借鉴社会学的经典命题与实证方法研究儒家伦理，本质上是儒学社会学的实践应用，笔者的很多思考受到他的启发，所不同的是林端教授的主要目标是通过对中国社会的宗教社会学与法律社会学研究来回应韦伯中国研究的失误，弥补其不足，晚年他未完成的三个案例研究——对《儒藏》编写计划、民间读经运动、三孔再造计划的社会学分析体现了社会学者致力于关注儒学在民间社会的发展状况及大众对儒学的理解。但遗憾的是他未能在有生之年建立一个“儒家的社会学”系统，也对儒学“内圣”面向在当代中国的状况及走向关注不够。韩国社会学教授李英灿明确提出“儒家社会学”概念②，他主要借之回应西方出现的“社会学的贫困”“社会学的危机”“社会学的无用论”，“根植于儒家的世界观……惟当以儒家的思想及其原理成为构成问题的方式、解释自我整体性的理念、知识的合理性根据时，才能叫‘儒家社会学’”，可见他的目标在于构造一种新的东亚式社会学范式，而非回应儒学的当代困境，寻求儒学思想的当代转化。李英灿教授认为，“社会学的真正本质不在于方法论的科学性程度如何，而在于能否为幸福的生活和健康的社会提供真正的智慧”，儒学的觉解的智慧和伦理的智慧有助于提高社会学的“规范的整体性”，这为儒学社会学的思考带来了有益的启发。

（二）从方法上看，儒学社会学借鉴社会学的方法研究儒学问题，更新儒学范式建构的过程逻辑

当代儒学的研究方法如出一辙，以思辨性建构与文本解读为主，陷入思想独白式的形上观念纠缠，是“坐在摇椅上的儒学”。儒学社会学主张儒学研究从书斋走向田野，无论是借用调查问卷的工具，还是通过田野观察的民族志、口述史等手段，本质上是一种实证取向的方法论。以实证的研究范式关注具有主观性、评价性与规范性的儒学思想问题，通过“外在证成”的逻辑基础，

---

① 参看蔡博方：《儒家的社会学：一个未竟之业》，《原道》第21辑，第295－312页。

② 参看［韩］李英灿：《儒家社会学何以可能》，《孔子研究》2003年第1期。

强调儒学范式建构建立在充分把握社会经验事实的基础上，进而再展开价值判断，在实践领域恢复儒学之“实然”与“应然”二者的连接，“实—证”的结合体现了新的理论生成过程，社会学方法呈现“实”，由“实”而“证”。通过引入社会学方法，往往可以给当代儒学研究带来新机，试举两个典型的研究案例。

案例一：上文提到的“儒学是否为宗教”之争，黄进兴先生另辟蹊径，运用历史社会学和文化人类学方法，研究孔庙这一“物质形态”的历史及其从祀制度，关注历史中与儒教相关的宗教实践行为，发现在传统中国社会儒教确为一种特征鲜明的宗教，只不过近现代一百多年来的历史文化心理积淀，逐渐将儒学仅仅作为一种哲学思想对待。这样的研究有理有据，难以反驳，生产了儒教问题研究的新知识，迥异于对宗教定义的纠缠。黄进兴教授谈到“这个问题之所以难以解释，就在于那些名师大家以前都是从宗教定义开始讨论，而每一个人对宗教的定义都不一样，所以谁都说服不了谁。现在有些人说儒教是宗教，他们只是依据《易经》《尚书》《四书》来发挥，但是也解决不了问题，因为芸芸众生不是从那些经典出发的”①，他的研究可以帮助我们反思儒教的当代命运与儒家信仰传统何去何从。同样，美国学者孙孝正（Anna Sun）2013 年出版的著作 *Confucianism as A World Religion* 一书运用社会学方法考察了中国、日本、印度尼西亚等地对儒教的社会实践，发现当代儒教正在潜移默化地影响东亚社会人们的日常生活。反观大陆当代儒学，扎实的实证著作凤毛麟角，儒教观念之争依然风生水起。

案例二：自五四以来，激烈的反传统尤其体现为反对儒家伦理观念，“五伦”（对“三纲”的批判最为剧烈，事实上“三纲”是将“五伦”的道德价值绝对化）首当其冲，然而五伦范型又是儒家社会伦理思想最核心的部分，经过一百年的历史过程，儒家“五伦”在当代社会的命运如何，这不是思辨玄想能回答的问题。东南大学道德发展研究院在 2017 年全国与江苏道德国情调查中为此专门设置了一个问题——“在生活中你最重视的伦理关系”，由于社会分化，当代社会伦理关系的种类与数量远超传统社会，根据统计当前大众

---

① 黄进兴：《把握儒教的历史真实不能仅仅从经典出发》，《文汇报》。黄进兴先生的儒教研究参看其著作《优入圣域》《圣贤与圣徒》等。

最重视的“五伦”如下①：

	第一伦	第二伦	第三伦	第四伦	第五伦
全国	父母与子女	夫妇	兄弟姐妹	同事同学	朋友
江苏	父母与子女	夫妇	兄弟姐妹	个人与国家	朋友

可以看出，传统“五伦”关系至少有“四伦”没有发生变化，“君臣关系”缺少制度挂搭，转换为社会中的同事同学关系或现代意义上的个体与国家的关系，这意味着儒家伦理依然在现代社会发生着巨大的作用，人们对伦理原则的理解发生变化，但儒家对伦理关系的谋划仍具有普适意义。由此可以推动我们思考“新五伦”如何建构，思考如何推动伦理观念的现代转型，这是借用社会学方法进行儒家伦理研究的范例。

儒学社会学并非陷入对无限多的具体问题的琐碎研究之中，而是主张借此更新规范性理论建构的逻辑过程，在社会生活中检验我们先入为主的哲学观念，将儒学研究从“应当”到“应当”的推理转换为以对“是”的深描为前提，以对“应当”的建构为目的，让儒学研究真正进入与参与大众的日常生活，此即是研究方法的“下行”，是适应“儒学下行”的研究策略。

（三）从内容上看，儒学社会学可以从心灵、自我与社会三个方面展开

这是笔者经由对当代儒学现状及未来发展方向思考提出的初步设想，概述其要：

心灵层面的研究不是构造新的心灵哲学，而是在深入考察分析当前社会大众心灵的习性基础上分离出儒学的影响，儒学观念在何领域、以何种程度、通过何种方式塑造当代社会大众的心灵惯习，并经此反思儒学可能对当代中国人提供何种心灵依托。儒学所能提供的终极价值和精神资源可归结为“伦理信仰”，即对作为“伦”的诸现实实体（家庭、社会团体、国家、世界）和“天”的精神实体之归依，至少它应当成为当代社会众多终极价值诉求之一，以区别于对位格化的神的宗教信仰。

自我层面的研究关注个体化社会人的道德情感和道德行为，儒学在个体“成为一个人”中可以发挥何种作用。儒家的人性论、功夫论能否通过有效的

① 全国的有效样本量为8755，江苏的有效样本量为4362，加在一起超过万人。

社会过程给个人带来真正的转化，社会大众能否运用儒学思想资源规范自身的道德行为，在此经验研究基础上，构建“为己伦理学”，以区别于西方的规范伦理学与美德伦理学之二元对立。

社会层面的研究最为广泛，儒学如何造就健康社会，从家庭、社会社团（企业、公益组织、行业协会等）、国家、世界诸实体如何贯通应用儒家伦理原则，乡村治理、城市发展如何借用儒家思想资源，其本质是人与人之间、群体与群体之间如何通过儒学思想介入形成新的共同体，回应当代社会最为棘手的道德自由与伦理认同的矛盾对立问题，进而构建儒家的“社会伦理”。

三个方面的逻辑联系是，通过儒学社会学的方法和理念，研究当代社会大众个人如何信仰、个体如何行动、社会生活如何可能，三者是当代儒学大有可为的领域。不难看出，笔者的主要观念是为了适应“儒学下行”的思想趋势与社会背景，当代儒学要重新系统地发掘儒家伦理资源，阐释一种适应当代社会的儒家道德哲学，以开放式和对话式的方式进入公共生活领域，发展公共儒学。这一构想尚需要在更大篇幅的文章中进一步求证。

新人文主义儒学
——学衡派主将梅光迪思想研究

阎佳佳
（湖南大学岳麓书院）

【摘要】 在关于中国文化现代转型的理论研究上，学衡派与新文化派有着截然不同的诠释眼光，这种诠释眼光是从另一种“现代性”立场上对新文化运动的问题进行“纠偏”。其中，梅光迪的儒家现代转型思想与新文化派的碰撞，呈现的正是中国文化现代转型的问题所在。由此，梅光迪的新思想，可能预示着一种不同于新文化派、而具备另一种可能性的现代化转型思路。这种新的思路，本论文称之为“新人文主义儒学”。梅光迪的“新人文主义儒学”以其师白璧德（Irving Babbitt）“新人文主义”理论为基础，主张文化以“适度性”为核心，注重中西价值观念共同遵循的内在人性法则，主张以“人的法则”来反对“物的法则”。因此，梅光迪理论的落脚点在于：学者应当以研究、阐明儒家核心理念本身的现代性，及其逻辑性为本务，昌明国粹，融化新知。当我们坚信中国文化的内核仍在以儒家传统为主时，梅光迪的“新人文主义儒学”可以提供可能的借鉴。

【关键词】 儒家；新人文主义；梅光迪；学衡派；新文化运动；现代性

绪　论

在“五四”新文化运动这个决定中国近百年文化命运的特殊时期，主流知识分子在追求西方的思想与理念上，有着明确的目的性。在相当长的一段时间内，人们普遍认为“激进主义”才对文化的发展起推动作用，而“保守主义”则是中国文化现代进程的阻碍力量。在这样的普遍情绪和认知中，文化界乃至政治思想界，知识分子在对中西文化和中国命运的选择中，默认了来自西方权威的现代性模式，将“物竞天择”这一“征服式”的进步史观嵌入中国的现代化模式。然而，作为同样新知识分子群体的学衡派，却提出了与之完全相反的学术观点，他们坚持长远而温和的“新儒家”“君子”“儒教”的方式，引进的是与杜威、达尔文截然不同的白璧德（Irving Babbitt）“新人文主义”（The New Humanism）哲学，并希望在中西文化平等的眼光下对中国传统儒学乃至整个中国文化进行现代性转型建设。

在中国文化的现代转型的学理上，学衡派与新文化派有着截然不同的诠释眼光。学衡诸人从他们理解的“现代性”角度认识到，新文化运动的一些极端理论和不可控后果将对整个中国文化命运带来巨大影响，因此，学衡诸人试图力挽狂澜，从他们的“现代性”立场上对这些问题进行“纠偏”。事实上，双方的分歧所展示的是对中西文化的不同理解向度，而这种不同的理解向度决定了他们对中国近现代文化转型提出的截然不同的文化解决方案。正如俞兆平所指出：

> 激进对于保守的批判是合理的，但保守对于激进的质疑也是必要的。在学术史的建构上，我们不能仅以政治趋向而否认其学术地位，甚至取消其作为一种思潮的客观存在。因此，对其判断就必须进入纯学术层面。①

就学术本身而言，双方的思路恰恰是现代性内部的虽然争议不止、却能相辅相成的推动力量。换言之，双方都属于现代性内部范畴，只是在走向现代性的路径上，有着不同的思考方式和价值取向。

因此，本论文希望以纯学术的严肃性，将学衡派在当时本应充分探讨、却被悬搁下来的思考加以重新展现，特别借由梅光迪对儒学进行的时代诠释，研究这种诠释具有怎样的启蒙意义，探索区别于五四新文化派的传统文化现代性转型思路，以此观察儒家在面对现实的困境时如何处理的可能。

---

① 俞兆平：《中国现代三大文学思潮新论》，北京：人民文学出版社，2006 年，第 296 页。

（一）梅光迪思想研究的意义

时至今日，当我们试图超越新文化运动的视野、重新考察五四时期救亡与启蒙的文化运动及其各种思想碰撞时，学衡派无疑具备了特殊的代表性。在新文化运动所遭遇的众多反对势力中，学衡派是较有规模、较有代表性、同时在西学功底和学术水平上相当有实力的群体。如果说新文化运动是由早期接触西方文明的知识分子发起的文化运动，那么，梅光迪等《学衡》核心人物大多出身传统书香世家，又都曾留学欧美高等学府，对西方文化理解深刻，回国后也大都在高等名校任职，无论从家庭出身、教育背景、社会地位等各方面来看，学衡诸人均算得上第一批真正具有世界眼光的中国知识分子，然而他们却成为反对新文化派的主力，这样的文化身份便显得特别耐人寻味。究竟是什么原因使得这批最不应该反对“现代”文化的学人偏偏反对如火如荼的“新文化”？又为什么他们的声音在沉寂了大半个世纪后再度引起热议？

在认真考究学衡派与新文化运动的关系时，我们发现，对于以儒家为主体的中国文化的现代性转型而言，学衡派群体所坚守的哲学理念，在大陆儒家的现代性思考中严重缺失，这确实是一大憾事。事实上，与其说学衡派反对“新文化”，倒不如说学衡派对新文化运动过程中所暴露的一些问题进行了一番“纠偏”，这些“纠偏”围绕着以儒家为主体的传统文化的现代转型方式、学术理论和教育传承等问题展开，体现出《学衡》杂志十多年“文以载道”的坚持。而学衡派的儒家现代转型思想与新文化派的碰撞，呈现的正是中国文化现代转型的问题所在，从而可能预示着一种不同于新文化派、而具备另一种可能性的现代化转型思路。这种新的思路，本论文称之为“新人文主义儒学”。

不可否认的是，百年来的中国文化现代转型过程中是存在一些问题的，这尤其表现在建设新文化的过程中我们对中国自身文化的认知、摆放的位置、处理的方式上。此时，以超越新文化运动的视角，重新考察与之相对抗的学衡派，借由学衡派来探讨中西文化的另一种诠释方式，并通过考察学衡派的得失，而对中国文化现代转型提出另一种可能性，这无疑具有非常重要的思想意义和现实意义。

（二）梅光迪的生平及其著述

梅光迪（1890—1945），字迪生、觐庄，《学衡》杂志的发起人、筹办人，五四新文化运动时期“学衡派”重要代表人物之一。

梅光迪出生于晚清，宣统三年（1911 年）赴美国留学，进入威斯康星大学读书，而后转学到芝加哥西北大学深造；1915 年毕业后，入哈佛大学研究院，师从人文主义大师白璧德。白璧德与梅光迪两人的思想相当契合，新人文主义对梅光迪的启发甚大，乃至日后梅光迪回国后创立学衡派，亦与白璧德有着深刻的关联。

梅光迪于民国九年（1920 年）应刘伯明之邀回国任教，并着手创办了《学衡》。《学衡》杂志共出版 79 期，于 1933 年停刊。其长期撰稿者，除了梅光迪、吴宓、胡先啸外，主要有柳诒徵、王国维、景昌极、缪凤林、张荫鳞、汤用彤、孙德谦等，他们大多数师出名门，在传统师承教育的同时接受过西式教育，其中有三分之一留学欧美的高等学府。梅光迪组织了学衡派诸人，并对《学衡》杂志有奠定学术主轴的功劳。梅光迪于学衡后期出于对国内学术的失望而受邀任教哈佛，并致力于宣传儒学对世界文化的现代化进程的独特价值。①

梅光迪于 1945 年 12 月 27 日因心脏病病逝于贵阳，享年五十六岁。

梅光迪著书并不活跃，其主要精力在课堂教学与学术讲座上。他在国内第一个提出“民间文学”的概念，在中西比较文学，尤其是欧美文学和哲学的引进与学科建设上填补了大量空白。

梅光迪本人并未出版专著，其所作文章和观点散见于民国前后国内外各种报刊以及其学生手稿。因此，其著作均为后人整理，主要有：

《梅光迪先生家书集》，李今英编，1980 年台湾中国文化书院出版；

《胡适遗稿及秘藏书信》第 33 册，收录了梅光迪与胡适的通信，耿云志主编，1994 年黄山书社出版；

《梅光迪文录》，罗岗、陈春艳编，收录梅光迪新文化运动前后发表的主要文章和他与胡适等民国学人的书信稿，2001 年辽宁教育出版社出版；

《梅光迪文存》，由中华梅氏文化研究会组织，梅铁山、梅杰负责编辑，

---

① 梅光迪说：“我辈决不能满意于所谓 modernization civilization，必求远胜于此者，以增世界人类之福，故我辈急欲复兴孔教，使东西文明融化，而后世界文明可期，人道始有进化之望。”详见梅光迪《致友人书信·第十二函》，见《梅光迪文存》，武汉：华中师范大学出版社，2011 年，第 516 页。

2011年华中师范大学出版社出版，除了将上述三种内容收录之外，另外补充了梅光迪大量散见国外的中英文资料，以及最新发现的《文学讲义》全本书。这为还原梅光迪真实面目、研究梅光迪思想提供了极为重要的史料。

（三）梅光迪思想研究的现状

1. 中国大陆的梅光迪思想研究

新中国成立前，梅光迪与学衡派主要作为新文化运动的对立面，是负面形象。白话文运动最终以胜利告终，整体大环境的倾向使得学衡派在学术界受到有意冷落或误读，直到20世纪90年代，大陆仍有学者因为误读而继续误读下去。

改革开放以后，伴随着“五四”再评价和台湾学衡派研究热潮，梅光迪与学衡派人物再次进入大陆学术界的研究视野。1986年，林毓生出版了《中国意识的危机——“五四”时期激烈的反传统主义》[①]，使得大陆学界掀起了对“五四”反思的思潮，而这些学者所指出的新文化运动的种种缺点，比如将传统妖魔化、全盘西化、二元对立的机械文化观等，恰恰是六十年前《学衡》力图纠正的问题。此后人们的思想渐渐多元化，对学衡派的研究也渐渐回归学术正轨，挣脱固化思维的影响。

综合国内外关于梅光迪思想的研究，其文学、古典美学、现代大学语言学科教育、民间文学等领域均有涉及，尤其是关于梅光迪与胡适、梅光迪与《学衡》杂志、梅光迪与东南大学、梅光迪与白璧德思想的研究渐获关注。然而在这种研究热潮当中，梅光迪思想本身的内在价值还未得到充分挖掘；尤其是关于梅光迪的儒家哲学、现代性启蒙思想的研究，是其中一个显著的薄弱环节。

关于梅光迪思想的研究，可以大致分为两个类型：

一是采用比较研究的方式，通过梅光迪与胡适的思想交流的来龙去脉，包括早期的共识与相互启发，后来二者的观点分歧，体现出梅光迪在对中国古典文化，尤其对儒家的诠释和论述中所体现的立场和思想。

刘贵福的论文《梅光迪、胡适留美期间关于中国文化的讨论——以儒学、

---

① 林毓生：《中国意识的危机——“五四”时期激烈的反传统主义》，穆善培译，贵阳：贵州人民出版社，1986年。

孔教和文学革命为中心》[1]，在大方向上对梅光迪早期的文化思想进行了比较全面的把握，提到梅光迪在与胡适讨论中提出了几个重要观点：一是复兴古学在学校的一整套方案；二是对国粹派与西化派的批判；三是梅光迪的孔教主张还有为西方世界提供道德规范的意图。但这些观点作者基本都没有展开。

耿云志的《从胡适与梅光迪的争论看文学革命的时代意义》[2]、叶金辉的《梅光迪对胡适学术思想的影响》[3]，用史料考证的方式推翻了前人的一些偏见和误解，重点阐述了"胡梅之争"的来龙去脉，以及梅光迪对胡适文学革命思想形成的促进作用。其中叶金辉具体阐述了梅光迪对胡适"整理国故运动"的推动和借鉴作用，同时指出梅光迪对胡适大力劝学"颜李之学"，与胡适十余年后由拥护程朱转变为提倡颜李学派之间具有内在关联。

潘海军的《梅光迪"致友人书信"之古典诗学立场考》[4]，通过梅光迪与胡适的四十六函通信，从诗学的角度论述了梅光迪不合时宜的古典品格和自由精神，认为梅光迪"弟虽弱者，然对于自己主张，虽刀斧加身亦不舍弃"的学术立场是以儒家的仁义思想作为修养之资和道德理想。

这几位学者的研究为大陆的梅光迪研究初步提供了原始资料线索，并提出很有见解的观点，但由于研究的角度是在与胡适的对比研究中延伸，重点在阐释新文化运动"文学革命"的来龙去脉，是从文学和诗学角度的整体大范围的把握，而对梅光迪思想的内容只有零散涉猎。

二是在学衡派现代性观念研究中涉及梅光迪的部分。

研究学衡派的专著：沈卫威的《回眸"学衡派"——文化保守主义的现

---

① 刘贵福：《梅光迪、胡适留美期间关于中国文化的讨论——以儒学、孔教和文学革命为中心》，《近代史研究》2011 年第 1 期。

② 耿云志：《从胡适与梅光迪的争论看文学革命的时代意义》，见中国社会科学院科研局《中国社会科学院学术论著提要 1992 年》第三编《思想学术之部》。

③ 叶金辉：《梅光迪对胡适学术思想的影响》，《江汉大学学报》（哲学社会科学版），2012 年第 5 期。

④ 潘海军：《梅光迪"致友人书信"之古典诗学立场考》，《长春工业大学学报》（哲学社会科学版）2013 年第 3 期。

代命运》[①]、郑师渠的《在欧化与国粹之间——学衡派文化思想研究》[②]，是大陆较早的关于学衡派研究成果的集大成者。此外，八九十年代的研究文章，最具有代表性的是茅家琦的《梅光迪与〈学衡〉杂志》[③]，这篇文章对梅光迪的研究具有相当的突破，提出了思维方式的问题，从现代文化的角度指出了梅光迪的目标是建立一个融贯中西的新文化，并客观地评述了梅光迪“评判”中西文化价值的标准是“向内做功夫”，以儒家“内圣”的自我修养增加智慧，纯洁人格，完成人性。旷新年的《学衡派与现代中国文化》[④]，指出学衡派的观点深刻地隐含了当时中国思想文化界发生的三场意义重大、影响深远的论战：有关古史的讨论、科学与人生观的论战和非宗教运动的争论；并且说明学衡诸人对于西方文化的理解和解释侧重在西方古典哲学如苏格拉底、柏拉图、亚里士多德等人的思想。黄兴涛的《论现代中国的文化保守主义者梅光迪》[⑤]，肯定了梅光迪对新文化运动当时的“轰动”影响，并认为吴宓的“三界”说、梅光迪的“典型人品”区分与梁漱溟的“三大文化路向”有异曲同工之妙；此外提及梅光迪对新文化运动当时的直接影响也许刺激了胡适开始埋头“整理国故”等。这些文章是在现代人文主义的背景下对梅光迪思想的再认识，其中很多观点具有相当的启发性，但受制于当时关于梅光迪的原始资料的不足，关于梅光迪的部分来自同时期学人如胡适留下的书信、吴宓日记等资料，因而在观点的支撑上略显单薄。

乐黛云对梅光迪和学衡派的研究，补充了大量资料空白，是在海内外交流背景下开始的对学衡派的再认识。其中《梅光迪与学衡派》[⑥]，用翔实可靠的史料解释了梅光迪在哈佛与留学生群体的交流、与白璧德的渊源以及梅光迪在中西文化碰撞与中国文化转型中的作用。乐黛云是从比较文学的角度进行研究

---

① 沈卫威：《回眸“学衡派”——文化保守主义的现代命运》，北京：人民文学出版社，1999 年。

② 郑师渠：《在欧化与国粹之间——学衡派文化思想研究》，北京：北京师范大学出版社，2001 年。

③ 茅家琦：《梅光迪与〈学衡〉杂志》，《民国档案》1989 年第 1 期。

④ 旷新年：《学衡派与现代中国文化》，《中国文化研究》1994 年第 4 期。

⑤ 黄兴涛：《论现代中国的文化保守主义者梅光迪》，《北京师范大学学报》（哲学社会科学版）1992 年第 4 期。

⑥ 乐黛云：《梅光迪与学衡派》，《新文学史料》2007 年第 1 期。

的，其重点在于白璧德新人文主义在中国的发源和发展，以及梅光迪对现当代文学和中西文化比较的重要作用，因此缺乏对梅光迪的儒家哲学及其所阐释的现代性的针对性研究。

沈卫威的《文化保守主义者的历史命运》[①]，是为《梅光迪文存》的出版所作的序言，这篇小文章指出，学衡派的历史作用和价值恰恰在于其和时尚及主流的不符。万馥蕾在《梅光迪文存》出版后开始更进一步深化梅光迪的现代性思想研究，其论文《现代性视野下的学衡派理论探究》[②]，从学衡派与现代性的角度对梅光迪的理论进行研究，认为现代性本身就具有自反性，而学衡派及其理论活动也应当归属于现代性内部。

2. 大陆以外的梅光迪思想研究

对梅光迪的研究与对《学衡》杂志、学衡派的研究是大致同时进行的。与大陆反面评价不同的是，台湾地区在上个世纪60年代便开始重新评价《学衡》杂志与学衡派，且态度大多平和客观。台湾学者侯健1974年撰写的著作《从文学革命到革命文学》[③]，从学理上讨论了新文化运动时期的文学革命和30年代的革命文学现象，着重探讨学衡派与新青年派的不同立场而导致的文化冲突，其中《梅光迪、吴宓与学衡派的思想与主张》一章专题研究了白璧德与学衡诸人的内在关联及其相互影响。

美国学者傅乐诗的著作《近代中国思想人物论：保守主义》[④]，收录了刘师培、梁漱溟、梅光迪等"文化保守主义者"的相关论文，其中包括侯健的论文《近代中国思想人物论——梅光迪与儒家思想》。该文分为"梅光迪与白璧德""梅光迪与儒家思想""梅光迪与《学衡》"三个部分，详细分析了梅光迪与白璧德人文主义的思想渊源，梅光迪对儒家思想的吸收与个体公民意识的结合，梅光迪思想对传统文化传承的意义。

---

① 沈卫威：《文化保守主义者的历史命运》，见《梅光迪文存》，梅铁山、梅杰编，武汉：华中师范大学出版社，2011年。

② 万馥蕾：《现代性视野下的学衡派理论探究》，《文教资料》2014年第29期。

③ 侯健：《从文学革命到革命文学》，台北：中外文学月刊社1974年。

④ 傅乐诗、阚阳山等：《近代中国思想人物论：保守主义》，台北：时报出版公司，1980年。

此外，台湾学者沈松侨1984年出版的《学衡派与五四时期的反新文化运动》[①]，也从学衡派整体研究的角度，涉及梅光迪早期与胡适文学论争的前因后果与《学衡》创办、学衡派形成的原因，认为梅光迪古典文学审美、文化改良方式、将儒家与白璧德新人文主义相结合的理路奠定了《学衡》杂志的基调和主要方向。

此后，随着大陆开放、两岸合作研究的开始，台湾学界对学衡派主要代表人物有许多详细的研究，但由于当时原始资料的不足，双方仍主要集中在新文化运动时期《学衡》发布的文章以及其文学观点上，在儒家思想上仅仅略有涉及。2011年《梅光迪文存》出版以来，梅光迪史料研究工作迈上一大台阶，为其思想的深度研究准备了丰富的原始材料。其中，台湾“国立”暨南国际大学李兆奇的文章《时代与环境：梅光迪的人文主义研究》[②]，对本论文有较大的启发。

综合来说，在前人的研究基础上，本论文得以依据最新出版的《梅光迪文存》中收录补充的大量海内外资料，摆脱新文化运动、文化保守主义的传统视角，有针对性地从儒家哲学角度，以纯学理的方式对梅光迪思想本身进行深入挖掘，考察梅光迪的儒家现代学术的文化构建体系，并借由梅光迪对儒家文化传统转型的思考，揭示儒学在中国现代转型过程中所面临的转变与困境，探索由儒家作为主要架构的中国文化传统在时代转型中仍拥有怎样的可能性。

一、回到问题的原点

20世纪民国初年，西潮冲击引发剧烈而频繁的思潮变动，与此相伴随的是传统文化的断裂与传承的相互交织。新文化运动是其中一大分水岭。虽然就史实而论，新文化运动本身是一场接受新思想的知识分子自发而起的学术讨论，但其外延发展与五四政治运动的相继推动，使得新文化运动自此主导了中国文化走向，对中国现代思想文化产生了极大的影响。在一系列的影响中，推

① 沈松侨：《学衡派与五四时期的反新文化运动》，台北：“国立”台湾大学出版社，1984年。

② 李兆奇：《时代与环境：梅光迪的人文主义研究》，“国立”暨南国际大学人文学院中国语言文学系学位论文，2015年，转引自airitilibrary. com。

行“白话文”、“打倒孔家店”、倡导“民主与科学”等为“话语权的争夺”①而集中火力的一系列口号在新文化运动中引起轰动，一时无两。但真正的焦点并非这些口号与争议，而是从推行这一系列运动中能看出新文化派知识分子的内在动机，以及这些动机生成的背后原因，及其反映的现实与困境：

新文化运动的独特基调就是批判社会和文化传统、坚决反对偶像崇拜……潜隐于新文化知识分子主张中的一个更重要的动机，是影响深远的达尔文主义。这些人无一例外，都在20世纪初接受了将达尔文主义视为真理的教育……若把他们看成初学乍练的建筑师、文化废墟的继承人，这个文化本身已经崩溃，其道德基础受损，社会和政治上层建筑濒临瓦解。在完美合理的结构建立之前，旧体制的一部分已被摧毁。然而即使他们在摧毁旧文化的残余部分时，新文化知识分子仍然在其中搜寻有用的东西，以得到一种结构上的支持或适当的装饰。尽管其设计蓝图中将有许多新的和西方的东西，但他们的目标不仅仅是建立一个新国家，而是一个新中国。②

新文化派知识分子基于现实的困境，急于切断与传统的关系，致使“传统”与“现代”成为两个对立的概念。达尔文主义对新文化运动一代的知识分子的影响是无可置疑的，因此，当我们沿着这条线索进一步追索“中国现代性”的踪迹时，可以观察到新文化派的知识分子有着明确的目的性，这一目的或许是为了中国的富强，或许是为了摆脱外敌入侵的困境，换言之，是“救亡”与“启蒙”的同时进行。同样的概念，我们可以在五四运动的全面反传统主义中找到，他们全面引进西方的整体知识系统，其目的是为了拯救中国，使中国因而富强、独立。放在这样的背景下，新文化派知识分子在中西文化的讨论中，往往接受了来自西方权威的现代性模式，但时间和环境的不对称，使得新文化派知识分子在追求现代转型的思考中，将“物竞天择”这一“征服式”的进步史观嵌入中国的现代化模式，致使新文化派所建立的“现代

---

① 郭昭昭：《学衡派与新文化派的话语权争夺》，《理论界》2011年第5期。

② 贾祖麟（Jerome B. Grieder）：《知识分子与现代中国》，单正平译，天津：南开大学出版社，2003年，第237－241页。附注：“贾祖麟”为该名汉学家自取的汉名，“格里德尔”则为译名。

性框架”中有着相互矛盾之处。

然而新文化派所持主流观点并不等于那个时代的所有声音，事实上，近代中国文化是呈现了各种可能性的，各种不同的声音都在近百年中出现，在各自所属的领域为中国现代性转型尽一份心力。然而碍于现实的困境，国家兴亡的焦虑终究压倒了其他可能性，当思想逐渐趋于一统时，真正多元的可能性就随之而消亡。

此时，回到问题的原点，以超越新文化运动的视角，重新考察梅光迪这位与新文化派现代转型思路截然不同的学衡派思想奠基人：一方面展开其更为深层的历史和文化语境透视，另一方面进一步重新阐释梅光迪被遮蔽的文化思想的渊源流脉与现代指引，来探讨儒家现代性的另一种诠释，以及中西文化建构的深层人文精神及多元整合，也许可以为以儒家为主导的传统中国文化现代转型提供另一种可能性。

（一）梅光迪的“现代性”观念

在中国，作为理论问题的“现代性”近年来逐渐引起学界的关注；然而作为文化追求的“现代性”，其历史却已过百年。学者李欧梵认为，五四新文化运动就是“中国知识分子自晚清以来追求‘现代性’（modernity）的一部分”①，因此，这里所理解的“现代性”并非作为内涵考察和外延辨析的西方学术概念，而是在特定的历史语境中所呈现的价值观念体系。在这个体系中，新文化运动时期的知识分子自觉承担起现代性启蒙的时代使命。然而此时的中国，无论自身政治经济条件，还是外部环境都没有酝酿出西方现代性模式的社会基础，却在社会意识层面被动接受现代性的挑战，这就使得中国的现代性从一开始就在现实与理论中寻找平衡。林毓生在《中国意识的危机——“五四”时期激烈的反传统主义》中写道：

中国第一代和第二代知识分子的借思想文化作为解决问题的途径，是被根基身后的中国传统的倾向，即一元论和唯智论的思想模式所塑造的，而且是决定性的。当这种具有一元论性质借思想文化以解决问题的途径，在辛亥革命后中国社会政治现实的压力下被推向极端的时候，它便演变成一种以思想为根本

① 李欧梵：《未完成的现代性》，北京：北京大学出版社，2005年，第17页。

的整体观思想模式。五四时期的反传统主义者，根据这种思想模式把中国视为一个有机整体而予以全部否定。①

这里，林毓生直接指出了五四时期的知识分子在思维方式上存在的问题，即线性地将传统视为一个整体，并越来越呈现出传统的负面整体化的趋势。这种观点在罗志田那里也得到阐述：“民初士人认知中的现代与传统、国家/民族与文化/学术总呈现对立的一面。”② 比较典型的如新文化运动主将陈独秀的类似表述，从中可以看出，陈独秀所言“旧文学、旧政治、旧伦理本是一家眷属，固不得去此而取彼”③，即是认为：传统既然是个整体，就必须全面反对；即使孔教并非无一可取，也不能不彻底否认之；儒家作为“负面对象”的传统中枢，也势必与欧化背道而驰，因此“吾人倘以新输入之欧化为是，则不得不以旧有之孔教为非”④。

在全面反传统主义的思维倾向下，新文化派知识分子急欲切断与文化传统的传承关系，以“科学”与“民主”的口号接收了来自西方权威的现代性模式；尤其是在“物竞天择，适者生存”的进化论的影响下，新文化知识分子将“现代性”理解为了叛离历史与传统。然而这种将传统与现代截然对立的“现代性”价值观在新文化运动中伴随着五四运动高潮而带来了全面思想解放、产生了巨大能量的同时，也伴随着深藏的隐患。梅光迪后来在《人文主义与现代中国》的英文演讲中描述道：

中国只经过了一代人，便从极端的保守变成了极端的激进，的确令人惊叹……就其本身而言，她显然既没有兴趣也没有能力将所认定的西方文明与自己的过去协调起来；换言之，想要让人们凭借其理解力将新旧思想进行理智而周全的综合并非易事，尽管这种理解力在人们的精神领域中起着至关重要的作

① 林毓生：《中国意识的危机——“五四”时期激烈的反传统主义》，第86页。

② 罗志田：《裂变中的传承——20世纪前期的中国学术与文化》，北京：中华书局，2003年，第53页。

③ 陈独秀：《复易宗夔》（此函发表时与胡适共同署名），《新青年》5卷4号，1918年10月，第433页。

④ 陈独秀：《宪法与孔教》，《新青年》2卷3号，1916年11月，第4页。

用。如今在中国的教育、政治和思想领域扮演着主角的知识分子们，他们已经完全西化，对自己的精神家园缺乏起码的理解与热爱，因而在国内他们反而成为了外国人。十八世纪特别是十九世纪，在一股丰富有余但误入歧途的热情的推动下，庄严的西方现代文明的大厦建立了起来，如今它却被自己的思想家发现已摇摇欲坠，面临崩溃。①

正因为梅光迪对于这场文化运动从一开始就有着深切的担忧，因此，尽管他也曾经与胡适相约发动“一场文学革命”②，但他显然绝不赞同新文化运动那种切断传统与现代的方式。因为以他所理解的“现代性”路径来看，传统价值的全面崩溃导致的将是整个自我认知的缺失，盲目地推翻传统会造成难以想象的文化灾难。

所以，按照梅光迪的理解，“现代性”并不意味着时间上的现在性，因为传统文化在几千年的大浪淘沙中为民众传承，尤其是需要重新揭示的先秦原典中孔孟所传承的道统，其中必然有着其永恒性、普遍性且超越民族范围的世界性价值。③ 他希望回国后能发起一场“中国的新儒家运动”④，使“儒家学说彻底地挣脱几百年来她所背负的学究式的、形式主义的沉重包袱”，“向中国人和西方证明，中国文化真正的创造力在本国的现代化进程中同样大有作为”⑤。

---

① 梅光迪：《人文主义与现代中国》，见《梅光迪文存》，武汉：华中师范大学出版社，2011年，第190、191页。

② 胡适日记里提到：“1916年3月间，我曾写信给梅觐庄，略说我的新见解。觐庄究竟是研究过西洋文学史的人，他回信居然很赞成我的意见，指出宋元的白话文学的重要价值。他说：‘来书论宋元文学，甚启聋聩。文学革命自当从“民间文学”入手，此无待言。惟非经一番大战争不可。骤言俚俗文学，必为旧派文学家所讪笑攻击。但我辈正欢迎其讪笑攻击耳。’（3月19日）”见欧阳哲生编：《逼上梁山》，《胡适文集》第1辑，北京：北京大学出版社，1998年，第147页。

③ 梅光迪在诸多论述中表达对儒家原典的“原意”的推崇与重写：“吾辈改良之法，尚需求其原意。盖原意皆深涵哲理，无所不适用于今也”，并认为“先秦诸子之学极有研究价值”，只是“于国学则当洗尽二千年来之谬说”。详见《梅光迪文存》下卷《致友人书信》，第507、504、12页。

④ 梅光迪：《人文主义与现代中国》，见《梅光迪文存》。原文为英文，1930年作，今版为庄婷翻译。“中国的新儒家运动”是梅光迪引用白璧德原话，用以说明学衡诸人归国的抱负。

⑤ 梅光迪：《人文主义与现代中国》，见《梅光迪文存》，第197页。

在梅光迪想象的中国文明现代秩序里，由于“现代性”并非时间上的现在性，故而“传统”与“现代”也并非对立的概念。梅光迪论述，传统并不是真正整体负面化的，尽管“传统中的阴暗面有着官僚主义、无知、贫穷、肮脏、盗贼”[①] 等这些备受诟病与批判的残留，然而中国历史上被称为“圣人”的伟人，他们的思想同样具有“现代性”因子，因为“真正的现代人”意味着在思想上成为自己的主人，意味着即使在被动状态下接受了强势文化的冲击，也能够保持中国独立性与儒家自我转化的能力。他举孔子、孟子等为例，“尽管是在这一群人中宣扬新文化和现代性转型也并非明智之举”，但因为他们身上具有这样的现代性意识，因此孔子等圣贤若生活在当下的时代，也能成为真正的现代人，而且必然是能够承担起中国现代化的重任的先行者：

而后一种中国人，如果今天还活着的话，也能成为真正的现代人，因为他们拥有纯洁、高尚的品格，他们的观点明确而合理且迄今基本未变。他们是中国民族精神的最杰出的代表，因此我们有理由相信，只有这一类人才能担任实现中国现代化的重任，哪怕要通过仿效西方来完成这项任务；只有这一类人才知道该如何模仿西方，因为他们绝不会让自己成为没有民族特色的人，或者至多成为欧美的翻版；他们会在本质上保持自己作为中国人的特色，尽管他们都接受过现代化的训练，都持有现代派的观点。[②]

从这段论述可以看出，“现代性”在梅光迪这里是区别于西方“现代性”的，属于“中国的现代性”。这种现代性的内核里包含传统文化里的现代因子，并且暗示这种现代性因子与儒家“内圣”的精神追求是一致的。

从另一方面来看，梅光迪这段演讲实际上也表达了对《学衡》及其同道们的要求，即能够在西潮冲击下保持住思想的独立性与贯通性，首先使自己能够成为一个“真正的现代人”，进而“担任实现中国现代化的重任”。

进一步讲，从梅光迪后来反思《学衡》运动来看，他之所以有意识地强调“中国的现代性”，除了民族与传统的价值坚持外，也是考虑到西方现代性

① 梅光迪：《人文主义与现代中国》，见《梅光迪文存》，第196页。

② 梅光迪：《人文主义与现代中国》，见《梅光迪文存》，第196页。

模式自身的冲突：

西方思想界在经过了两个世纪的现代化探索之后最终能够平心静气、高瞻远瞩地看待自己的亲近派与反对派了；而中国的思想界却在现代化探索方面落后了整整两个世纪。[①]

现代化的探索意味着多元力量的相互平衡与共同促进，梅光迪的这一段话反映的正是当时西方“反现代化思潮”[②] 的声音，即美国学者艾凯（Guy Salvatore Alitto）在《世界范围内的反现代化思潮》中所言：反现代化思潮“虽说和现代化对立，它也是从启蒙的诸预设出发的。它正如现代化一样，这也是一个空前的现代现象”[③]。因此，梅光迪这种思考，算得上是中国最早的反思现代性自身内部问题的意识。他因此组织志同道合的学衡诸人，决心以中国的“新儒家运动”去制衡“腐蚀性的启蒙理性主义”[④]，因此才会说“亲近派”与“反对派”都需要平心静气、高瞻远瞩和理性的宽容。

（二）梅光迪与新文化运动

如上文所述，对于同样有志于发动一场文化运动、并做好被“旧派文学家讪笑攻击”[⑤] 准备的梅光迪而言，他与胡适对“现代性”理解的分歧，落脚到文学改革上，则使“胡梅之争”最终走向不可调和。[⑥]《文学改良刍议》在新文化派，尤其是“老革命党”陈独秀的策划下，将白话文抬高到一切文学之上的姿态，以观点的犀利而引起轰动，这意味着胡梅二人的分歧已然走向不可调和的对立面。因此，梅光迪不但连续在《留学生月刊》发表长篇，而且开始大力寻求志同道合者，以期回国后能够以自己的“新儒家运动”对抗胡

① 梅光迪：《人文主义与现代中国》，见《梅光迪文存》，第195页。

② 艾恺：《世界范围内的反现代化思潮》，贵阳：贵州人民出版社，1991年。

③ 艾恺：《世界范围内的反现代化思潮》，第30页。

④ 梅光迪：《人文主义与现代中国》，见《梅光迪文存》，第195页。

⑤ 胡适：《逼上梁山》，见《胡适文集》第1辑，第147页。

⑥ 梅光迪与胡适在文学改革上的分歧，史上一般称之为“胡梅之争”。分歧主要是白话文的适用范围与文言文的留存问题：胡适主张用白话文完全取代文言文，并自作《尝试集》抛砖引玉；梅光迪主张“诗”“文”分家，注重诗性的古典与审美。二者的主张都有考虑到推广后的深意因而无法说服彼此，为此问题，两人在美国留学生的小圈子里频繁发生论战。在新文化运动中陈独秀作为“老革命”以白话文作为突破口将传统全面推翻的时候，矛盾已经不可调和。

适等人发起的白话文文学革命。

故而梅光迪与新文化运动的关系，实际上涉及两个方面：一是梅光迪所赋予《学衡》杂志的使命；二是梅光迪与新青年派等主流观点的分歧。

从《学衡》的角度来看，梅光迪的归国与《学衡》杂志的诞生，在时机上并不占据优势；然而吴、梅文化信念的内在驱动，却也赋予了《学衡》杂志和学衡群体凝聚力和在学术上一以贯之的神圣使命。

就事实而言，梅光迪对《学衡》的影响也至关重要。一方面，梅光迪对传统与现代之关系的理解，在学术取向上为学衡派奠定了思想基础，即他对其导师白璧德的引介和他关于“新儒家运动”的构想，成为学衡群体的思想主轴。另一方面，他也为《学衡》杂志组建了最初、也最为核心的学术群体。①而这一群体及其观点对近现代中国产生了不可估量的潜在影响，尤其是在新文化阵营内部出现分化时，学衡派对现代化思潮工具理性的批评和对传统价值的现代诠释，恰恰显示其出人文价值的担当。

这一人文价值的担当与现代性反思，旷新年表述为：

> 学衡派在对传统的维护中，清楚地显示了人文价值的承担，以及对于现代化思潮的批评。学衡派在1922年的正式出现深刻地隐含了当时在中国思想文化界发生的三场意义重大、影响深远的论战：有关古史的讨论，科学与人生观的论战和非宗教运动的争论。②

旷新年所提的三场论战，学衡派本身并未参与，然而或许是因为学衡派新知识分子的博学背景以及《学衡》杂志涵盖的范围与时间跨度，决定了他们对现代中国学术不可否认的影响，具体表现在：学衡派的张荫麟、柳诒徵等人不仅质疑古史辨派研究方法的有效性，同时也反对其对历史的轻率怀疑态度；

---

① 刘伯明与梅光迪在美国便结为知己，回国后刘任东南大学副校长，因而东南大学之于《学衡》恰似北京大学之于《新青年》；梅光迪帮助并引荐吴宓求学哈佛白璧德，回国后更是大力邀请吴宓，“《学衡》总编辑之职尤非兄归来担任不可”，使吴感动并放弃北京高校与高薪来到东南大学。1922年1月，《学衡》第1期正式出版，自此学衡派的“三人一地”（梅光迪、刘伯明、吴宓，东南大学）格局初具端倪。

② 旷新年：《学衡派与现代中国文化》，《中国文化研究》1994年第4期。

王国维更是从学理上对当时的疑古风气提出批评。陈寅恪“了解的同情”的历史诠释方法，代表了学衡治史的取向。而“科玄论战”某种程度上毋宁说是新文化运动“科学主义”的转折：要求划分“人事之律”与“物质之律”的界限，区分自然科学与人文精神，是学衡派从白璧德那里借鉴并一以贯之的基本取向之一。某种程度上来说，学衡派的担当和自身受到打压时依然坚持纯粹学术研究，在新文化派思想走向极端时[①]，显得更为可贵。

而关于观点的分歧，在“现代性”观念问题上其实已经非常明确。胡梅二人的文化运动设想，被延续到新文化运动之中。从梅光迪直接回应新文化派驱除“传统”与“孔家”的文章“The Task of Our Generation”（《我们这一代的任务》）和“The New Chinese Scholar”（《新的中国学者》）中也可以清晰地看到：在白话文运动的争议背后，二者的观点已经由如何进行文字改革，扩大到如何对待传统，尤其是儒家的争议上。这与其说是梅光迪与胡适的分歧，倒不如说是梅光迪与陈、胡为先锋的新文化派的分歧。因此，不同于在早年书信中对胡适白话文诗词的修改意见，梅光迪在《留学生月刊》上专门刊发的论文，不仅仅是重申必须重新诠释传统的基本思想和有效价值，使之适应于这个时代，而且直接犀利地指向了新的中国学者应该有的观念和形象，即通过比较孔、孟、韩愈与古希腊罗马时期的苏格拉底等人的思想，认为当前追求的人文精神的内涵在中国的历史上也曾经辉煌，因而比起从未在中国有根基、强行植入的西方文明，会更适合成为当前的中国文化改革方向：

如果我在上文所说的是真实的和实际的，我们将有希望见证一个前所未有的时代，一个充满人文主义的，儒家温文有礼的时代。就如我所说的，真正的儒家思想曾在历史上的少数几个时期得以实现，而且只在这个时期的少数人身上才具备。[②]

---

① 这种极端现象是存在且明显的，例如，陈独秀在《本志罪案之答辩书》中所列举：破坏孔教、破坏礼法、破坏国粹、破坏贞节、破坏旧伦理、破坏旧艺术、破坏旧宗教、破坏旧文学、破坏旧政治。钱玄同不仅废除了自己的姓氏，而且还主张废除汉字。

② 梅光迪：“The New Chinese Scholar—The Scholar as a Man”，*The Chinses Students' Monthly*，Vol. 12，No. 7，May，1917. 引文文献仅有英文原文，为方便理解，本论文中将其翻译为中文。以下论文中引用英语原文部分均如此处理，不另注。

而这一学者应该有的风范和信念追求，按梅光迪的论述，事实上就是儒家所说的“君子”。梅光迪批判道：许多知识分子其实谈不上真正的学者，因为他们为政治、利益、虚荣所迷惑，尽管他们标榜自己为“儒家”，但根本不是真正的儒家，而“君子”也并没有几个：

从孔子到现在，儒学研究者们大量的讨论“圣人”“君子”等问题，但在现实生活中很少有人真正做到他们的境界。其实孔子的时代是产生伟人最多的时期。事实上，我们完全可以向全世界的学生展示另一种理解的，儒家圣人的时代，而不仅仅是希腊的伯里克利文明。①

而在孔子所在的时代，是这些真儒家、真君子出现得最集中的时代。因此，对于当前的学者而言，一方面应以真正的“儒家君子”的原则来完善自己，另一方面更有义务和责任向自己的学生，乃至于向世界展示这不同于以往的、被遮蔽的真正的儒家文明。因此，从这一侧面来看，某种程度上，梅光迪对儒家的推崇，使其与胡、陈领引的新文化几乎是对立的，而这决定了他在新文化运动期间对新文化派“打倒孔家店”痛心疾首，因而发表的几篇文章几近尖锐的痛斥。如此我们或许可以理解何以梅光迪急切回国、并作为《新青年》的对立面出现，以及《学衡》杂志在新文化运动的尾声中仍然逆流而行，发出反对与反思的声音。

事实上，梅光迪归国后在《学衡》所发表的文章，保留下来仅五篇左右，主要针对两个重点：一是当前时局与教育的选择；二是西方文明的引进方式。正是这两大方向的明确性，使其在学衡派的发展历史中有着难以被取代的地位。② 然而他对这段时期的论战却做出了这样的总结和描述：

---

① 梅光迪：“The New Chinese Scholar—The Scholar as a Man”，*The Chinses Students' Monthly*，Vol. 12，No. 7，May，1917。

② 需要说明的是，这5篇文章因为是针对新文化运动，故有着明显的辩论色彩，虽然可以看作思想的高峰论战，但事实上这些文章的观点可能比正面论述内容更为突出。由于后期的复杂环境和人事变动，加之《学衡》的学术论述方式也并不受青年学生欢迎，《学衡》杂志的维持异常艰难。人事变动之后，梅光迪便赴哈佛大学教授中文，试图换一种方式继续光大中国传统文化的价值。实际上，由于资料不足，大陆这些年专门集中以这5篇文章研究梅光迪在《学衡》的意义，并不能够代表梅光迪全部的思想。

中国古典主义者可能比其他任何国家的作者都更能体味儒家的名言："君子不器。"在《学衡》中人们看不到任何坚持不懈的尝试，编者们并没有像他们承诺的那样全面、深入地讨论这些难题。要研究、精选并阐明中国文化传统中所有具有重要意义的方面和问题，需要大量的文献并付诸多年的努力，做到这一点，既有利于现代中国，又有利于整个现代世界。①

因此我们可以说，梅光迪对待新文化运动的立场是从未改变的，他始终认为，无论是胡适还是陈独秀，他们所带来的西方文明对于中国人而言都是支离破碎、毫无章法的片段，而这种片段却"骗去了他们最为宝贵的文化传统"，因而这种建构的"现代中国"将会与西方当前的环境一样——"面临着现代中国文化自我毁灭的威胁"②。毫无疑问，现在看来，我们不得不承认梅光迪的远见。

但是，梅光迪对《学衡》的感情是复杂和矛盾的。尽管历史把他定位为《学衡》的主将，他也确实对《学衡》有着不可磨灭的影响，但从他的学术观点来看，《学衡》显然并没有实现他"新儒家"的蓝图。他自己也很清醒地意识到了《学衡》杂志的问题：纯学术的运作方式是它无法传播到大众的硬伤；"它缺乏必要的标语和战斗口号；他们必须更加明确清晰的提出问题，并为之提供更加具体的内容和解释性材料，这样不论是他们的对手还是普通大众都能更好的理解这些问题"；"他们必须抛开那些冰冷的学术分析"。③ 但他也并未完全失望，他肯定地写道：

中国人会清醒过来的。很快他们也会发现，一个国家好比一个人，如果其本身和它所模仿的东西之间不能达到和谐、一致，那么这种肤浅的模仿便是毫无益处的。④

① 梅光迪：《人文主义与现代中国》，见《梅光迪文存》，第194、195页。
② 梅光迪：《人文主义与现代中国》，见《梅光迪文存》，第192页。
③ 梅光迪：《人文主义与现代中国》，见《梅光迪文存》，第196页。
④ 梅光迪：《人文主义与现代中国》，见《梅光迪文存》，第196页。

（三）从白璧德到梅光迪的新人文主义

在当时的文化界，文学与哲学某种程度上是相通的。中国知识分子是从整体的知识体系中选择了具体的研究方向：胡适选择了杜威，但以白话文运动为突破口；而梅光迪选择了文学与哲学交叉的白璧德，也意图从文学改良入手，开启“新儒家运动”。侯健在《从文学革命到革命文学》中这样描述民国时期学人的共同思维：

> 在这一时代的知识分子中，几乎没有一个人，不与白璧德一样地，认为文学是人类文化活动的一部份，而与政治、社会、经济等息息相关。同时，他们反对文学革命，并非认为中国文学不当改良，而是对胡适等人所提倡的方法与范围，有原则上的歧异。①

在“原则”的差异下，梅光迪与《学衡》诸人开展出不同于新文化派的、属于他们自己的文化脉络。然而他们的文化脉络不能与“保守”完全画上等号，或者说，梅光迪等《学衡》同人与国粹派、复古派有着明显的不同。国粹派、复古派等强调“保存国粹”，重点在于“保存”：严复强调“用以保持吾国四五千载圣圣相传之纲纪，彝伦道德文章于不坠”②；林抒也以“存此一线之伦纪与宇宙之间”为己任；后来的“国故派”也是如此，将传统预判为“古董文物”，以“送进博物馆”③ 的方式使其存留于世而不至于为后人所忘。而对于梅光迪与《学衡》诸人而言，以文学革命为焦点的文化转型的重点却是在“发展”，《学衡》的宗旨是“论究学术，阐求真理，昌明国粹，融化新知”，“以中正之眼光，行批评之职事”；目的不只是“保存国粹”，而是寻求他们认为能超越时空的永恒“真理”；方法上也是强调以哲学的批判来吸收真正有价值的“新知”。

这种哲学层面的追求和批判研究的方法，便不得不涉及《学衡》诸人最为推崇的学术导师白璧德。

---

① 侯健：《从文学革命到革命文学》，第 58 页。

② 严复：《与熊纯如书》，收录于《严复集》第 3 册，北京：中华书局 1986 年，第 605 页。

③ 参见罗志田：《裂变中的传承——20 世纪前期的中国学术与文化》，北京：中华书局，2003 年，第 91 页。

白璧德（Irving Babbitt）是美国新人文主义的创立者和主要代表人物，主张文学以“适度性”为核心的新人文主义（The New Humanism），以“人的法则”来反对“物的法则”，恢复人本身的情感与道德，其思想引领了世界文化的保守主义思潮。梅光迪等《学衡》诸人，或师从于白璧德，或非常认同于白璧德的一些观点；梅光迪本人更是接受了白璧德所提出的“新儒家运动”的建议，力图回国展开这项“实现中国现代化的重任”①。

因此从某种程度上来说，梅光迪和学衡派也确实可以归入这一“世界文化保守主义潮流的一部分”②；然而二者所面临的文化问题和本土文化环境是完全不同的。故而梅光迪的新人文主义与白璧德的新人文主义在真理的“诉求”的落脚点上有着本质的不同，这一点可以从白璧德的学生、著名的英国哲学诗人 T. S. 艾略特所引用白璧德的一段话中得以说明：

> 做一个现代人实际上意味着日益自信，并富于批判精神，意味着拒绝接受某种权威强迫个人接受的任何东西，这个权威先于、外在于、超越于个人之上。我不反对那些仍坚持外在权威原则的人们。我关心的首先不是这些人。我自己是一个彻头彻尾的个人主义者，为那些和我自己一样无可挽回地献身于这个现代人试验的人们写作。事实上，我在某种程度上之所以反对那些现代人的原因，就是因为他们还不够现代化，或者说，这就是一回事。③

白璧德新人文主义面临的和解决的问题，都是在西方自由主义范围之内的信仰追求，他称之为“超越单纯理性自我以上的境界”。这种说法在艾略特看来隐现了新教的影子，因而艾略特批评白璧德是试图超越宗教而又相即于宗教的新人文主义，而白璧德所推荐的儒家也至多算是宗教的另一种形式。

但是，梅光迪的新人文主义，却是从白璧德的理论中发现了与中国儒家学

---

① 梅光迪：《人文主义与现代中国》，见《梅光迪文存》，第 196 页。

② 乐黛云和杨扬在他们的现代人文主义研究中一致认为，学衡派的思想应当归于世界文化保守主义潮流的一部分，是属于在现代性内部的自我批判。详情可参见杨扬：《中国现当代文化语境中的白璧德——2010 年 3 月在哈佛大学“全球化与人文主义”国际研讨会上的讲演》，《思想与文化》2010 年第 1 期。

③ T. S. 艾略特：《欧文·白璧德的人文主义》，李赋宁译，原载《T. S. 艾略特文学论文选》，南昌：百花洲文艺出版社，1994 年。

说的契合点，因此，他虽然师从白璧德，却试图通过借鉴白璧德的新人文主义理论，而从传统的儒家生发出具有现代性的新的儒学。这是因为梅光迪所面对的问题仍然是中国文化何去何从的命运问题，而非自由主义泛滥导致的现代性内部的问题。

尽管如此，梅光迪新人文主义儒家的思想仍得益于白璧德的引导，因为梅光迪对白璧德学说的认同，主要是由于白璧德学说秉承的是自古希腊罗马以来所承载的西方人文精神的古典文化。与艾略特不同的是，他更多的是从白璧德的人文主义上看到了儒家转型的另一种出路，并且认为白璧德的人文主义批判能够使中国受激进新思潮所侵害的学界达到稳健与平衡状态。梅光迪如此表达过白璧德对他的影响：

衡量一位导师的伟大与否的尺度就是他帮助学生找寻自我的能力……在其影响下，他的中国学生们在看待本国的文化背景时有了新的视角和方法——这种方法的基础要比以前的更具批判性态度和技巧。这种评论方法并没有使诸多年轻的中国知识分子更快地背叛自己的文化，反而更坚定了他们的信仰。[①]

如此看来，我们可以肯定，梅光迪之所以选择白璧德的新人文主义，更多的是他从白璧德的中国想象中找到了儒家仍然具有现代价值的有力支持，而且这种理论支持可以为“新儒家”的现代性诠释提供理论逻辑和批判方法。

梅光迪也在《现今西洋人文主义》这篇文章中直接阐述了他和《学衡》的文化抱负与白璧德之间的联系[②]，梅光迪直言从白璧德新人文主义身上看到了中西文化沟通的可能性，同时看到了寻求儒家现代性的可能性。显然，白璧德新人文主义对东方文明尤其是儒家文明的某种认同，是梅光迪确认中国文化坐标必不可少的催化剂。当时的大环境是中国“处处不如人”的被动心态，因而这种坐标的确认使梅光迪看上去逆潮流而行。尽管如此，梅光迪对儒家文化现代诠释的尝试仍然在进行，并由此发展出一群志同道合的“中国新人文

---

① 梅光迪：《人文主义与现代中国》，见《梅光迪文存》，第190页。

② 参见梅光迪：《现今西洋人文主义》，原载《学衡》1922年8月第8期，见《梅光迪文存》，第156－160页。

主义群体”，这个群体由梅光迪等《学衡》诸人为始，包括但不限于胡先啸、吴宓、梁实秋、陈寅恪、汤用彤、林语堂、钱钟书以及“具有类似的思想基因且有可能受新人文主义影响的中国留学生”①。

二、梅光迪“新人文主义儒学”的学术内涵

要想达到向世人证明中国文化的内在张力能够自我调节、并有助于中国乃至世界的现代化进程的目的，梅光迪必须拿出他的理论和逻辑。在这方面，梅光迪始终将其思想贯通在其课堂和学术演讲中，并希望以教育的方式潜移默化地影响他的学生；然而也是因为这一观念，梅光迪同时也坚持着传统的著书要求。他说：

> 学问家为真理而真理，重在自信，而不在生前报酬，故其毕生辛勤，守而有待，不轻出所学以问世，必审虑至当，而后发一眼，言必研所至精，而后成一书。吾国大师，每诫学者，毋轻著述……夫如是，而后学问之尊严、学问家之人格乃可见。②

这种坚持人格教育和谨慎著书的原则，一方面成就了梅光迪和《学衡》思想的细水流长③，另一方面却也因为梅光迪的英年早逝而导致他的成书作品极少。或许正是为了将更为成熟的思考流于世间，梅光迪到了不惑之年才给自己列出《写作计划》。④

---

① 朱寿桐专门论述并考证了中国新人文主义文人群体，文章直接借用了他的这些结论，详情请参见朱寿桐：《中国新人文主义文人群体的确认》，《福建论坛》（人文社会科学版）2006年第1期。

② 梅光迪：《评提倡新文化者》，原载《学衡》1922年2月第2期，见《梅光迪文存》，第134页。

③ “细水长流”的说法，根据杨扬梳理的白璧德与杜威同时遭到大陆封杀之后的学术命运，白璧德却在台湾知识界具有相当的文化意义，以及这与他学衡代代相传的弟子之间的关系。详见杨扬：《中国现当代文化语境中的白璧德——2010年3月在哈佛大学“全球化与人文主义”国际研讨会上的讲演》，《思想与文化》2010年第1期。

④ 详见梅光迪：Outlines of Articles and Books K. T. had Hoped to Write（写作计划），见《梅光迪文存》，第257－262页。

然而从这篇庞大的写作计划中，我们或许可以找到梅光迪的哲学思路：这篇写作计划共有九大模块，囊括了他对中西文化的理解。在介绍欧美哲学思想文化历史的板块内，梅光迪不仅仅包括了当时流行的思想派别，还格外注重古希腊时代的古典哲学及其各个历史时期的重要代表；在另外其他八大板块里面，他更详细地展现了对中国传统文化，尤其是儒家文化的深刻见解，其中涉及孔教与儒家教化、儒家对这个民族性格的潜移默化、人与自然的天人合一的境界、儒家的女性观念、正义观念、道德心理、个体与社会、家族等各个方面，以及探讨了儒家是怎样成为现代中国的基石的问题。因此，集合日记、家书、学术论文、外文作品、课堂讲义等超过六十多万字的丰富材料，梅光迪思想的轮廓和内涵便更加明晰。

本章便是重点论述梅光迪及其所代表的学衡派怎样超越当时的学术环境，而对儒家思想进行现代性诠释。

（一）“新儒家运动”的构想

如上文所提及的，梅光迪回国组织《学衡》杂志所确立的《学衡》群体的目标，即希望回国后能发起一场“中国的新儒家运动”[①]：将“儒家学说彻底的挣脱几百年来她所背负的学究式的、形式主义的沉重包袱”，“向中国人和西方证明，中国文化真正的创造力在本国的现代化进程中同样大有作为”。[②]

然而由于与新文化派对“现代性”的理解不同，或者说与新文化派不同的“现代中国文明秩序”的文化认知，导致二者形成完全不同的“新文化”构想，进而二者对同样需要发起一场“文化运动”有着截然不同的理论倾向。

新青年群体在“新”“旧”不相容的社会进化论观念下发起诉诸白话文运动等“新”文化，以此来切断“旧有的”“被时代淘汰”的“一家眷属”[③]。罗志田在《裂变中的传承》中曾深刻论述过新文化运动时期知识分子的主流意识：

对一般趋新士人来说，中国“国家”的命运落实在“现代”之上，更由

① 梅光迪：《人文主义与现代中国》，见《梅光迪文存》，原文为英文，1930年作。“中国的新儒家运动”是梅光迪引用白璧德原话，用以说明学衡诸人归国的抱负。

② 梅光迪：《人文主义与现代中国》，见《梅光迪文存》，第197页。

③ 陈独秀：《复易宗夔》，《新青年》5卷4号，1918年10月，第433页。

于中国在中外竞争中明显处于劣势，许多人在说“现代”时其实是寄希望于将来，具有较强的面向未来的含义；而“古代”与“学术”则日益紧密地结合在一起形成所谓的“传统”，成为多数趋新士人攻伐的对象。①

在把“传统”几乎等同于“古代”的同时，“西方”也几乎能与“现代”替换使用，因此，罗志田说“西方”一词的时间意义常强于其空间意义。② 如此一来，士人对于“西方”“现代”“传统”“学术”这些概念都还来不及理清楚之时，学习“西方”“先进”“科学”文化，走向“民主”中国，这样的流行口号便渐渐形成了一种话语权势，以至于“西学”几乎等同于“新学”，“民主”“科学”和后来出现的“社会主义”等同于“先进”，如此等等。各方人士在文化运动中频繁使用它们，用以自明其非“落后”“迂腐”。一时间传统的“旧文化”“旧学”等都需要依靠“科学的理论”——西方的理论来证明其合理与否。

而梅光迪的“新儒家运动”构建的前提，却区别于这种以西方为典范的现代性，而是“中国现代性”，因此，梅光迪的“新儒家运动”所要构建的“新文化”与新文化时期这种将“西方”与“现代”几近等号的观点存在着不可调和的冲突。

这种“新儒家运动”的构想，在梅光迪留学早期便已经初具意向。在留学期间，梅光迪与胡适两人经常就中国新文化问题相互讨论。从胡适的记载中，我们可以很明确地看到梅光迪为输入“新文化”做好的准备：

1916 年 3 月间，我曾写信给梅觐庄，略说我的新见解。指出宋元的白话文学的重要价值。觐庄究竟是研究过西洋文学史的人，他回信居然很赞成我的意见。他说：“来书论宋元文学，甚启聋聩。文学革命自当‘民间文学’入手，此无待言。惟非经一番大战争不可。骤言俚俗文学，必为旧派文学家所讪笑攻击。但我辈正欢迎其讪笑攻击耳。（3 月 19 日）”这封信真叫我高兴，梅

① 罗志田：《裂变中的传承——20 世纪前期的中国文化与学术》，第 127 页。
② 罗志田：《裂变中的传承——20 世纪前期的中国文化与学术》，第 15 页。

觐庄也成了“我辈”了![1]

由这段记载文字来看，无论是胡适日记还是梅光迪原信都表明，胡、梅二人在新文化输入上曾有着一致的目标。这也意味着，梅光迪并未拒绝过对传统文化进行现代文明改革的思路；而且这段文字也表明，梅光迪认为文学革命可以从“民间文学”入手。

更进一步说，“民间文学”这个突破口，内在地隐藏着梅光迪对传统文化现代性因子的信念。如上文所述，梅光迪坚信传统启发着自我身份的认知，并指出“中国文化的真正创造力在本国的现代化进程中同样大有作为”[2]，中国古代那些影响中国文化的能称之为真正圣贤的人，其本身的思想是能够向现代性开放的。在陈独秀大量发表了批判孔子和儒家等中国传统思想文化的文章[3]、将传统进一步全盘否定时，梅光迪同时也在《留美学生月报》第12卷上连续发表了《我们这一代的任务》（“The Task of Our Generation”）、《我们对于国家事务应有的态度》（“Our Need of Interest in National Affairs”）、《新的中国学者》（“The New Chinese Scholar”）、《中国民族的生命力》（“The Chinese National Vitality”）等长篇英文论文，论述道：与抨击传统相比，更需要耗费巨大精力完成的艰巨任务，恰恰是如何将“真正的儒家思想和佛教思想的真善美”从两千多年的“官方儒学和佛教迷信”中重新发掘出来，并再次成为我们社会生活中的主流部分。他说：

官方“儒学”和带有迷信观念的“佛教”必须远离历史研究者们的宝贵的空闲时间，但我们是否也应当明智地坚持，让那些真正的儒家和佛教中具有永恒意义的“真、善、美”，依然走进我们的生活?[4]

---

① 胡适：《逼上梁山》，见《胡适文集》第1辑，第147页。

② 梅光迪：《人文主义与现代中国》，见《梅光迪文存》，第197页。

③ 1916年陈独秀继《吾人最后之觉悟》预言今后新文化将开展“新旧思潮大激战”，并在此后大量发表了批判孔子和儒家等中国传统思想文化的文章，极大地加快了儒家结构的崩溃进程。

④ 梅光迪：“The Task of Our Generation”，*The Chinses Students' Monthly*，Vol. 12，No. 3，Jan.，1917.

而在这艰难探索的过程中，梅光迪强调，对这项事业的激情的确是持续奋斗的驱动力，但也必须保持着清醒，从更深、更广的人类经验的成果得到锻炼。他说：

热情和浪漫确实是驱动力在我们的生活中，但他们必须清醒，脱离暴躁，加深和扩大人类经验的成果。①

（二）“新儒学”的诠释方式

“儒家”与“儒学”在英文中都是“Confucianism”；但是，就汉语而论，如果从学术的角度着眼，这里更恰当的称呼应当是“新儒学”。那么，所谓“新儒学”，作为一种学术或者思想，就是对儒学的现代诠释与转换。应当说，在这个问题上，无论从事实层面还是从对后世的影响方面来说，梅光迪及学衡派诸人是这一理路的先驱。这是因为：一方面，研究并挖掘传统学术，尤其是儒家学说的现代性价值，并以儒学为核心、重新构建中国文化现代性的基础，是《学衡》一以贯之的学术标准；另一方面，《学衡》所开创和引进的诸多思想、方法和文化观念，更是为后来的“现代新儒家”做了相当重要的准备。

在更具体的呈现方式上，梅光迪的“新儒家运动”构想展开了“新儒学”诠释方向，这一诠释方向不再是线性地将“传统”与“现代”割裂开来，而是坚信儒学内在地蕴涵着与时代相契合的自我调节能力。这一调节能力体现在儒家在学术研究领域的自我转型，并指向了两个方向：

吾人生于今日之中国，学问之责独重：于国学则当洗尽二千年来之谬说；于欧学则当探其文化之原与所以致盛之由，能和中西于一，乃吾人之第一快事。②

这一诠释方向认为，中国文化的自我转型将是一场让儒学与西方现代文化

① 梅光迪：“The Task of Our Generation”，*The Chinses Students' Monthly*，Vol. 12，No. 3，Jan.，1917.

② 梅光迪：《致友人书信 日记·第六函》，见《梅光迪文存》，第504页

相贯通的学术重构：

我辈生此时，责任独重，因祖国学术皆须我辈开辟。[①]

《学衡》的作者们并非对自身民族传统中的问题熟视无睹，而是坚信目前更为紧迫的任务是要对已取得的成就加以重新审视，为现代中国重塑平稳、镇定的心态。在他们看来，这不仅对真正的文化复兴是必要的，而且也是批判性接受西方文化中有益且可吸收的东西必不可少的条件。[②]

这样的诠释路径，于《学衡》诸人而言是一种基本的学术态度，即既不同意"腐学究"的妄自尊大，也不认同"不识群经为何物""偏偏识几个西文"就随意批孔论新的轻浮态度。梅光迪明确表示：

迪平生最恨者有两种人：一为腐学究（梅光迪在另一文章解释腐儒"有两种：其一种并不读孔子之书，徒见耶教之盛行于欧美以为耶教果有盛于孔教，于是主张废弃孔教，奉耶教为国教……其一种不出国门……又妄自尊大，以为孔教之外皆邪教也"[③]），一即此等通西文之人（据上文所述为"不识群经为何物，偏识几个西字"）……舞文弄墨作几句论说登诸西字报上，盛称孔子之害中国，中国致有今日皆孔子之咎；二者皆足以亡中国。[④]

综合来看，梅光迪的"新儒学"构想的整体构建思路是：以"民间文学"[⑤] 为突破口，发动引起社会反响的"新儒家运动"，将学术研究的诠释重点放在两个大的方向上：一是重新诠释儒家及诸子百家的原典；二是强调全面地而不仅仅侧重理性学说地引进西方哲学原著。

1. 重新诠释儒学

重新研究先秦儒学及诸子原典，即上文谈及的"于国学则当洗尽二千年

① 梅光迪：《致友人书信　日记·第九函》，见《梅光迪文存》，第 547 页。
② 梅光迪：《人文主义与现代中国》，见《梅光迪文存》，第 193 页。
③ 梅光迪：《致友人书信·第十二函》，见《梅光迪文存》，第 514 页。
④ 梅光迪：《致友人书信·第十六函》，见《梅光迪文存》，第 520 页。
⑤ 以"民间文学"为突破口，参见上文"新儒家运动构想"的说明。

来之谬说”。其具体要领，在于“洗去”汉宋以来的“误读谬说”，回归原典本身：

先秦诸子之学极有研究价值。吾辈归去后，当设会研究，刊行书报，此吾国学术上之大题目而无人提及，希腊罗马人之书，闻者惊佩，谈者乐道，而自己家中更有高于此者，乃将使之湮没不彰，冤矣。[①]

梅光迪后来自己写了《孔子之风度》[②]，对孔子人格和思想重新阐释。他开篇即论述道，历史上类似于孔子这样的伟人，因为“年代愈远则其真相愈难明”，从学术变迁来看一个伟大人物的声誉有升有降也是正常，今日对孔子和儒家“遭逢厄运”也与道学家对孔子风采的误读不无关系。因此，他“试就《论语》所及孔子饮食起居待人接物之处，细心领会，则吾人向日眼中道学化之孔子，当可澌除不少，而一蔼然可亲意味深长之孔子，乃活现于吾人想象中”[③]。

在梅光迪的诠释中，孔、孟是介于“程朱道学派”与“老庄派”的中间者，“有老庄之超逸，而无其放荡，有道学派之严谨，而无其拘泥”；朱子精深博大，自是大贤，“然究竟朱子受佛学影响太深，故其哲学趋于玄想，不若孔孟学说之切于寻常日用，如布帛粟菽之不可须臾离也”[④]。

在具体的诠释上，梅光迪举例《乡党》篇所记载的琐屑事迹，说明孔子的卫生与审美原则。关于孔子与诸侯大夫的周旋进退，他写道：

骤视之，则孔子似一老于事故面面俱到之中朝大官，细审之，则知其视礼仪为人群之必须品，须内外如一，而后人与人可相安无事，社会之秩序，人生之以为，皆可藉以维持。即所言者“礼者所以情貌也……中心怀而不渝，故疾趋

---

① 梅光迪：《致友人书信　日记·第十函》，见《梅光迪文存》，第512页。

② 梅光迪：《孔子之风度》，原载《国风》1932年9月第3号，见《梅光迪文存》，第168－172页。下面论文关于“孔子之风度”引号部分的词汇均出自此文，故不另注。

③ 梅光迪：《孔子之风度》，见《梅光迪文存》，第168－172页。

④ 梅光迪：《孔子之风度》，见《梅光迪文存》，第168－172页。

卑拜而明之。实心爱而不知，故好言繁辞以信之。礼者，外节之所以渝内也”。①

所以，梅光迪诠释的孔子是个性情中人，孔子对礼的提倡是属于社会组织秩序的一部分，而不是个体的人格上的上下尊卑：

孔子学说，虽严尊卑上下之分，然此为人情全部之组织而言，至其个人交际，固纯然超出分为思想，而实行平等主义者也。②

梅光迪也批判当时社会上一些所谓“平等”提倡者，他们以“改良社会为名”对“老百姓”各种“陋习”横加指责干涉，实际上是一种无知和无礼。他主张新知识分子应当向孔子学习，学会尊重“乡村生活”：

“孔子于为乡党，恂恂如也，似不能言者”，“乡人饮酒，杖者出，斯出矣”，“乡人傩，朝服而立于阼阶”，其对于不识之“老百姓”，一副真诚和蔼气象，实可为现代少年，以改良社会为名，于“老百姓”之一切生活习惯，动辄加以非笑干涉者之对症药也。③

2. 引进西方哲学

梅光迪强调全面地而不是仅仅侧重理性学说地引进西方哲学原著，即“于欧学则当探其文化之原与所以致盛之由”。根据《学衡》与梅光迪的相关资料可知，他仍然以古典哲学为侧重，尤其是古希腊和近代文艺复兴时期的哲学，认为这些才是西方文化的精髓。因此，梅光迪与《学衡》诸人也是最早将柏拉图、亚里士多德等古希腊原典译介到中国的人。

但是，梅光迪并不认同新文化运动主流那种神化“西方”的倾向。在梅光迪看来东西方文明应当开展一场平等的对话，因为：

---

① 梅光迪：《孔子之风度》，见《梅光迪文存》，第168－172页。

② 梅光迪：《孔子之风度》，见《梅光迪文存》，第168－172页。

③ 梅光迪：《孔子之风度》，见《梅光迪文存》，第168－172页。

东西方文明的共通之处是无法抹煞的，如果从历史的角度对两者加以审视的话更是如此了，在悠长的历史长河中她们都产生过许多伟大的精神领袖。①

因此，在面对西方强势文化的冲击时，中国学者需要坚定立场，能够以中西文化平等的视域去探西方文化之源。

韩晗在《关于〈学衡〉杂志的再思考与再认识》一文中指出，学衡派最重要的贡献便是“上清旧文学之弊，下启新儒家之源”，并认为学衡派在重新诠释儒家的方式上有三种典型的取向，分别以柳诒徵的文化重建和文化史结构重构思想②、吴宓的以新儒学为中枢的保存中国传统文化思想③和梅光迪的中西学理贯通④思想为代表。韩晗评价梅光迪的这种思想超越民族国家的视域，从人类本身出发，认为真知是属于全人类贯通的追求：

而梅光迪敏锐的在中西文化中找到了共同之处，“大凡人文思想，无非是学理求真，心理向善，德理寻美，仅此真善美三条而已。”……这种真知是属于全人类的，不是站在狭隘的民族主义思想上或是洋奴主义思想上的伪学术。⑤

韩晗所论述的这三种“新儒家”的诠释方式，在《学衡》共79期十多年

---

① 梅光迪：《孔子之风度》，见《梅光迪文存》，第168－172页。

② “柳诒徵认为，文化问题不能简单的依据进化论‘新必胜于旧，现代必胜于过去’的观念，因为人文学科不同于自然科学，人文科学是‘积累而成，其发达也，循直线而进，愈久愈详，愈久愈精妙’，真正的新文化，是中西古今一切优秀文化积淀融汇而成，正是基于这种观点，他提出了具体而微的‘文化重建和文史结构重构’的思想。”（韩晗：《上清旧文学之弊，下开新儒家之源——关于〈学衡〉杂志的再思考与再认识》，《船山学刊》2006年第2期。

③ “吴宓解决问题的思想则是以新儒学为中枢的，他提出要‘尽量多’的保存中国传统文化，从而使中国传统文化走向世界，这种站在古今中西文化冲突，站在世界文化发展高度的思想是极其难能可贵的真知灼见。他为当下人在工业化环境下的发展提出了自己的构想，指明了方向，为中国文化与世界文化在本世纪的平等交流对话作出了奠基性的贡献。”（韩晗：《上清旧文学之弊，下开新儒家之源——关于〈学衡〉杂志的再思考与再认识》，《船山学刊》2006年第2期。）

④ 韩晗：《上清旧文学之弊，下开新儒家之源——关于〈学衡〉杂志的再思考与再认识》，《船山学刊》2006年第2期。

⑤ 韩晗：《上清旧文学之弊，下开新儒家之源——关于〈学衡〉杂志的再思考与再认识》，《船山学刊》2006年第2期。

的文章中充分体现出来，其所带给中国现代学术的影响力也能从学衡派成员的影响力上得到证明。[①] 梅光迪等人通过为中国原典哲学“正名”“解蔽”的方式，借由西方的新人文主义等现代哲学思想来重新审视以儒家为主要代表的传统文化，并将其视为世界文明的一部分，与整个人类不同种族的文明间具有通融性。

（三）儒学的“永恒价值”

梅光迪在总结回忆中非常肯定和明确地表述：《学衡》的立足点就是儒家学说。他说：

> 《学衡》的特别之处更在于它以各种方式告示国人，建立一个新中国唯一坚实的基础是民族传统中的精粹部分；其立场集中表现为哲学、政治和教育上的理性主义及文学中的古典主义。也就是说，其立足点是儒家学说，尽管它并没有宣布要成为儒家运动。[②]

立足于儒家学说这个根本，梅光迪的“新儒学”诠释的格局即是将儒学放在整个人类社会的大格局中，而非仅仅视为中国的救国之策。因此，他的哲学诠释无一不体现出对人类终极关切、“永恒真理”的追求。这种对“永恒”真理的描述，曾多次出现在梅光迪的各个文章和演讲之中。尽管他并未明确指出所谓“真、善、美”“全人类一致赞同”的具体内容是什么，但在梅光迪的观念里，这种永恒的、能够为“全人类”所认同的真理是不言而喻的。这里

---

① 《学衡》主要撰稿人除了吴宓、梅光迪外，还包括陈寅恪、王国维、汤用彤、胡先啸、柳诒徵、廖凤林、林宰平等，这些人后来在文、史、哲各个领域的影响力足以说明学衡派对现代学术学科的创建之功。而我们也可以从《学衡》杂志所刊发的大量作品中窥见一瞥：陈寅恪在《学衡》发表的《冯友兰〈中国哲学史〉上册审查报告》，便提出“同情之理解”的研究取向；刘伯明的《学者之精神》、梅光迪的《评今人提倡学术之方法》《论今日吾国学术界之需要》、吴宓的《文学研究法》、胡先骕的《论批评家之责任》等都提出现代学术对学者的要求和学术研究的方法；《学衡》杂志上还包括大量的古典原著研究，如马承堃的《国学摭谈》、钟歆的《老子旧说》、缪凤林的《四书所启示之人生观》《文情篇》《文义》，王恩阳的《大乘起信论料简》，柳诒徵的《汉官议史》《顾氏学述》《中国乡治之尚德主义》，刘永济的《中国文学通论》，王国维的《释天》等，几乎涵盖了中国古典文化的方方面面。

② 梅光迪：《人文主义与现代中国》，见《梅光迪文存》，第193页。

也许可以借用法国思想家于连对于中国人“智慧”[1]的解释来说明，于连认为，中国人对于智慧的思考方式是一种“玄妙而隐”的状态，因此很多真理的表现形式都是以空白或者别的方式的描述来呈现的。这种呈现方式同样适用于梅光迪，他将思想的类别区分为“属于久远的”与“属于一时的”：

思想永远存在，好像安乐（Arnold，1822—1888），他讲文化 Culture 一篇，是很有永存的价值；卡莱尔（Carlyle，1795—1881），他说人在世上，应当工作；没有工作，便不进化。有的文学中表现的人生观，也很能传世；好像莎士比亚集中的人生观，就是好例。

一时的思想，好像宗教、政治、社会，各种的时事问题都是的，又时事所趋，投其所好的文字，亦不能久传，又当时看做重要的问题，未久就得到解决的，这也不能永存。[2]

也就是说，思想的永久性价值在于它所思考的问题和所传达的内在精神。因而，他也在区分人文与科学时说“文学著作本身有永存的价值”[3]。他举《诗经》为例，说明科学与人文学科的不同：科学有定律可循；而人文思想中的内涵却需要永远具体的存在，然后才有价值。

对“永恒”真理的追求与挖掘，是梅光迪寻求儒学能够进入现代的前提依据，因此，在强调儒家的内在立足点之时，梅光迪每次都会先行描述“永恒性”。例如他在课堂上举证古典文学的价值是与时间的古今没有关系的，并说明这些研究事实上是一种通识教育：

因为古典文学是过去一切经验、生活、智慧堆积而成的蓄水池，普通人读了可以扩大他们的心灵，提高他们的道德，教他们如何做一个完全的人。[4]

---

① 弗朗瓦索·于连：《圣人无意》，闫素伟译，北京：商务印书馆，2004 年，第 87 页。

② 梅光迪：《文学与思想》，见《梅光迪文存》，第 124 页。

③ 梅光迪：《文学概论》，见《梅光迪文存》，第 121 页。

④ 梅光迪：《中国古典文学之重要》，拔壬笔记，原载《国立中央大学日刊》1932 年总第 857 期，见《梅光迪文存》，第 178 页。

根据这段论述，我们可以认为，梅光迪所说的“永恒”性的真理，首先是源于生活的；而且这种智慧的提炼，最终的目的就是使人成为一个“完全”的人，即从蒙昧的人健全为一个有独立意识的主体性的“人”。

同时，梅光迪认为，那些具有不朽意义的古典作品与“进步的观念”这种主张是相违背的，因为在梅光迪看来，文化很难用“进步”这样机械化的术语来评判，或者说二者根本不是一回事：

整个的精神文化，和完美的人性，只有发扬而无所谓进步，一切日常事物的进步，只是一种肤浅的表面而已。①

他甚至对这种永恒性做了民族性的解读，认为中国人所相信的其实是一种“历史的不朽”：

所谓“慎终追远，民德归厚矣”，就是这个意思。我们相信，我们的祖先，不论已如何久远，依然生存在别一世界里，随时能同我们接谈，并且随时能提醒我们他们过去的、光荣的、吩咐我们的事业和名言。既然一个人对于过去是那样崇信，因而才会生出敬爱的感情来，许多人对于中国的现状感到悲观，以为中国是无可救药了，于是他们也随着这个恶劣的环境变坏起来，原因很简单，就是他们已经忘了我们的过去。②

在梅光迪的解读里，我们看到“慎终追远”不仅仅是儒家“孝”的形式，而且是这个形式背后的“永恒”存在的信念在起作用。现在是从过去走过来的，我们则必须找到让“过去”与“现在”相连接的方式，于是这个永恒信念使人对人自身的过去有了一个支点，在流动的时间上不至于使人遗失自我。一个人对自我、对过去都有着充分的依据时，才能把自己立起来，成为一个真正的人，这一个立体的人便会将“敬爱”自发地生出来，“敬爱”先祖并尊重自己。从终极关切上来说，梅光迪的这种解释是儒家内在的深刻关怀，即在

① 梅光迪：《中国古典文学之重要》，见《梅光迪文存》，第178页。
② 梅光迪：《中国古典文学之重要》，见《梅光迪文存》，第179页。

“慎终追远”这里确认“永恒”，并在这个永恒意义里生出对过去的“敬”，并承接对未竟的事业的“爱”。

泛而言之，“永恒”对应了至少三个层面：一是事物表象的永久留存，这个留存可以从所记录的文字或博物馆陈列中找到痕迹；二是在人文思想作品中传达的人类对“真善美”追求的内涵；三是源于生活又蕴藏于生活的关乎“完美人性”的生命情感体验，这种情感体验关乎“人”本身的超越时间与空间的“永恒”。

（四）“礼法”的现代性诠释

基于对世界人文精神的“永恒真理”的确信，即确信超越时间与空间的“永恒真理”是每个个体的精神诉求和生命的情感体验，梅光迪除了抛砖引玉地写了《孔子之风度》外，对儒学和中国传统文化的制度层面也展开过自己的独特诠释。

1．诠释原则：“推古人立法之意”

在礼教制度改良的问题上，梅光迪提出了“推古人立法之意”的原则：

> 吾国社会情形所最为彼教士痛恶者，如迷信祭祀、家族制、结婚制，吾人亦自认须急改良。然吾辈必推古人立法之意，以哲学眼光观之，反复辨白，以塞彼教士之口，乃为豪耳。[①]

在这里，梅光迪提到了“推古人立法之意”，这意味着：在表面的礼法形式背后起支撑作用的“意”更为关键。这也成为梅光迪判断“古人”的制度包括儒家礼法的标准。这种“推其立法之意”，梅光迪在研究孔子时也提到过。他认为，孔子在制度上的等级原则与人格上的平等原则并不冲突；尤其是孔子对乡党之人的礼，体现了一个真正人文学者的教养。[②] 所以，他评价孔子说：

> 孔子之学无所不有，程朱仅得修己一面，于政治伦理各方面似多误会。故

① 梅光迪：《致友人书信·第八函》，见《梅光迪文存》，第506、507页。

② 上文“新儒学诠释方式”中有详细引用说明。

自宋以后，民生国计日益凋弊，社会无生气，书生无用，实程朱之学陷之也……迪近日稍读哲学之书，以孔子与他人较，益信孔子之大，以为此老实古今中外第一人。吾辈论一事当求其原，如吾国迷信祭祀之俗，在今日已流弊太深，然试推古人立法之意，实有极深哲理在。①

无论是对礼教制度，还是对孔子之学的表述，梅光迪的论述均指向一个要点：中国传统文化一般都是以哲理蕴含在古人的立法之意里，而并非如今流于形式、受人诟病的表面形式。这些哲理的现代表述，才是真正需要学者下功夫的。

如《论语·八佾第三》中有一段话："子贡欲去告朔之饩羊，子曰：'赐也，尔爱其羊，我爱其礼。'"这段话中，孔子对"饩羊"维护的原因与梅光迪所表达之"立法之意"某种意义上是一致的。这就是说，在人们看到的对儒家礼教的批判中，几成风尚的批评仅仅是关注到那只代表形式的"羊"，而忽略了其实质性的"礼"的"立法之意"。像祭祀制度、家族制度、婚姻制度这些与"新思想"相冲突的"封建礼教"背后的"立法之意"何在呢？要对"礼教"进行批判，首先要做的工作是认真反复讨论其背后的实质性的"立法之意"，需要有着专业知识的学者去论证它们所关联的中国社会、人、礼、观念的各个方面，才能得出一个切实有效的改良之法，而不是直接一刀斩断的"革命"，看似一劳永逸地解决了问题，实则最乐观的结果也就是"即能效法得当，如彼日人，然究竟在世界文明史上彼终无光彩"②。

因此，梅光迪自述：

迪思吾国风俗其原始皆好，惟二千年来学校之制亡，民无教育，遂至误会太甚，流弊太深。吾辈改良之法，尚需求其原意，盖原意皆深含哲理，无所不适用于今也。③

---

① 梅光迪：《致友人书信·第八函》，见《梅光迪文存》，第506、507页。

② 梅光迪：《致友人书信·第八函》，见《梅光迪文存》，第506页。

③ 梅光迪：《致友人书信·第八函》，见《梅光迪文存》，第507页。

2．“礼”与“法”的整体性

在上述探究“立法之意”的原则基础上，梅光迪对“礼”与“法”二者的关联也做了初步的诠释，认为“礼法”在中国是不可分割、浑然一体的，其博大精深足以成为一门独立的学科。

> 古人礼法两字并提，礼法合一，违礼即违法。周末儒者除孔孟外，唯荀子最深于礼。礼字包括最广，试观《礼记》一书何所不有，自足以独立成一种科学。今人但知外国有法学而不知有礼学，其广大精深远过之。①

从这段话可得知，在梅光迪的诠释里，儒家的“礼”与“法”本身是二合一的，它们是传统中国社会运作的框架和理念的支撑。应当说，梅光迪所提出的理解，在中国本土的现代法学没有建立之时是有启发性的。因为在传统礼法制度中，中国社会的“礼法”制度已然渗透到社会运作的方方面面，其所涵盖的范围远远超过了现代法学体系。值得一提的是，梅光迪认为，这个“礼法”传统足以自成一门科学，其博大精深因为生于中国的土壤而真正适应于它。这恰恰是中国现代法学学科必须面对的一项复杂工程。曾宪义就提出，当前法学的尴尬，正是对“礼法”的现代学科拆分导致“中国古代法律思想”研究困难重重，因为按照现今的标准和目前的学科拆分：

> 人们会依据现在的标准，质疑中国古代究竟有没有法学家或法律思想家，有没有法学，甚至有没有法律意识，等等。可以说，目前的研究，尤其是教材给学生心目中留下的是一个被今人用现代“理论”和“语境”阉割（而不是研究）了的根本就不曾存在过的“传统法”。②

这其实是现代学科划分对传统学科造成的普遍冲击，而这对儒家文化的碎片化尤为严重。梅光迪在当时的语境下提出的许多中国文化转型的设想恰恰是

---

① 梅光迪：《致友人书信·第八函》，见《梅光迪文存》，第506、507页。

② 曾宪义、马小红：《中国传统法的结构与基本概念辨正——兼论古代礼与法的关系》，《中国社会科学》2003年第5期。

考虑到了这个问题，因此他才会处处强调模仿和引进的慎重：

凡是能注重自己文化背景的中国人也一定不会看不到表现得支离破碎、毫无章法可言的现代西方文明和作为一个历史整体的中国文化之间的不协调、不和谐。①

在当前的学科划分的既定事实面前，这样的说法已然得到了证实，这些不和谐、不协调造成了不仅仅是文、史、哲诸多学科的尴尬处境，也对现今中国法学研究本身造成困境。

3.“礼法”的内在意涵

对于“礼法”本身，梅光迪认为，先秦原典时期的孔孟荀儒家对“礼”的理解是更为健全和合理的。而秦始皇焚书坑儒之后，断裂了健全的传承；尤其是汉儒以来，浮于“礼”的形式而失却了“礼”的内在意涵。因此，“欲得真孔教，非推倒秦汉以来诸儒之腐说不可”，因为“暴秦之祸”后，尤其是汉代以降，儒家的“注解遗经以远于事情不切实用为上”，“一若圣人之言，只等诸周鼎、商彝，与人生日用毫无关者”。② 因此，梅光迪写道：

迪观汉儒说经与人情物理多不合。如袁子才所谓如郑康成注礼，则天子之冕当重数十斤（想即《礼记·玉藻篇》），有是理乎？至宋儒则更变本加厉矣。③

梅光迪认为，孔孟荀三代儒家的“礼法”观念和制度都是切合日用人情的，而到了汉代之后却与人生日用少有关系，与人情物理也是多有不合。因此，梅光迪也反感程朱心性之学的空浮虚渺：

程、朱以静坐观观心为正心诚意之学，其解格物为即物穷理，不知所穷者

---

① 梅光迪：《人文主义与现代中国》，见《梅光迪文存》，第192页。
② 梅光迪：《致友人书信·第十二函》，见《梅光迪文存》，第514页。
③ 梅光迪：《致友人书信·第十六函》，见《梅光迪文存》，第519页。

何理，虚无缥缈，举圣人之礼乐兵农政治经济皆不讲之，于是圣人之学亡矣。儒者以空虚为学，皆变为无用之人矣；且其伪造三纲之说，以助专制之虐。而孔孟伦理政治学说，反对君主专制者，皆不敢道一字。①

这段话中，梅光迪对“礼法”观念与制度的诠释暗示了三个方面的内容：“格物致知”的对象需要重新确定；“三纲五常”之说并不是真儒家；孔孟儒家有反对君主专制的成分。那么，这三个观点的依据和佐证何在呢？或许我们可以从梅光迪其他的材料里找到一些与此相关的内容，下面则具体分析。

一是关于格物致知的对象。

然正心诚意在格物，非冥目静坐之谓也。心不必强使之正，意不必强使之诚，只须致知格物，而自收正诚之功矣”“致知格物泛言之，如为君者，日思所以治国利民之道，己饥己溺，不使一夫不获其所，则为君者之心自然正，意自然诚矣。他如为子者，日思所以事亲之道，为父者日思所以教子之道，亦莫不然。②

与批判程朱“格物”对象偏重在心性之学相应，梅光迪高扬颜习斋的儒家实学理念，认为“致知格物者，即礼乐兵农政治经济也（习斋先生解致知格物最痛快、最切实）”③。

他把“格物致知”的对象由程朱的心与性情的静坐冥想功夫转变为个人在日常人伦中情感的自然展现和治国利民的外王意向。梅光迪因此提出：“心性为孔教的一部分而已”④；真正的“圣人之学”应当是二者都得讲，而且在当前的局势中必须把“礼、乐、兵、农、政治、经济”敞开了讲清楚。

---

① 梅光迪：《致友人书信·第十六函》，见《梅光迪文存》，第519页。

② 梅光迪：《致友人书信·第五函》，见《梅光迪文存》，第502页。

③ 梅光迪1911年留美期间，曾多次写信向胡适推荐颜元（1635－1704）与李塨（1659－1733）之学，认为颜李之学与胡的实用主义有内在相似处，并寄书《颜习斋年谱》给胡适。胡适初时不认同这种看法，但十余年后却转为热心提倡颜李学派，可以说是梅光迪播下的种子。此外，梅光迪祖上梅文鼎的学生刘学稼为李塨旧门生与颜李派学者，李塨也曾专门拜访过梅文鼎，因此梅光迪对颜李之学的推崇与理解可能也与此相关。

④ 梅光迪：《致友人书信·第十二函》，见《梅光迪文存》，第515页。

二是关于批判宋儒“伪造三纲”。在关于“孔教”的讨论中[①]，梅光迪解释说：宋儒的“三纲五常”之说是对孔子的过分解读，这些所谓“忠君”“烈女”“愚孝”都是拿字面的文字做文章而已。例如“忠君”，如果后人所谓忠臣不事二君，那么怎么解释“伊尹之五就汤、五就桀，孔子、孟子之奔走列国之齐、之鲁、之楚乎?”若“烈女”真的就是“不事二夫”，“则何解于子思之母之再嫁乎?”更有甚者说“饿死事小失节事大”，那么“何解于微子、箕子之适周乎?”若真的要“君要臣死臣不得不死，父要子亡子不得不亡”，那么“何解于伍子胥之入吴，及小杖则受之，大杖则逃之之语乎?”

因此，梅光迪直接正面诠释说：

孔子之言孝，乃身体发肤受之父母，不敢毁伤，及战阵无勇非孝也。孔子之言忠，乃曾子之所谓为人谋而不忠乎之意也。孔子对于赵盾之弑君，曰越竟乃免。孔子之所谓大同，曰不独亲其亲，不独子其子。[②]

乃至于儒家的整个政治伦理学说，梅光迪认为其核心要点都是没有问题的；现在的问题都是后人根本没有真正实践儒家真理，反而穿凿附会，甚至反戈而攻。因此需要将这些儒学的真正价值研究出来，揭示其更切合日用人情的真正内容：

当开一经学研究会，取汉以来至本朝说经之书荟萃一堂，择其可采者录之，其谬妄者尽付诸一炬。而诸经尤以己意参之，使群经皆可用；次第以及诸子百家，务使学而即用，不仅以注解讲说了事。如曲礼，当使学校中用为德育教科，实行演习，推而及于社会，有不遵者即为人所不齿。其余冠、婚、丧、祭，乡饮酒、养老，及学校制，皆可实行。射礼，可易以兵操剑术拳法，名异而实同。[③]

---

① 梅光迪：《致友人书信·第十二函》，见《梅光迪文存》，第515页。关于“伪造三纲”之说的文字引用均出自此讨论。

② 梅光迪：《致友人书信·第十二函》，见《梅光迪文存》，第515页。

③ 梅光迪：《致友人书信·第十六函》，见《梅光迪文存》，第519页。

三、梅光迪"新人文主义儒学"的人格追求

梅光迪对"现代性"有着与新文化派的不同理解，这决定了他对于中、西的整体文明诠释向度截然不同于当时的主流观点。从其导师白璧德学术上继承的世界性诠释格局，使梅光迪一方面力图超越"中国"与"西方"这种对立的思维模式，将二者放在世界人类文明的高度上寻求共同的永恒真理，继而落实到作为主体性的"人"对"真""善""美"这些真理的诉求，另一方面思考一个古老儒家文明的国家如何在本国的现代化进程中重新焕发它的"永恒价值"。而这一切思考的一个基本向度，就是关于人格的思考。他说：

> 士人阶层曾在这片土地上拥有极为尊贵的地位，既因为他们极大的号召力，也因为他们自身的高尚人格。此外，这些历史上伟大的人物和名称，提醒着我们所有这些"真、善、美"的追求深刻的烙印在我们民族的性格中，它们是儒家士人追求的准则。①

梅光迪认为，追求"真、善、美"的"永恒真理"是我们这个民族的优秀人格传统，我们的古代也的确有过许多具备这些品格和学术修养的大儒。换而言之，由于英语论述本身对语言诠释的要求，梅光迪将中国哲学里"内圣""道"等的追求用西方话语里的"真、善、美"来诠释。这种诠释意味着梅光迪试图将孔孟等先贤的人格思想与西方古典哲学对真理的"真、善、美"并列，以向西方世界传达中国传统里的优秀因子。同时，他指出，这也是当前国内的儒家现代转型中新一代知识分子需要继承的元素。

因此，在传统儒家的现代转型方式上，梅光迪从大学教育、社会结构、儒教等各方面进行了思考，从君子与社会、公民与国家、学者与大学、儒教与信仰等各方面提出了儒家在现代社会中如何发挥有效作用的问题。

（一）引导现代社会的"君子"人格

---

① 梅光迪："The Task of Our Generation"，*The Chinses Students' Monthly*，Vol. 12，No. 3，Jan.，1917，今见《梅光迪文存》，第16－20页。

作为一个以儒家文化为主要构成的社会，教育、制度、文化都是这个体系中的一个有机组成部分，正如曾宪义所言：

若将它们一一剥离出来，用今人的眼光将它们作为一个个单独的体系去考察，它们都带有“缺陷”，但若将它们放到整个传统文化背景中去考察，就会发现，这些“缺陷”都是合理的，因为这是整体和谐所必须付出的合理的代价。①

因此，在传统儒家的现代转型的方式上，需要相当慎重的选择。沿着这个思路，梅光迪把“君子”作为一个群体单独列出来。为此，梅光迪提出，为缓解这个过渡所带来的文化乱局，中国社会固有的“士大夫”阶层有义务和责任缓解转型的阵痛，并引导从个人到整个社会的现代化进程。梅光迪借用白璧德关于“humanism”的观点，认为中国的“君子”与“人文主义者”的身份内涵是一致的，社会的改良或者说转型必然要借助这样的阶层：

孔子之言曰，君子修其身，其道安由？足下所称之“natural aristocrats”（自然贵族），即弟之所谓 humanist（人学主义家②）也。此种人无论何时，只居于社会中少数，不过一社会之良否，当视此种人之多寡。若欲社会中尽系此种人，此必无之事（if the individual members of a society were all humanists，that society would be perfect—a thing of utter impossibility）。然弟亦非欲置各种恶社会制度与法律欲不问，不过曰事有本末，物有先后，个人改良，社会自然改良。③

梅光迪的这个观点，也许源于这样的传统：士大夫在中国社会的构成中扮演着相当有影响力的角色。传统的中国社会是一个士农工商的“四民社会”，这意味着士大夫在传统社会结构中具有社会特权与文化特权的双重分量。如此

---

① 曾宪义、马小红：《中国传统法的结构与基本概念辨正——兼论古代礼与法的关系》，《中国社会科学》2003 年第 5 期。

② 梅光迪自己都是翻译为“人学主义”，但今天我们通常翻译为“人文主义”。

③ 梅光迪：《致友人书信·第三十九函》，见《梅光迪文存》，第 548 页。

看来，梅光迪的“君子”认知也是属于此类知识分子的士大夫意识；只是在梅光迪这里，“君子”还被转换为“人文主义者”。梁启超说：

儒家深信非有健全之人民，则不能有健全之政治。故其言政治也，惟务养成多数人之政治道德、政治能力及政治习惯。①

与此一致的，梅光迪认为，儒家“君子”对于社会至关重要：“一社会之良否，当视此种人之多寡”，“个人改良，社会自然改良”。② 因此，梅光迪所坚信的依然是“以天下为己任”的士大夫认知，认为士大夫可以扮演文化上的医生和社会变革的引导者的角色。正如蒋国保在《现代新儒家的理想、困境与迷失》一文中所分析的：

就古代社会结构而言，儒家希望先直接影响“士”，再通过“士”的表率作用间接影响普通民众，这样做并非毫无道理。在古代社会结构中，“四民士为首”。这一社会结构决定了“四民以士为纲”，不但“士”被作为全社会的表率，而且“民”也自觉不自觉地按照“士”的道德准则规范自己的行为，因而儒学只要能直接赢得“士”的认同（这并不难，因为儒学原本就是“士学”），就可以通过“士”的表率作用间接地影响全社会。③

由此可知，在梅光迪的理论里，社会制度的根本改良办法也在儒家的“推己及人”，由“君子”的基数决定社会秩序整体的健康水平。

此外，在现代社会中，在“士大夫”整体内部，“君子”又扮演了一个学贯中西的通儒大师角色。通儒大师的能力，与历史上儒佛文化碰撞时所展现的能力是相似的，他们必须是在一段长期的文化体悟和研究中融合二者，贯通东西文明，出入儒耶文化。因此，尽管梅光迪所言及的“君子”与“大众”相区分，似乎有些精英哲学的意味，但“君子”阶层所展现的价值确实承担了

---

① 梁启超：《先秦政治思想史》，《梁启超全集》第 6 册，北京：北京出版社，1999 年，第 3644 页。

② 梅光迪：《致友人书信·第三十九函》，见《梅光迪文存》，第 548 页。

③ 蒋国保：《现代新儒家的理想、困境与迷失》，《江海学刊》2001 年第 2 期。

社会转型的主要压力。唯有借助“君子”阶层的转译而引导到普通大众，才能借由学术而主导国家的文化，以较为缓慢的长远“教育”来替代现实的考验，并将所有国人都纳入儒家再一次转型的潜移默化的教育之中，以“化”的方式再次完成中国社会的自我更新和内部转换。

也就是说，在梅光迪的现代转型思路中，一方面保留了儒家士人阶层的“君子”的特殊意义，将他们作为整个儒家系统社会变革和内部更新的保障；另一方面也要求对现代新的“君子”更新培养，也即对“通儒大师”身份的期许，以此完成现代社会“君子”阶层在儒家内部的自我更新。正如孔子所说的“君子之德，风”，追求成为“君子”与“通儒大师”应是儒者的责任与人生目标。

在这个意义上，梅光迪极为强调儒家教化的“君子养成”，因为“吾国文化之目的，在养君子”①。他写信给胡适说：

> 足下论今世国与国之关系甚当。此纯属政治方面或系治标之策。其治本之策在改变今人之人生观（在改“人道主义”与“人权主义”为“人学主义”），易词言之，在使人为君子，而不为人道家与强权家。（今之人道家在趋感情，在世人彼此以同情相往来，固其祸在求诸人而不求诸己。求人之同情不得，则流于仇恨残杀，盖感情之为物最宜克制。）②

他所言“人学主义”，即其师白璧德的“新人文主义”，梅光迪继承了白璧德的思想，并将白璧德的新人文主义与儒家的“中庸”和“克己复礼”“为仁由己”等观念相结合，提出人生观的教化在于使一个人成为真正的君子，即能够掌握主体性的“为仁由己”的自律道德和由此“修己而能安百姓”的本质蕴含。

而君子的养成之法，在于长远的“教”和“化”。有意义的“君子养成”之法，是“在使人知人生幸福在内修，而不在外张（outward expansion）”③。

---

① 梅光迪：《致友人书信·第三十九函》，见《梅光迪文存》，第548、549页。
② 梅光迪：《致友人书信·第三十九函》，见《梅光迪文存》，第548、549页。
③ 梅光迪：《致友人书信·第三十九函》，见《梅光迪文存》，第548、549页。

梅光迪说：

养成君子之法，在克去人性中固有之私欲，而以教育学力发达其德慧智术。君子者，难为者也。[①]

正是因为在儒家社会中“君子”的特殊影响力和强大的引导作用，尽管养成君子并非易事，但这个传统必须保留下来。由此，梅光迪建议说：

弟窃谓吾国今后文化之目的尚需在养成君子。君子愈多则社会愈良。[②]

这便是梅光迪所考虑的关于君子之养成与社会普通大众之养成的关系，儒家在再一次社会转型中以潜移默“化”的方式再次完成中国社会的自我更新和内部转换。

（二）新知识分子与公民角色

梅光迪对传统儒家现代转型方式的“君子”之维的思考，是基于“民国”民主共和体制的确立。这也涉及他关于新一代知识分子的思考。他认为，在现代民主制度下，首先要明确新一代知识分子所要承担的公民角色，即如何做一个合格的现代公民，进而影响普通民众和下一代的公民意识的建立。

民国共和政府的成立，对于梅光迪这位留美知识分子无疑有极大的鼓舞作用；但从学者的理性客观来审视，他意识到，过去的中国知识分子或说“士人阶层”对国家事务的关注，在新的共和体制下是需要转换态度的。他说：

如果在家族制下，中国的知识阶层是如此彻底地实践着对国家事务有着浓厚的关注，那么在共和党的时代里，它又该如何呢？对公众问题的新的态度是在管理他人的同时进行自我管理。[③]

---

① 梅光迪：《致友人书信·第三十九函》，见《梅光迪文存》，第548、549页。

② 梅光迪：《致友人书信·第三十九函》，见《梅光迪文存》，第548、549页。

③ 梅光迪：“The Task of Our Generation”，*The Chinses Students' Monthly*，Vol. 12，No. 3，Jan.，1917，今见《梅光迪文存》，第21－24页。

梅光迪认为，过去的士人阶层普遍关注治国才能，这也是新知识分子所扮演的一种角色，但随着社会结构的变革，新一代知识分子也许应当将曾经“治国平天下”的入仕为官的观念转变为具体的、专业性的、能够支撑新的社会结构的专业人才的观念。他说：

随着我们的知识视野的拓宽和学习的专业方向迅速增加，我们必须更加专业、具体，能够支撑新的社会结构。①

同时，梅光迪认为，新的知识分子作为共和社会中的一员，需要保持对政治的警惕。因为政治的名利场所能够支配的权力常常会败坏道德，且迷失自我，这一点无论是共和体制还是封建专制都是一样的，所以，他提醒知识分子仍当保持警惕：

名利场上的政客，无论是专制的还是民主党人，都有可能成为最卑鄙的人。因为没有一项职业比政治提供更多权力与财富的诱惑，而权力和财富往往是美德的敌人。②

他补充说，新一代知识分子所扮演的现代公民角色之所以对共和政府保持监督和警惕，并不是反对共和体制，恰恰相反，这是知识分子作为新时代中国的公民而对共和政治制度的维护和优化。因为那些腐败“would lead us to doubt the merits and feasibility of democracy itself”③，即人们会因腐败问题而质疑民主制度本身的优秀性与可行性，这是非常危险的，所以，新一代知识分子这样做，是帮助这个刚刚起步的社会的公众共同树立公民的权利意识。

所以，梅光迪说，新知识分子需要以极大的热情与理智的态度，就像一个“黑夜中的哨兵”一样保持对危险的警惕，谨慎地审视新成立的公共政府与公共事务。

---

① 梅光迪：“The Task of Our Generation”，今见《梅光迪文存》，第21－24页。

② 梅光迪：“The Task of Our Generation”，今见《梅光迪文存》，第21－24页。

③ 梅光迪：“The Task of Our Generation”，今见《梅光迪文存》，第21－24页。

我们必须要以极大的热情与理智的态度，就像一个“黑夜中的哨兵”保持对危险的警惕一样，谨慎地审视新成立的公共政府与公共事务。①

此外，梅光迪举例说，怎样成为一个真正的现代公民，形成怎样的公民意识，孔子其实就是最好的榜样。因为孔子一生四处奔波不是为了个人的财富或者利益，而是为了解决他那个时代的所有难解的问题。因此孔子拜访各国政要的同时，一直关注着各国各地的公共事务，并对这些情况认真总结和思考。这种公民意识是值得新一代知识分子学习的。

孔子是最好的榜样。孔子一生四处奔波不是为了个人的财富或者利益，而是为了解决他那个时代的所有难解的问题。因此他拜访各国政要的同时，一直关注着各国各地的公共事务，并对这些情况认真总结和思考。这种公民意识是值得新一代知识分子学习的。②

由此可知，梅光迪对于包括他自己在内的新一代知识分子有很高的期待，这种期待将儒家的“治国平天下”转换为在新时期的民主制度下的现代公民意识与现代公民责任，不仅要求主动关注国家和社会的公共事物，而且需要对政府和权力机构保持着冷静与警惕监督的意识。在他看来，这样的公民意识比以往历史上的任何一个时期更为亟须：“在今天这个民主的时代，我们当然比以往任何时候都更需要这样的公民意识。”③ 因此，他说：

如果我们能够将儒家传统里面的这些因素转化、发展，甚至更进一步深入，则完全有理由相信，新一代知识分子能够在民主共和的新社会成为一个优秀的现代公民。④

（三）学者的责任与定位

① 梅光迪：“The Task of Our Generation”，今见《梅光迪文存》，第21－24页。
② 梅光迪：“The Task of Our Generation”，今见《梅光迪文存》，第21－24页。
③ 梅光迪：“The Task of Our Generation”，今见《梅光迪文存》，第21－24页。
④ 梅光迪：“The Task of Our Generation”，今见《梅光迪文存》，第21－24页。

除公民身份的思考之外，新一代知识分子在教育上的特殊使命，使得梅光迪格外认真于高等学府的学者对自身的定位。在梅光迪这里，是把中国文化作为一个整体来看待的，这个全体的中国是一个完整的系统，其中的方方面面都渗透着几千年来的儒释道各家文化，这也意味着，在中国进行任何一方面的改革都必将是牵一发而动全身。

而由蔡元培、刘伯明等主持的大学教育仅仅只是其中一个组成部分，然而现实的情况却是：在当时的大学学者中，一部分人对学者、政客的身份都是含糊不清的，这并不是一个乐观的现象。因此，在论及人文教育和人格培养时，梅光迪批评新文化运动中出现的“时髦学术家”① “政客式之学术家”② 的现象，这些均涉及当时学者对于自身的定位问题。

梅光迪指出这两种现象并表示担忧，并非无的放矢，因为当时对中国政治和文化生活影响巨大的具有“新思想”的人，绝大多数是留日学生，而且据统计，他们入大学的仅占1%，而60%是“速成生”。③ 梅光迪指出：

吾国最初以西洋学术思想号于众者，大抵速成之留东学生，与夫亡命之徒。前者急不能待，后者奔走于立宪或革命运动，无暇入彼邦高等以上学校，执弟子礼于名师之门，故于学术中各家之原原本本长短得失，皆凭其未受训练之眼光以为观察，而又以唤醒国人，刻不容缓。④

此外，无论是《新青年》还是《新潮》的主体人员，均为人文学者，但当时他们所涉及的许多问题，却是需要各行各业具体社会科学的专业知识。这种知识结构的缺陷，导致一些很奇特的观点也甚为风行。例如陈独秀论战争与社会发展的关系：

① 梅光迪：《论今日吾国学术界之需要》，原载《学衡》1922年4月第4期，今见《梅光迪文存》，第144－148页。

② 梅光迪：《评今人提倡学术之方法》，原载《学衡》1922年2月第2期，今见《梅光迪文存》，第132－137页。

③ 李喜多：《近代留学生与中外文化》，天津：天津人民出版社，1992年，第189、196－197页。

④ 梅光迪：《论今日吾国学术界之需要》，见《梅光迪文存》，第144－148页。

战争之于社会，尤运动之于人身。人身适当之运动，为健康之条件……战争之于社会亦然。久无战争之国，其社会呈凝滞之态。况近世文明诸国，每经一次战争，其社会其学术进步之速，每一新其面目。吾人进步之濡滞，战争之范围过小，时间过短，亦一重大之原因。①

战争、革命，真正能带来民主、自由的新文化吗？这种影响若只限于学术圈，也许还能讨论，因为还有胡适、梁启超、周作人等文化巨擘以及大批包括梅光迪、康有为在内的反对新文化运动的人物与之对垒；但问题是“政客式学术”带来的迅速扩大化，其战争史观包括陈独秀参与政治活动的根本指导思想，是让平民“直接行动”：

直接行动就是人民对于社会国家的黑暗，由人民直接行动，加以制裁，不诉诸法律，不利用特殊势力，不依赖代表。因为法律是强权的护符，特殊势力是民权的仇敌，议员是欺骗者，绝不能代表公众的意见。②

以陈独秀为代表的政治思想理论，将高校法律的人文教育与政治宣传两个角色相混淆，也的确为上述问题的扩大化埋下了隐患。

因此，梅光迪提出：“真正之学者”是“为一国学术思想之领袖，文化之前驱”③。培养“新文化建设”的真正学者，需要厚积的功夫，有真正的文化训练功底，而且必须在学校教育上做好长期潜移默化的准备，因此他们必须接受严格的训练，具有独立思考的能力，能够鉴别各种声音的真伪，同时具有高洁的品格和知识分子的神圣使命感，而后能名副其实。

但是，“吾国现在过渡时代”正是新旧更迭交替的空白之期：

吾国现在过渡时代，就智识阶级，渐趋消灭，而新智识阶级，尚未成立。

---

① 陈独秀：《对德外交》，《新青年》第3卷第1号。

② 陈独秀：《五四运动的精神是什么》，《陈独秀文章选编》（上），北京：生活·读书·新知三联书店，1984年，第425页。

③ 梅光迪：《论今日吾国学术界之需要》，原载《学衡》1922年4月第4期，今见《梅光迪文存》，第144－148页。

青年学生，为将来之新智识阶级，然在目前则否也。而政客式之学术家，正利用其智识浅薄，无鉴别审择之力，得以传播伪学，使之先入为主。然青年学生，最不可恃者也，以其智识经验，无日不在变迁进化之中。现时所信从之学说与人物，数年以后，视如土苴矣。①

梅光迪在这里指出了新文化运动时期敏感的文化生态：新旧知识分子在此时期过渡和交替，既是机遇也是挑战；如若把握好这一关键时期，对下一代知识分子加以引导，于国家文化建设将大有裨益。然而，在他看来，新文化运动对青年学生的引导被一些“政客式学术家”所利用，在学生没有独立判断能力之前就强行宣传某些学说，得出某些结论，导致青年学生先入为主的判断，缺乏对青年学生独立思考能力的培养。

梅光迪在另一篇文章中论述道，除了“政客式学术家”利用了新文化运动这一关键时期，“时髦式学术家”的破坏也不得令人不深思：

若时髦学术家，高张改革旗帜，以实行败坏社会之谋，其害为人所难测。

今之国中时髦学者，亦盛言科学方法，然实未尝知科学方法为何物。特借之以震骇非学校出身之老儒耳。故其为学也，毫无审慎与客观之态度，先有成见，而后援引相合之事实以证之，专横武断，削趾就履。②

“时髦式学术家”仅仅懂得西方文化的表浅层面，就开始兜售各种“西方现代科学”，使得真正的儒家传统无法讨论。这些人尽管打出“科学方法”的旗号，但他们根本就不知道什么才是科学的方法。

因此，梅光迪疾呼：学者的教育和引导责任实在是太重大。真正的学者应当站出来，对这些“时髦学术家”和“政客式之学术家”的风气加以警惕与抵制，因为这些盛行一时的意气是以牺牲下一代学生的长远未来的知识结构、使他们丧失独立思想的能力为代价的：“必牺牲全国少年之学业道德，不为国

① 梅光迪：《评今人提倡学术之方法》，原载《学衡》1922年2月第2期，今见《梅光迪文存》，第132－137页。

② 梅光迪：《论今日吾国学术界之需要》，原载《学衡》1922年4月第4期，今见《梅光迪文存》，第144－148页。

家将来计。”①

也许这也是为何在新文化运动期间，梅光迪为数不多的几篇论战文章中就有3篇专论学者的责任。

（四）儒教的展开

梅光迪所提出的引导现代社会转型的“君子”人格，与他所提出的“儒教”运动的开展是相辅相成的。他说：

> 对于人生观言“人学主义”，故对于文学则言classicism。② 盖二者皆注重学问，皆不相信“生知”，皆知人性非全善，必须用学问教育以补助之。③

换言之，“君子”撬动的是社会结构与个人之间的一个节点。而“儒教”却是借鉴了西方宗教教化和现代西方教育制度的形式，试图给传统的儒家教化内容增加一些新的血液。

梅光迪关于“古学”的思考主要是对汉儒的批判与对颜李之学的推崇。“古学”所指的是孔孟荀时期先秦原典儒学，即“孔教之不行于吾国，乃后世腐儒之咎，非孔子之咎”④。

之所以要复兴“古学”，是因为梅光迪认为汉代以降的儒家学说不能算是真儒学；程朱空谈性命，瞑目静坐，太过偏重心性之学，重于诵读讲章而轻于实用。他尤其批判宋儒对于“三纲”的过分解读，这些所谓“忠君”“烈女”“愚孝”都是拿字面的文字做文章而已。

> 孔子之学无所不有，程朱仅得修己一面，于政治伦理各方面似多有误会。⑤
>
> 吾辈日日言复古，以为二千年来学者不得之用，宋有理学，宋乃亡于异族；有明有理学，有明亦如是，果使瞑目静坐之学有用者，其结果当不至如今日。幸有颜、李二先生者，推翻伪学以复古为学。今欲以古学救国，舍二先生

---

① 梅光迪：《评提倡新文化运动者》，《学衡》1922年1月第1期。

② 梅光迪自译为“古文派”。

③ 梅光迪：《致友人书信·第八函》，见《梅光迪文存》，第506、507页。

④ 梅光迪：《致友人书信·第八函》，见《梅光迪文存》，第506、507页。

⑤ 梅光迪：《致友人书信·第八函》，见《梅光迪文存》，第506页。

之学其谁学耶?[1]

在接触白璧德之后，梅光迪开始在中西文明平等的眼光下考虑问题，以求振兴儒教。梅光迪清醒地认识到“孔教与耶教”的不同。宗教在西方已经改革到政教分离，而传统儒家构建的中国社会是一个整体，这是最基本的前提。孔教并不仅仅是宗教形式，其本质与内涵都是在儒家入世哲学的基础之上，宗教形式更多的是对“礼”与情感的寄托与维护。

在民国初期孔教已经受到了来自西方文明的巨大冲击的情况下，梅光迪认为，如果因为当前国势不振，便将错误全推给孔教而弃之，那才是中国文化真正的衰颓；而“一国之立必有其特出文明方可贵”[2]。因此，梅光迪拒绝套用西方基督教的模式来复兴儒教。这与他在美国的所见所闻相关，在他的观察中，当时的美国社会“政治黑暗不减前清官场”，“杀人劫夺之案无数，卖淫业数十万，离婚案满于法庭，其他秽恶之事尚不胜数”。[3]

梅光迪批判那些传教士：“欲救中国，非耶教不可，真邪说也。”[4] 故而，梅光迪认为，对“孔教”的发扬，不能够将儒教改造为像基督教一般的脱离日常生活的宗教，因为中国的“孔教”（儒家教化）本身就是入世的。因此，梅光迪提出：

今日所当为者，在互通声气，培养人才。与汉学家通力合作，则西洋学术之信仰日隆。作育人才，则世界大学之师资不乏。两者办，则国光播于宇内，一洗从来泊没之耻。非然者，则中法政府虽有中法文化运动之举，欧洲各大学虽有中国学院之设，亦不过使一知半解之辈。[5]

尽管这个见解的提出不乏针对当时中国文化受外来压制的现状而反抗呐喊

---

① 梅光迪：《致友人书信·第三函》，见《梅光迪文存》，第500页。

② 梅光迪：《致友人书信·第八函》，见《梅光迪文存》，第507页。

③ 梅光迪：《致友人书信·第八函》，见《梅光迪文存》，第507页。

④ 梅光迪：《致友人书信·第八函》，见《梅光迪文存》，第507页。

⑤ 梅光迪：《论今日吾国学术界之需要》，原载《文哲学报》1922年7月第2期，见《梅光迪文存》，第144－155页。

之意，但梅光迪在此也提供了发扬儒家的可行方案：一方面是国人自己以西文翻译，在精通儒家文明的基础上自主地将“孔教”原意传达给世界；另一方面与汉学家，即专门研究中国文化的外国学者们通力合作。前者于梅光迪则体现在他抛砖引玉地翻译《行行重行行》《归田园居》等古典诗词，后者于梅光迪在于他明确肯定这是当前更容易实行的一种方式。

在经过“古学”复兴的思考、“孔教”（儒家教化体系）转化的探索后，梅光迪也曾尝试借鉴基督教的组织结构，将儒家在宗教意义上的礼仪形式保留下来。在这个意义上，梅光迪的“孔教”指向也包含宗教层面的意义，即“迪谓吾国政治问题已解决，其次急欲待解决者即为宗教问题”①。此时为1912年，在梅光迪看来，民国的成立是解决了政治上的问题的，故而这个阶段的关键问题是儒家在宗教上的改革。② 他说：

吾人复兴孔教，有三大要事，即 new interpretation，leadership and organization 是也。③

梅光迪认为，宗教要因地制宜，要适合人民的习惯风俗，而不能使人民变易习惯风俗而迎合宗教。他说：

吾人吸收耶教之精神可，欲使吾人全弃其旧者而专奉耶教，使之喧客夺主，岂非做梦乎?④

因此，新的理解，新的领导方式，新的组织结构，这三大方面构成儒家在人文宗教（祖先崇拜等）方面新的要素。这种形式可使得儒家看似“封建残留”的“祭祀”和“繁文缛节”等在进入现代社会后能拥有类似于基督教一样的精神寄托的角色。不得不承认，这的确是梅光迪远超出同时代的梁启超等“孔教”运动的创见。

---

① 梅光迪：《致友人书信·第十二函》，见《梅光迪文存》，第514页。
② 梅光迪：《致友人书信·第八函》，见《梅光迪文存》，第508页。
③ 梅光迪：《致友人书信·第八函》，见《梅光迪文存》，第508页。
④ 梅光迪：《致友人书信·第八函》，见《梅光迪文存》，第508页。

再者，梅光迪的“儒教”主张也是对其新人文主义儒家思想在文化交流上所作出的新的尝试。他意图以“儒教”（兼及教化与宗教）作为连接两种文明的桥梁：

吾辈今日之责，在昌明真孔教，在昌明孔、耶相同之说，一面使本国人消除仇视耶教之见，一面使外国人消除仇视孔教之见，两教合一，而后吾国之宗教问题解决矣。①

很显然，梅光迪继承白璧德新人文主义思想的格局，并不仅仅将文化思想的建构局限在民族国家之内，这也意味着梅光迪对儒家哲学的理解，有着超出同时代绝大多数人的理性和自信，故而从未将其放在西方冲击的弱势方，或者是对立面。因此，他的儒教思想有试图超越狭隘的民族观念而为世界文明共建的蓝图：

孔教兴则耶教自兴，且孔、耶教各有缺点，必互相比较，截长补短而后能美满无憾。将来孔、耶两教合一，通行世界，非徒吾国之福，亦各国之福也。

我辈决不能满意于所谓 modernization civilization，必求远胜于此者，以增世界人类之福，故我辈急欲复兴孔教，使东西文明融化，而后世界文明可期，人道始有进化之望。②

结语　梅光迪“新人文主义儒学”的评价

余英时认为，儒家每一次遇到困境，都与中国社会结构的解体相关联，而且：

现代儒学的困境则远非以往的情况可比。自十九世纪中叶以来，中国社会在西方势力冲击之下开始了一个长期而全面的解体过程；这个过程事实上到今天还没

① 梅光迪：《致友人书信·第十二函》，见《梅光迪文存》，第515页。
② 梅光迪：《致友人书信·第十二函》，见《梅光迪文存》，第516页。

有走到终点。由于社会解体的长期性和全面性，儒学所面临的困境也是空前的。①

梅光迪的新人文主义儒学也处于这场转型的剧变之中。但是，他为复兴儒学所做的一切努力，都是受其寻求儒学的现代化，甚至是将现代化的儒学推进到全人类现代化进程的理想所驱使。

然而，在梅光迪谋求儒学现代化的过程中，无论是其“新儒家”诠释，还是其关于在中国开展儒教运动的种种探索，抑或是其以新儒家思想为核心而组成学衡派的学衡运动，都始终处于困境：无力对抗同时代轰轰烈烈的“新”文化大潮，无法有效地传递《学衡》诸人关于构建新文化的种种理路；儒学仍然在新文化中渐渐被肢解消融于现代学科体系。更无奈的命运是：他们无法消解“革命”运动对整个儒家社会的全面解构，儒家传统的社会结构仍然无可挽回地走向全面崩溃。

造成此困境的原因是多方面的：在大的方向上，既包括当时中国社会不可抵抗的“趋新”潮流，也包括李泽厚所言的“救亡压倒了启蒙”；在小的个例中，更包括新思想推出的时机、推行的方式、主持工作的核心成员、所具备的经济实力、所依托的高校背景，乃至于是否牵涉到政治、工人、学生综合交错的社会革命运动。而且，外在力量对中国儒家系统的破坏并非始于梅光迪所处的民初，更非终结于战争的结束，这正是余英时所言之的“传统的全面崩溃”过程，并且这个过程至今也未见到终点。

但拨开这些纷繁复杂的时代困境和既成事实，仅仅就梅光迪思想本身而言，站在当前儒学现代转型的思路上认真研究他关于“儒家的现代性因子”“新儒家运动构想”“新儒学诠释方式”等思想，包括他对孔子礼法思想和平等思想的解读，在传统礼法社会的现代制度转换、孔教信仰建设、大学人格培养和“君子养成”等方面的观点和思路，我们会发现：梅光迪的许多理论论证和实践努力，事实上也是近几十年来的“现代新儒家”们和“大陆新儒家”们一直在努力进行的工作。因此，面对儒学现代转型的困境与在新的时代环境下所展开的可能性，梅光迪的思想是值得我们去深思的。

当然，梅光迪的整个理论体系呈现出理想与现实的冲突。他寄托于“君

① 余英时：《现代儒学论》，刘述先主编，纽泽西：八方文化企业公司，1996年，第159－164页。

子”阶层达成儒学教化的理想，似乎无法真正从情感上赢得民众对儒学的认同。孔教转型的“完美”配合——“保留传统教育的学统＋信仰形式的新结构”——也是过于理想主义的蓝图。换言之，无论是“君子”的理想人格，还是传统的士大夫阶层的社会结构，在此动荡的时局中依然是停留在理论研究上的理想状态。我们甚至可以质疑：此时的“士大夫”阶层是否有能力成为儒家文化转型的中坚力量？[①]

对于新的知识精英阶层，尽管梅光迪试图以长远的“君子养成之法”来完成儒家的人格教育，但“经世致用”与“器物之学”显得更符合时宜。胡适便曾借用易卜生的话宣称：“你要想有益于社会，最好的法子莫如把你自己这块材料铸造成器。”[②] 尽管胡适的整段论述并没有要放弃道德修身的意思，但却体现出迫于时局的知识分子的侧重：从孔子倡导的“君子不器”的德性优越，转变为知识上的知性优越；从道德理想人格的君子，转变为科学的专家精英。五四之后，“科学”与“民主”作为启蒙的概念进入主流话语，并由此产生了神圣不可侵犯的权力；“而中国的思想界却在现代化探索方面落后了整整两个世纪”[③]。

然而经过一个世纪的文化激荡，文化从启蒙走向极端，又从极端渐渐清醒，正如梅光迪在八十年前所预言的：“中国人会清醒过来的。”[④] 这是因为，现代化的探索本就是多元力量的相互平衡。

梅光迪特殊的文化解读，展现出他对中国文化的解读与新文化派的差异。梅光迪相信儒家学说与新人文主义有着相同的理念，即一种对人性完善的追寻与实践。这是梅光迪与学衡派的内在动力，他们相信中国文化本身拥有自我转

---

① 根据许纪霖的研究，晚清之后儒家的价值观全面崩溃，社会的世俗化又腐蚀了不少知识分子的心灵，士林之中风气败坏。“士大夫的腐败到民国成立以后，更是如溃堤一般。张朋园的有关研究表明，清末民初共有三次代议制议员选举，就选举的廉洁程度而言，一次不如一次。1909 年的各省咨议局选举，多是上层绅士参选，风气尚正。民国以后，人人欲显身手，进入政坛，只问目的，不择手段。不仅旧式士绅道德变质，而且新式知识分子有过之而无不及。1913 年的第一届国会选举，贿赂、舞弊比比皆是；1918 年的第二届国会选举在安福系把持之下，更是公然买票，丑闻百出。社会舆论对政治精英的失望之情，溢于言表。”（许纪霖：《少数人的责任——近代中国知识分子的士大夫意识》，《近代史研究》2010 年第 3 期。）

② 胡适：《易卜生主义》，《胡适文集》第 2 册，第 486 页。

③ 梅光迪：《人文主义与现代中国》，见《梅光迪文存》，第 195 页。

④ 梅光迪：《人文主义与现代中国》，见《梅光迪文存》，第 196 页。

化、以面对现实问题的能力。

从学理上来说，一方面，梅光迪及《学衡》对中西文化的理论研究，对包括现代新儒家在内的中国现代学术文化发展，有着不可磨灭的历史价值和开启意义；另一方面，梅光迪对儒家文化现代性转型问题的思考，也体现了儒学在中国现代转型过程中所面临的困境，同时也为以儒学为主体的中国文化传统在面临仍然存在的时代困境时的探索展示了另一种可能。

今天重新深入系统地研究梅光迪的思想理论，其实是关于儒家现代命运的一种思考，这种思考或许并不是为了证明什么，而是在询问：我们是否理解了儒家？是否理解了它在我们文化命运中所扮演的角色？它如何影响着我们？影响了我们多少？这种影响又将以何种方式继续存在？

当我们坚信中国文化的内核仍在以儒家传统为主的文化传统时，梅光迪的想法或许是值得考虑的：

于国学则当洗尽二千年来之谬说；于欧学则当探其文化之原与所以致盛之由，能和中西于一。[①]

（原文有删改）

① 梅光迪：《致友人书信　日记·第六函》，见《梅光迪文存》，第504页。

当代儒学观察家

DANGDAI RUXUE GUANCHAJIA

追寻中国现代性诉求的儒家式表达

——“儒家哲学现代转型研究”项目中期成果研讨会综述

赵嘉霖

（山东大学儒学高等研究院）

2019 年 4 月 13 日，山东大学黄玉顺教授主持的教育部人文社科重点基地山东大学易学与中国古代哲学研究中心重大项目“儒家哲学现代转型研究”（编号 16JJD720010）中期成果研讨会在济南成功召开。来自山东大学、南京大学、中国海洋大学、西南交通大学、山东社会科学院、华侨大学、中国人民大学等高校与科研单位的十余位项目组成员分别就自身所承担的相关专题进行了成果汇报，并就研究过程中所存在的难点以及后续研究展开深入讨论。黄玉顺教授针对各成员的汇报做出进一步研究的指导和具体安排。

上午的专题讨论由山东社会科学院郭萍副研究员主持。

第一位发言人是西南交通大学的崔罡副教授。他就“儒家哲学现代转型”课题所要解答的实质问题“现代性诉求的儒家式表达”做了总纲性的阐释。首先，他介绍了在传统的阐释观点下，“儒家哲学”概念内部存在着张力，即“儒学”的前现代性和“哲学”的现代性，前者意味着传统，而后者意味着启蒙，二者是不兼容的。所以，要理解儒家哲学的现代转型，就要追寻一种更加先行的视域，即把儒家哲学的现代转型问题看作是某种生活方式转型之中的理论显现样态。进而，崔罡阐述了对现代性的一般特征——个体性的理解，即个体仅仅代表自己出现在公共领域，并以自身的诉求为最高或全部的诉求。基于对现代性如此之理解，他将现代化历程分为了三个阶段，分别是现代化的开端、现代化的国族时代和现代化的全球化时代。他认为，欧洲现代化样态是基于欧洲理性主义的传统，它是当下现代化的主流样态，但绝非唯一样态。而儒家哲学的意义在于，它是一种情感主义的思维进路。由于情感又总是个人的情感，儒家哲学现代转型的实质就在于现代性诉求之儒家式表达或个体性生活方式之儒家式表达。

项目组成员就崔罡引出的个体性问题展开激烈讨论。华侨大学讲师杨虎提出，既然已经认定个体性是现代性的一般特征，那就应该对个体性下一个本质定义。山东大学黄玉顺教授认为，个体性的显现应当分为两个层面，即国族个体和个人个体，这样一来，就可以把国族时代看作一个历史过程，从而解释儒家现代转型的不同方面。郭萍副研究员就此进一步认为，我们要兼顾自由主义中个人主体与国族主体之纠结和国族主义中个人与国族之纠结，因此当谈到某种倾向时，其内涵应当是复杂的。

第二位发言人是中国人民大学博士生何晓。他指出，要认清清末民初的儒家哲学现代转型问题，关键在于认清"内生现代性"与"外源现代性"的转换问题。为此，就需要具备一种"中西共在"的视角，即不能把"儒家哲学的现代转型"问题看作"西学东渐"的过程，而是要对中国本身的"内生现代性"有充分的认识。与此同时，还应当根据现代性显现方式的不同，把清末民初的儒学现代转型分为"洋务儒学"和"维新儒学"两阶段分别讨论：前者主要体现在对程朱理学"内圣外王"经世模式的解构，后者主要体现在对西方现代性观念的直接吸收，从而试图实现相应儒学形态的转型。最后，何晓提出了两个亟待深入讨论的理论难点：一、洋务儒学多理论建构，少哲学建构，应当如何由此出发阐释洋务儒学的现代性？二、洋务儒学重科学而不重政治，如何处理儒学与科学的关系？在场学者对此展开激烈讨论，崔罡肯定了何晓对于清末民初儒家哲学研究的必要性，因其不仅要承接明清儒学，更要引出现代新儒家面对的问题和困境，所以有关研究仍需深入。山东大学博士生赵立庆针对发言中"义利之辨"的问题指出，现代性观念并非只是要求有"利"，而是在"利"的基础上如何阐明"权利"问题。针对"洋务儒学"和"维新儒学"的相关内容，山东大学博士生张小星认为，清末民初所谓的"救亡图存"本身不应当作为"中西之异"来研究，而应当是中国自身的"古今之变"问题，这是我们讨论并分析清末民初儒学现代转型的前提。对此，黄玉顺进一步指出，洋务儒学"中体西用"的思想源于现代国族主义，其一方面以"中体"为国族内在价值和凝聚力，维护国家的稳定与团结；另一方面以"西用"

也即现代科技为手段，应对国族外部的危机。而在发现仅凭现代科技仍无法解决国族危机之后，维新儒学兴起，此时开始深入社会制度的现代化转型。

第三位发言人是华东师范大学博士生吴越强。他认为，明代的儒家哲学现代转型存在停滞、重启和发展三个阶段，这种特点源出于明帝国之特殊性，在明朝开国伊始具体表现在明代经济生活的高度管制和士大夫地位的明显下降。明初儒学承接了元代的中断，表现为一种停滞不前。而随着帝国人口的流动和生活方式的转变，从陈白沙到王阳明远承象山心学，近续明初儒学，以心替代外在理之根本，定圣与凡人之平等，这意味着明代儒学的重启。阳明后学基于阳明开辟的道路，以泰州学派为代表正式提供儒家哲学现代化的版本，同时整个晚明儒学还有两个新特点：一、儒家科学家的出现，体现了儒家的科学之声；二、从书院到结社的发展，体现了儒家的公共之声。最后，吴越强指出，即便晚明部分学者进入了儒家哲学现代转型的“正桥”，但随着明朝的灭亡，儒家哲学的现代转型还是再次中断了。赵立庆建议，可以把明代小说所蕴含的现代性特征置于明代生活世界里面加以论述，这样可以更立体地展现明代儒学现代转型的基础。杨虎认为本章第二部分应该增加王龙溪的“四无说”，主要阐述把阳明心学在形上学层面的思想逻辑推到极致的有关内容。崔罡认为，何晓和吴越强的任务应当是厘清明代至清末民初儒家哲学现代转型的问题意识，这会为进一步的讨论奠定基础。

下午的专题讨论由西南交通大学崔罡副教授主持。

第一位发言人是中国海洋大学讲师杨生照，他承担的是距离我们最近的当代大陆新儒家的现代性哲学研究部分。杨生照首先指出了目前学界的大陆新儒家研究所存在的狭隘性问题，即学界基本都集中于大陆新儒家的政治儒学和儒教构建等形而下层面的问题，而对他们在形而上层面的本体论建构工作则未能予以应有的重视，甚至还有个别学者将“崇儒反马”作为大陆新儒家的本质特征，将是否反马克思主义作为判断是否是大陆新儒家的基本依据，这都是有失狭隘和偏颇的。接着，杨生照总结了新世纪以来大陆新儒家集体涌现的主要背景缘由：一、近代以来中国人在学习西方以推动中国现代化的过程中，西化程度越来越深，去中国化趋势越发明显，故而在学术上提出了民族性表达的迫切需要；二、近代以来国人多次的反传统、反儒学运动带来的信仰缺失和道德滑坡问题呼唤以儒家的道德修养之学来解决；三、试图通过阐明中国的现代化道路与西方之差别，来应对近年来由于中国崛起所引发的“中国威胁论”。最后，他就项目论文的后续写作简要论述了他的基本思路，即将分别从政治领域的秩序构建及其正义问题、宗教领域的心灵安顿与儒教创建、哲学领域的存在之思与形上建构等三个方面对大陆新儒家各派的主要学术思想进行详细考察和探讨，并在此基础上试图对儒学在今后的出路和中国的未来发展做出某种可能的思考。

针对杨生照博士所总结的大陆新儒家涌现的三点背景缘由，黄玉顺教授指出，上述三点的缘由基本都属于现代性诉求的国族个体性维度，而未涉及现代性诉求之个人个体性维度，在后续写作中应当予以补充。郭萍指出，对于当代大陆新儒家的研究还应当注意到，在从现代新儒家到当代大陆新儒家的发展过程中有一个重要的过渡阶段，也就是上世纪八九十年代庞朴、汤一介、蒙培元等学者的哲学史研究工作，并对他们之间的关系作出必要的说明。而当代大陆新儒家的学术研究几乎都是从现实问题中的某些角度切入，并赋予自己的学说某种特定的标签，这与以往的哲学史研究呈现出很大的不同，大陆新儒家的这种标签意识值得重视。杨虎认为，可以用国族个体和个人个体为尺度去评价，看大陆新儒家在这两方面走得有多远。南京大学助理研究员李海超建议，文章可以根据大陆新儒家学者们在价值取向上的谱系序列去写，即倾向于自由主义的有哪些，倾向于国家主义的有哪些，倾向于复古主义的有哪些等，而不必把每家每派的观点都收纳进来，这样的写作方式更显针对性、透彻性，也能更好地评价大陆新儒家哲学。不过，与会学者们普遍认为，当代大陆新儒家研究涉及的都是当前在学术界正活跃的一些学者，他们的学术工作还在持续，所以不宜过早对之进行定性。

第二位发言人是山东大学博士生张小星。他的发言主题是海外新儒家的现代性哲学建构。首先，他从三个方面介绍了海外新儒家在儒家哲学现代转型进程中的特殊性：一、海外新儒家对于现代性观念的认识需要梳理与反思，其对西方现代性的特征归结为理性，他们的反思针对的是西方的理性传统；二、他们将西学东渐看作中国现代化的开端，这就使得“内生现代性”带来的个体性问题被批判或忽视；三、他们主要讨论的问题不再是中国社会自身的现代转型，而是人类共同价值和文明对话等问题，并将儒学作为思想资源从而对这些问题做出回应。张小星博士由此出发明确了海外新儒家的问题意识，即人类共同价值、文明对话等世界问题和东亚现代性、公民儒学等中国问题。进而，张小星博士对作为海外新儒家思想资源的儒家哲学，进行了“仁”“义”“礼”“信”和“人文主义”“内在超越的宗教意涵”等方面的分析，阐明了海外新儒家是如何将其作为思想资源去应对世界性问题的。

项目组其他成员就张小星的发言展开讨论。吴越强认为，海外新儒家面对的是世界性问题，与大陆新儒家乃至以往的传统儒学面对之问题都不相同，应当将其作为特殊情况对待。黄玉顺教授肯定了两者的背景之异，并指出虽然从时间上讲，海外新儒学在当代大陆儒学之前，但从儒学现代转型的逻辑发展上讲，海外新儒学在当代大陆新儒学之后，其问题意识体现着儒学未来的发展方向，因此可以调整到课题成果的最后一章。

最后一位发言人是山东大学博士生赵立庆。他认为现代性除了西方模式之外应当有其他模式，这是我们必须承认的基本态度。由此出发，可以把个体看作现代化转型的基点，这里的个体又包含个体化的自我和个体化的社会两个层面。这种个体观念的树立具体表现在儒家哲学的现代转型中，又体现为自由民主观念和社会的世俗化问题，这应当是儒家哲学现代转型的重中之重。最后赵立庆总结道，个体是人性的独化。人性有知、利、仁爱等，这些属性发展到民族国家阶段成为法权。而且落实到每个人身上，是自我伦理学。个体的演变随着生活这个大本大源不断呈现。

针对赵立庆博士发言的主旨和立意，项目组其他成员提出了不同看法，认为这部分应当是总结全文，对全文一以贯之的观点加以提炼。黄玉顺教授解释了设计这一部分任务的目的，即不是为了压缩前面的观点，而是要产生独立的思考，鼓励赵立庆博士按照本意去写作，表达自己的思想和观点。

至此，研讨会顺利结束。经过这次讨论，项目组成员对儒家哲学现代转型的有关问题有了更深的认识。项目组成员互通有无，团结合作，大大推进了研究进度，这显然是对当代儒学研究的推进，也是对当前社会问题的有益思考。

面向生活本身的情理之辨

——“生活儒学”全国学术研讨会述评

胡骄键

（山东大学儒学高等研究院）

2019年4月20日，苏州大学政治与公共管理学院主办、该院哲学系承办的“‘生活儒学’全国学术研讨会”在苏州大学独墅湖校区举行，来自苏州大学、浙江大学、山东大学、厦门大学、同济大学、西南大学、云南师范大学等11所高校与中国社会科学院、江苏社会科学院、山东社会科学院、甘肃社会科学院等科研机构的近40位学者参加了本次研讨会。这次会议是继2016年8月20日至21日举行首届“黄玉顺‘生活儒学’全国学术研讨会”之后的第二届“生活儒学”全国学术研讨会。

“生活儒学”是山东大学儒学高等研究院教授黄玉顺先生创立的一个宏大精深的现代儒家哲学思想体系，它继承和发展了冯友兰先生“新理学”和蒙培元先生“情感儒学”所开创的现代中国哲学“情理学派”的思想进路，让现代性说出了中国式话语、儒家式话语，因而成为“现代性诉求的民族性表达”的一种哲学范式。正如李存山（中国社会科学院研究员）给本届会议的贺信所指出的：“黄玉顺教授的生活儒学，直面现实社会生活，会通中西哲学义理，着意儒学的现代转型和理论创新，思想深刻，体系严整。”何善蒙（浙江大学教授）也认为，生活儒学与当前冠以不同名目之儒学最大的不同就是它思想体系结构的完整性；它不是把儒学作为解决现实问题的一种实用工具，不是把儒学当作一种可以各取所需地利用的资源，也不只是回答了儒学某方面的问题，而是从生活本身这一大本大源处讲起，然后进行形而上学和形而下学的建构，成为一套完整的思想体系。因此，郭萍（山东省社科院副研究员）

进而认为，生活儒学不仅仅是一种当代儒学理论体系，它还对儒学的进一步发展具有方法论的意义。确实，生活儒学立足于当下生活本身的实情，坚持仁爱立场，运用理性能力，旨在建立儒家式的现代性的生活秩序，即“礼教重建”，进而改变人的生活世界，提升人的存在境界；因此，情感和理性乃是“生活儒学”思想体系的两翼。

一、关于生活儒学的情理之辨

在冯、蒙两位先生的基础之上，生活儒学在哲学上的最大创见在于阐明了存在即生活与仁爱情感的浑然无别，为理性找到了牢固的生活渊源、情感渊源，终结了传统哲学中理性（不论是道德理性还是认知理性）的先验论、独断论；换言之，情感与理性也是生活儒学思想体系的核心范畴。对此，黄玉顺先生在《爱与思》里明确讲：“爱”与“思”（即情感与理性）是儒家思想中两个并行的核心观念。由此，我们可以从生活儒学思想体系里导引出这么一个命题：人是情理的存在。此“情”此“理”有“由爱生知”与“因情称义”两个面向。

（一）由爱生知

生活儒学所讲的“爱”，主要是指本源性的仁爱情感，此情乃是作为存在本身的生活本身的原初显现。正是基于对人之存在实情的这一洞察，生活儒学以情感切入存在本身的哲思进路彻底颠覆了秦汉以来儒家哲学的德性传统和西方哲学以理性为中心的理性主义传统，敞开了存在即生活与仁爱情感的浑然无别关系，将作为存在本身的生活及其情感显现视为一切的大本大源，在这种前主体性的本源上，通过“思”去“成己”“成物”，给出存在者，从而重建形而上学、形而下学，这就是生活儒学的“情—性—情”三级观念架构。

对于从情感切入存在、然后重建整个儒家哲学思想体系的思路，与会学者大多表示赞同，认为这一思路真正切入了人的存在。林安梧（台湾元亨书院院长、山东大学特聘教授）认为，生活儒学尽管不是从西方哲学的脉络里衍生出来的，却是与世界哲学走向前主体性的存在、为存在者奠基的发展方向一致的。李广良（云南师范大学教授）认为，一个真正的思想家、哲学家，一定要从本源处切入，而生活儒学正是从本源处领悟入的，这是生活儒学最具洞见之处；因此，生活儒学是一种新的、有生命力的思想，讲出了一种中国式的存在观念，并且最后回到了儒家那种最本源的爱上去，揭示了生活的真意，因此，“儒学就是生活儒学，生活儒学就是儒学”。陈畅（同济大学副教授）认为，生活儒学的生活本源结构实际上是回到了中国哲学的一个共识、源头，即本真的存在状态，而这个状态不是别的，就是本真的生活样态，即未有分别相、未分殊的状态。王正（中国社会科学院副编审）也认为，生活儒学最重要的地方是它对于根源性的追溯，这一点非常重要。

主要从事基督教哲学研究的谢文郁（山东大学教授）立足于人的生存分析，认为生活儒学与西方哲学、基督教哲学有一个共通的地方，就是人在生存当中总是带着一种情感来面对下一个时刻的，情感在人的生存处境中处于一个十分显眼的位置。但是，西方哲学和基督教哲学里探讨情感，主要还是在主体性的层面上，比如基督教强调的对上帝的爱、对邻人的爱，以及休谟和亚当·斯密的“同情”理论，都是典型的主体性情感。而超越主体性哲学视野，以情感切入前主体性的存在，毫无疑问是生活儒学在哲学上的重大突破。

作为一切的大本大源的生活，并非一个物、一个对象，而是任何物、任何对象的生成（并非宇宙论式的生成，而是显现，即作为一个存在者来现身）的本源，唯其如此，生活才称得上是“大本大源”。因此，“思”（理性、理智）也必须从这大本大源中来。由于生活即存在与仁爱情感浑然无别，从这个大本大源中生成理性、理智，故曰“由爱生知”。

此“由爱生知”的观念生成过程，实际上就是主体性确立的过程，亦即“无中生有”的过程。郭美华（上海财经大学教授）对在生活中主体性的生成表示了疑惑，他把“从无到有”的观念生成过程看作是一个宇宙论式的历史过程，因而认为生活儒学所描述的主体性生成过程还需要一种外在的偶然因素来促成。但是，假如主体性的生成还需要生活之外、情感之外的其他因素的话，生活、仁爱情感就不再是作为大本大源的存在了。其实，生活涌动不已，一定会有主体性的生成，这是作为存在本身的生活敞开自身的方式，因为存在总是会显现为某种存在者，总是会在一种主体间性的生活际遇之中显现自身。这意味着人的生活意义的来源就在生活本身，而不在彼岸的天国和上帝那里，也不在理性构造的任何观念世界。

“由爱生知”的观念生成过程包括两个方面：一是作为认知理性的“认知

之思”；二是作为价值理性的“善恶智虑”。这两种“知”都源于“本源之知”，即对作为存在本身的生活本身的那种前主体性的生活感悟——生活情感、生活领悟，亦即“良知良能”。

1. 认知理性：从情感之思到认知之思

按照生活儒学的思路，对生活本身的感悟、领悟首先表现为一种因为“爱”而带来的“思”与“想”；有爱便会有所思、有所想，此乃生活之实情，这是一种本源性的“情感之思”。在这种情感之思的“思”与“想”中，又会怀有某种希望、向往、意愿、意欲，这就从情感之思转到了“意欲之思”；而“正是在这种意欲之思当中，主体性被给出来了”[①]。进而，主体性的“意欲”中又会有“相”“象”，于是，前主体性的本源情境被打破，主体开始以表象化的方式打量世内存在者，这就从意欲之思转到了“认知之思”，即认知理性。这样一个主体性确立的过程、理性的生成过程，其源动力在于生活本身，在于本源性的仁爱情感。所以，黄玉顺先生说：“爱，所以思”[②]，“不爱则不思”[③]。

可能由于对儒学这一“由爱生知”观念生成过程的关注不够，李若晖（厦门大学教授）认为，儒学的一个根本缺陷就是理性的缺乏，从而导致儒学没能开出现代科学来；他反对从传统儒学的故纸堆里开出科学理论，认为儒学的现代转型需要补理性的课。这个看法不无见地，但如何补课，却未言明。如果依旧把儒学仅仅理解为秦汉以来的那么一种德性儒学传统，那么，补课就是一个很外在于中国人生活的事情，除了从西方全盘拿来之外，好像别无他法；要么就是走牟宗三先生的老路，从道德心性主体出发，“坎陷”出一个认知主体来，但这条路显然没有走通。因此，李若晖教授的忧虑就成了一个无解的问题了。其实，生活儒学已经为理性找到了深厚的生活渊源，终结了理性的先验论、独断论传统，这实质上为儒学现代转型的理性面向奠定了牢固的基础。当然，理性源于生活、源于情感，这仅仅是在哲学上澄清了生活本身、仁爱情感对于理性的奠基关系，并不意味着生活儒学就已经给出了一套作为现代科学之基础的认知逻辑。

---

① 黄玉顺：《爱与思——生活儒学的观念》（增补本），成都：四川人民出版社，2017 年，第 112 页。

② 黄玉顺：《爱与思——生活儒学的观念》（增补本），第 110 页。

③ 黄玉顺：《爱与思——生活儒学的观念》（增补本），第 117 页。

2. 价值理性：从良知良能到善恶智虑

对存在本身的生活领悟，还表现为“良知”，并进而导出价值理性。生活儒学认为，“良知”实乃是对仁爱情感的一种直觉，这种直觉让人领悟到人是情感的存在者，是“能爱”的存在者；这是一种本源性的情感能力，故又曰“良能”。正如《论语·里仁》所说，“唯仁者能好人，能恶人”，这种“良知良能”是向生活情感本然的“恻隐之心”的“反身而诚”①。在生活儒学看来，凭借这种“良知良能”，人就能直截了当地进行是非善恶判断，这就是孟子所说的“是非之心”，阳明所说的“知善知恶是良知”，也就是“正义感”。然此“是非之心”还仅仅是“智之端”，即还不是作为价值理性的“智”，故还须“扩而充之”。生活儒学的“中国正义论”建构，是将这种正义感理性化，建立“义”即正义原则，进而制定一套“礼”即社会规范及其制度安排；这个过程需要一种价值理性，这就是从“良知”转化而来的知利知害的“理智”。而这种“智”是与“虑”密切相关的，“由情生欲，由欲生虑”②，故又称为“智虑”。

这也是说，明辨是非、察知利害的理智能力并非什么先天先验的东西，而是源于仁爱情感、服务于制度建构的一种工具理性。对此，黄玉顺先生说：“理性只是工具，而绝非建构伦理规则的动因、根据。理性，尤其是所谓纯粹形式的理性，远远不是建构伦理原则的绝对基础。”③ 这种知是知非、知善知恶的理智、智虑，只是实现“中国正义论”两条正义原则之“适宜性原则”的工具，即运用理智权衡能力来对既有的制度规范进行评判、加以损益，使之适宜于一个共同体的共同生活方式。

显然，在生活儒学中，理性只是源于爱而服务于爱的一种能力，只具有认知事物和落实仁爱情感这么两种工具性的功能，而不再是康德哲学那种目的理性、实践理性的定位。对于“情感”与“理性”之间的这种奠基性关系，黄玉顺先生用了三句极其精要的话来概括：尽管“思不是爱”，然而“思源于爱”，并且“思确证爱”。④ 从这个意义来说，生活儒学乃是一套关于情感和理

① 黄玉顺：《中国正义论的形成》，北京：东方出版社，2015年，第429页。
② 黄玉顺：《中国正义论的形成》，第432页。
③ 黄玉顺：《普遍伦理是先验理性的纯粹形式吗?》，《哲学动态》2002年第6期。
④ 黄玉顺：《爱与思——生活儒学的观念》（增补本），第113页。

性的思想体系，即是一种“情理哲学”。对于理性来说，情感是具有优先性的。对于古往今来的大多数中国人来说，或许正是对“人是情理的存在”有着一种“日用而不知”的领会，因而合乎“情理”就是做事的基本准则：当判定某事比较妥帖时，我们会说此事“合情合理”；而认为某事不妥时，我们会评价此事为“不合情理”。

（二）因情称义

作为生活情感的仁爱情感有两个层面的显现方式：差等之爱和一体之仁。所谓“因情称义”就是以“一体之仁”这样的仁爱情感为基本出发点，运用理智权衡能力，去化解因“差等之爱”造成的利益纷争，并根据特定时空条件损益既有制度规范，使其适宜于特定时空下人的生活方式，建构正义的社会生活秩序。故“中国正义论”的两条正义原则为：正当性原则、适宜性原则。

1．“义”之为正当

仁爱情感首先呈现为差等之爱，人们各为所爱之人谋取利益，黄玉顺先生表述为“爱而利之”①。这种“差等之爱”首先是“自爱”，表现为自利；然后是爱人、利人。这是生活的实情。更重要的是，差等之爱始于自爱，这就为现代性的核心观念“个体”观念奠定了基础。

在这个问题上，孙钦香（江苏省社科院副研究员）表达了一个值得重视的疑问：个体的原则如何跟儒家的家族或家庭的传统、修身齐家的传统相融合呢？这个疑问，显然是把形而上学化以后的德性儒学传统视作了整个儒学传统。的确，在秦汉以降的德性儒学传统中，确实没有现代意义上的独立自由个体，而是一种由很强的集体目的性规范的德性个体。但是，参照前文“由爱生知”的分析，个体是一个在生活中生成的个体：首先是一个情感个体（或称“爱者”“仁者”），一如舍勒所强调的爱的优先性一样；然后才是理性个体、德性个体，进而呈现为各个不同领域里的个体。从这个意义来看，孔孟原典儒学里其实是存在着个体观念的，只是这种情感个体观念被秦汉以来的德性个体观遮蔽了而已。

由于资源的有限，这种“差等之爱”注定会带来利益冲突；然而，克服利益冲突的办法却仍然在于情感，即“一体之仁”的正义情感。出于“一体

---

① 黄玉顺：《中国正义论的重建》，合肥：安徽人民出版社，2013 年，第 143 页。

之仁”这样一种博爱情感，并运用理性来建立一个公正的生活秩序，即一套正义的制度规范，这就是儒家所主张的“缘情制礼”的过程。因此，“因情称义”的第一层意思，就是用“一体之仁”来对治“差等之爱”所造成的利益纷争，即“一体之仁”这种仁爱情感才是中国正义论的第一条正义原则——正当性原则的内涵。仁爱、博爱的制度才是正当的制度，这是一条以仁爱情感来解决利益纷争的道路。这不是西方式的“以理制情”，也不是传统德性儒学的“以性制情”，而是“以情制情”的制礼途径，这也正是孔子“以仁释礼”、孟子“居仁由义”的古老传统。进而，我们可以说，中国正义论所揭示的儒家这种“以情制情”的制礼方向，实际上是指出了建构现代性的“新礼教”的方向。

2.“义”之为适宜

建构一套新的富有正义精神的生活秩序，即“新礼教”，除了上述正当性原则以外，还需要中国正义论的第二条正义原则——适宜性原则。这是因为在“新礼教”的建构过程中，必须充分运用理智能力，考究当下的生活实情，才能适宜于当下的人的生活方式。《中庸》说：“义者，宜也。”① 这就是“因情称义”的第二层意思：“义”之为适宜。

这里，理智的作用显然是非常关键的。那么，理智能力何来？前文已述及，权衡利害的理智能力源于情感、源于爱。“新礼教”的建构，就是运用渊源于爱的理智权衡能力，因时因地损益既有的制度规范，使之适宜于此时此地的人的生活实情。义之为“适宜”，实际上意味着具体的礼制规范一直处于变动损益之中，而这既符合孔子“礼有损益”的古训，又符合中国历史上具体的历代礼制变迁的实际。因此，“由爱生知”和“因情称义”是密切相关的两句话，是基于情感和理性来构筑正义生活秩序的一种归纳。

“因情称义”也就是“有情有义”。而“有情有义”四字可谓说尽了儒家哲学、儒家正义论思想的内涵。我们生活中随处都可以见到：当我们骂一个人的时候，常常是说这个人“无情无义”；赞许一个人的时候，经常是说这个人“有情有义”。在制度规范的建构中，“有情有义”不但有博爱情感来提供制度规范的正当性，还有理智的参与来保证制度规范的适宜性；也就是说，这里不

① 朱熹：《四书章句集注》，北京：中华书局，1983年，第28页。

但有“情”，还有“智”。无情无智的生活是任何人都不愿意过的，有情有义的生活一定是值得追求的，这不仅仅是中国人的追求，凡是人都会有这样的追求。在这个意义上，生活儒学的中国正义论绝不只是一种地方性知识，而且是一种具有全球伦理建构意义的正义思想；而基于中国正义论来建构的“新礼教”的现代社会生活秩序，自然也就不仅仅属于中国人，而是具有普适性的。

二、关于生活儒学情理之思的传承谱系

尽管生活儒学思想体系本身极具原创力，但任何哲学思想体系的建构，除了哲学家自身的创造力之外，其思想学术的历史渊源对哲学家的影响都是十分巨大的。于是，从冯友兰先生、蒙培元先生到黄玉顺先生的师门传承谱系也成了本次会议的另一个研讨热点。

高秀昌（西南大学教授）不同意李广良教授所认为的生活儒学并无、且无须学派归属性的观点，认为当今时代恰恰需要像先秦诸子百家那样有一种学派的自觉意识；生活儒学作为当今大陆新儒家中的一家，是自觉地承接着冯友兰先生、蒙培元先生两位先生在讲。谢晓东（厦门大学教授）也同样关注到了冯友兰“新理学”和蒙培元“情感儒学”对“生活儒学”的影响，但认为冯友兰“新理学”坚执于“理”而对“情”的关注度不够，而蒙培元“情感儒学”重在论“情”，忽略了蒙先生思想中“理”的因素，于是提出生活儒学在思想脉络上如何整合冯友兰之“理”与蒙培元之“情”的问题。

实际上，高秀昌教授的观察是比较准确的，只是未就冯、蒙、黄师徒三代在思想观念上的传承与推进作详细的阐释而已。一般认为，冯友兰先生“新理学”的重点不在“情感”而在“理性”。其实，“新理学”对情感的倚重程度并不低于理性，这一点尤其反映在《新原人》《中国哲学简史》等后期著作中。诚然，冯先生是要用逻辑来改造程朱理学的范畴，使传统中国哲学、儒家哲学概念准确明晰并讲究严格的逻辑推理，此即所谓“正的方法”要做的事情。但是，用此逻辑的方法达到的最高概念——大全，乃是一个纯粹的空的形式，而哲学的目的“不但是要知道它，而且是要体验它”①，仅仅获得一个

① 冯友兰：《中国哲学简史》，北京：北京大学出版社，1996年，第9页。

“大全”的空概念并不能达到哲学的顶点。对于“大全”，不能只是理智的了解，还必须获得“自同于大全”的生活境界，才能达到哲学的顶点。“自同于大全”的境界不是别的，就是天地境界（亦称“同天境界”），也就是儒家“仁”的境界，这其实是一种情感的境界。冯先生曾说：“同天境界，儒家称为仁……（在这种境界中）对于万物，有一种痛痒相关底情感。”① 在此“自同于大全”的“天地境界”中，“仁爱情感”的最大特征就是物我浑然无别：“在仁者的境界中，人与己，内与外，我与万物，不复是相对待底。”② 因此，这个最高的境界乃是一种前主体性的情感境界。这就是说，“新理学”思想体系已经表明，哲学的顶点乃是一种前主体性的情感状态。当然，冯友兰先生认为，在逻辑和情感的顺序上，逻辑是第一步，然后才是情感。但不管怎么样说，“新理学”并不是一般所认为的只谈“理”而不重“情”，而是情理并重的。尽管冯先生没有明确表达过“情理”这个概念，但我们完全可以作一个发挥：儒家哲学的现代转型必须是“情理”并重的进路。没有理性，就没有儒家哲学的现代形态；没有仁爱情感，就不是儒学。

关于情感与理性的关系，到了蒙培元先生那里就有了一种准确的聚焦性研究，其重要著作直接就名之为《情感与理性》。蒙培元先生的观点很清楚：情感与理性的关系就是“情理合一”，并且情感具有基础性的地位。蒙先生首先承认人的自然情感，并且认为这是人与动物所共有者；同时他又指出，这种自然情感里也蕴含着人的道德发展的基础，比如“孝悌”这样的自然情感经“推”“扩”之后就能成为理性化的情感、道德情感，而这才是人之所以为人的地方。蒙先生“人是情感的存在”这一命题所指的情感，就是这种理性化了的情感、道德情感。对于情感的这两个层次，蒙先生自己称之为“情感的上下其说”③：往下说，就是人的自然情感；往上说，就是理性化的情感、道德情感。

情感为何能“上下其说”呢？在蒙先生看来，是因为情感中有理性，但是这种理性不是西方的那种形式化的认知理性，也不是康德式的实践理性；这种理性是与情感融合在一起的，所以这种理性是一种“具体理性”“性理”

① 冯友兰：《贞元六书·新原人》，北京：中华书局，2014 年，第 688 页。

② 冯友兰：《贞元六书·新原人》，第 688 页。

③ 蒙培元：《人·理性·境界——中国哲学研究中的三个问题》，《泉州师范学院学报》2004 年第 3 期，第 18 页。

"情理"。蒙先生说："性理就是德性，也就是理性；不过不是'理论的'理性，而是'实践的'理性。但是，又不同于康德所说的'纯粹的实践理性'，而是和情感联系在一起并以情感为内容的'具体理性'。这才是儒家理性学说的真正特点。"①

正是基于"情理合一"这样一个观念，蒙先生以情感为中心建构了一个关涉形上形下的完整哲学体系。这大不同于西方以理性为中心和秦汉以来以德性为中心所建构的哲学体系，同时也颠覆了中西方传统哲学对情感的理解。秦汉以来帝国时代的儒学主要都把情感视作一种需要被克制的东西，但蒙先生却把情感视作道德的起点。所以说，在蒙先生这里，已经突破了帝国时代儒学的"性→情"架构。而对于西方哲学来说，尽管也有重视情感的思想，比如休谟、亚当·斯密等，但他们大多都是从情感对伦理学、政治学的意义上来谈论的，并没有依托情感来建构整个哲学思想体系。在西方哲学里，情感最多只是作为哲学中的一个部分或一个分支来处理的。而蒙培元先生则是以"情感"为中心范畴建构全方位的哲学体系，这样一条思想进路给予黄玉顺先生很大影响。

但是，蒙培元先生所着意的情感还是一种道德情感、主体性情感。这样一来，问题就延续到了黄玉顺先生这里。通过与海德格尔哲学对话的形式，生活儒学以"主体是何以可能的"发问，以情感去切中存在的方式，突破了冯、蒙两位先生思想体系里的主体性哲学框架，澄清了存在即生活与仁爱情感的浑然无别关系，回答了在冯、蒙思想体系里情感与理性的关系问题，并在此基础上重建儒学的形而上学和形而下学，完成了现代中国哲学、儒家哲学"情理学派"的理论建构，同时为儒学的现代转型提供了方向性指引。

三、关于其他相关问题的研讨

以"情感"和"理性"为中心重新审视孔孟以来的儒学传统，生活儒学将儒学的发展分为"原创时期"（西周至战国）、"转进时期"（秦汉到明清）（这一时期表现为形而上学化的儒学，具体呈现为性善情恶的"性→情"架构）、"再创时期"（洋务至当代）这样一个"新三期说"。在这个视野下，自

① 蒙培元：《情感与理性》，北京：中国社会科学出版社，2002年，第19页。

汉至清的儒学总体来说是需要被解构的形而上学哲学。

在这个问题上，杨少涵（华侨大学教授）、周建刚（湖南科技学院教授）、朱光磊（苏州大学副教授）认为，对传统中国哲学里的形而上者，如《中庸》里的“未发”、周敦颐的“无极”等范畴，不能作一种实体性把握。其实，三位学者的看法正表明了原始儒家所看重的前主体性的存在状态一直奠定着中国哲学、儒家哲学的底色，这在后世重要的儒家哲学文献和儒者那里都有所体现；而从整体上考察，秦汉以来的儒家哲学毫无疑问是一种以形而上者为形而下者奠基的框架。不单黄玉顺先生如此看，日本学者沟口雄三也认为，秦汉时期形而上者主要表现为一种主宰性的天道，宋以后的形而上者主要表现为伦理性的天理。尽管天、天理并不完全外在于人世，呈现出一种“体用一源”的思想特色，但毕竟有一个“形上—形下”对举的架构，而此“体用一源”的话头不过是孔孟原典儒学精神在后世的闪现而已，并不足以反驳秦汉以来儒学乃是“性→情”架构的观点。

此外，部分学者对黄玉顺先生将文字学、训诂学等传统小学功夫运用到哲学理论的建构上表示钦佩。胡发贵（江苏省社科院研究员）特别表示，生活儒学对“生”“活”“存”三个字的训诂十分精彩，认为把文字学、训诂学的功夫运用到哲学理论建构上能让人获得一种真切体会、把握，触动了中国哲学中非常初始的，也是非常有情义的、非常能打动人心弦的一面；进而，他肯定“生活即是存在”是一个非常重要的发现。

在紧张热烈而和谐的讨论之后，研讨会闭幕式由朱光磊副教授主持。首先是黄玉顺先生对与会学者关于生活儒学的发言进行了简要的回应，并就建构“生活儒学”思想体系的宗旨与理路等问题进行了扼要说明。涂可国（山东社科院研究员）作研讨会总结，他充分肯定了生活儒学的学术贡献，认为生活儒学思想为儒学的进一步发展提供了一种新的思想方法和视野，并强调要将“生活儒学”与“中国正义论”作一种贯穿性理解。最后，周可真（苏州大学教授）致闭幕词，他首先代表会议主办方对黄玉顺先生的哲学贡献及其为本次研讨会提供的主题表示感谢，对与会者认真热烈地参与到研讨中来表示感谢，并充分肯定了生活儒学将哲学的根源、人的存在延展到生活上来是非常值得肯定的哲学建构之路。

征稿启事

本刊《当代儒学》是四川思想家研究中心主办的儒家思想理论辑刊，每年出版两辑。

近些年来，儒学研究的刊物纷纷涌现。但是，这些刊物的内容，往往是对传统“儒学史”的某种对象化的所谓“客观”研究，在这种研究中，儒家儒学成为“历史上的”东西，即“故纸堆里的”“博物馆里的”东西，而与当代社会现实生活无关。

有别于此，本刊所谓“当代儒学”，是指改革开放以来，尤其是21世纪以来的中国儒学复兴中所出现的新的儒家思想创造、新的儒学理论形态，这些思想理论的探索，旨在回应当今时代的呼唤、解决当今社会的问题。

本刊宗旨：通过对当代儒学的研究与评介，推动儒学复兴、中华文化复兴的伟大事业。因此，本刊的着眼之点乃在于儒家的“活的思想”，意在推进当代儒学的思想原创、理论建构，推出当代儒学的重要学派、代表人物。

为此，我们设置了以下固定栏目：

●**当代儒家思想探索**：具有原创性的当代儒家思想者，可在此推出其最新的思想创获。

●**当代儒家理论建构**：研究与评介当代儒家具有影响力的理论学说。

●**当代儒家学派评介**：组织有关稿件，对当代儒家的学派进行研究或评介。

●**当代儒家文献研究**：遴选与评介当代儒家著述中可能成为经典文献的重要作品。

●**当代儒学观察家**：观察与评介当代儒学复兴中的最新活动、动向。

●**当代名儒访谈录**：组织对当代儒家中的名儒、大儒的访谈。

此外，本刊每辑还随时开辟一个临时栏目，针对当代儒学中的热点问题、重大问题，给予及时的反映。

凡在本刊发表的文章，并不代表本刊的立场、观点，作者文责自负，本刊只是提供一个研究、讨论、交流的平台。

凡在本刊发表的文章，本刊将按通行稿费标准支付稿酬。

本刊已被中国知网收录，其作者文章著作权使用费与本刊稿酬一次性给付。如作者不同意文章被收录，请在来稿时向本刊声明，本刊将做适当处理。

热忱欢迎广大作者惠赐稿件！

投稿要求：

1. 文章篇幅一般为 1 万字左右，最长勿超过 1.5 万字。

2. 来稿请用 Word 文件格式。

3. 文章标题用 2 号黑体字，副标题用 4 号仿宋体字；作者署名用 4 号楷体字；正文用 5 号宋体字；独立段落的引文用 5 号仿宋体字；一级标题用 4 号楷体字，二级标题用小 4 号黑体字。

4. 注释一律采用脚注形式。

5. 参考文献：古籍采用随文夹注形式（《书名·篇名》），在文中第一次出现时以脚注形式注明该书的版本信息；其余文献采用脚注形式，格式如下：

（1）图书：作者/编者：《书名》，出版地：出版社，出版年份，版次，页码。

（2）期刊：作者：《文章标题》，《刊名》，××××年第×期。

（3）报纸：作者：《文章标题》，《报纸名称》，出版年月日。

（4）网络文章：作者：《文章标题》，网名，网址。

投稿邮箱：dangdairuxue@163.com

《当代儒学》编辑部